[意]皮耶尔·温琴佐·皮亚扎 著

王珏 译

21 世纪的生物学新发现

人性的基础

世界图书出版公司
北京·广州·上海·西安

图书在版编目（CIP）数据

人性的基础：21 世纪的生物学新发现 /（意）皮耶尔·温琴佐·皮亚扎著；王珏译 . — 北京：世界图书出版有限公司北京分公司，2021.9
ISBN 978-7-5192-8668-2

Ⅰ. ①人… Ⅱ. ①皮… ②王… Ⅲ. ①人性 – 研究 Ⅳ. ① B038

中国版本图书馆 CIP 数据核字 (2021) 第 121021 号

Homo Biologicus: Comment la biologie explique la nature humaine by Pier Vincenzo PIAZZA
ⓒ Editions Albin Michel – Paris 2019
Current Chinese translation rights arranged through Divas International, Paris
巴黎迪法国际版权代理（www.divas-books.com）

书　名	人性的基础：21 世纪的生物学新发现
	RENXING DE JICHU: ERSHIYI SHIJI DE SHENGWUXUE XIN FAXIAN
著　者	［意］皮耶尔·温琴佐·皮亚扎
译　者	王　珏
责任编辑	尹天怡　董　亚
特约编辑	程少君　李　彤
封面设计	守　约
出版发行	世界图书出版有限公司北京分公司
地　址	北京市东城区朝内大街 137 号
邮　编	100010
电　话	010-64038355（发行）　64037380（客服）　64033507（总编室）
网　址	http://www.wpcbj.com.cn
邮　箱	wpcbjst@vip.163.com
销　售	各地新华书店
印　刷	北京盛通印刷股份有限公司
开　本	880 mm × 1230 mm　1/32
印　张	11
字　数	232 千字
版　次	2021 年 9 月第 1 版
印　次	2021 年 9 月第 1 次印刷
版权登记	01-2021-3533
国际书号	ISBN 978-7-5192-8668-2
定　价	54.00 元

如有质量或印装问题，请拨打售后服务电话 010-82838515

谨以此书献给我生物学上的相关者

皮亚扎大家庭:

(我的妻子)尚塔尔(Chantal)

(女孩们)亚斯明(Yasmin)和露西娅(Lucia)

(我的兄弟)斯特凡诺(Stefano)和乌戈(Ugo)

(我的堂兄妹)埃斯梅拉达(Esmeralda)、芬奇(Vinci)和彼得罗(Pietro)

(新生的小可爱)尼基(Nicky)和亚历山德拉(Alessandra)

(我的父母)尼科洛(Nicoló)和西尔瓦娜(Silvana);

我的一众新朋旧友:

安德烈娅(Andrea)、安纳莉丝(Annelise)、基科(Chicco)、西里尔(Cyrille)、卡琳娜(Karine)、帕特里克(Patrick);

我的思想导师:

米歇尔(Michel)、简(Jane)、扬(Ian);

那些永远印在我错综复杂的神经元中的不计其数的善良的人,当然还有那些坏人。

"一切都需要改变,以便让一切都可以保持不变。"
——《豹》朱塞佩·托马西·迪·兰佩杜萨

这是一句流传了上千年的西西里咒语

前　言

一切都变了，但其实又没什么变化。

　　我们已经进入 21 世纪，迈过了第三个千年的门槛，进入了一个看似潜能无限的世界。科学技术的旋风为我们带来了一种与 20 世纪完全不同的理解物质世界的方式，但这还不是全部。最引人注目的进步应该体现在我们对环境的影响能力上，这种环境既指我们周遭的环境，也指我们共同生活的大环境。其实这种影响能力仅依靠交通方式、通信方式、计算机、互联网、医学、外科学、电子技术、工程学、基因工程的出现就能得以实现，当然，也不能忘了，还有武器。很不幸的是，武器也确实是我们影响环境的帮凶。所有这些新事物一起造就了一种在百年前完全无法想象的新文明。

　　只有一个要素扰乱了这看似方兴未艾的新纪元，这个薄弱环节就是我们。不得不承认，但确实是人类。千百年来"人类"这一概念从未发生过变化。几乎所有人都相信人类是由两个要素组成的：我们是唯一一种由一个物质要素——身体，和一个非物质要素——精神、灵魂或者是盎格鲁-撒克逊人说的"the mind"（思想）组成的生命形式。直到现在，也没有人能够证实这种人类构成的二元论的真实性，但这个传说却一直生机勃勃持续至今。原因何在？

答案其实非常简单："非物质要素"是我们能够找到的，解释我们对自身认知的最好也是最有说服力的说法。诚然，宗教在人类对这一非物质要素的信仰上做出了不可磨灭的贡献，人文和社会科学也推波助澜。但归根结底这只是一个常识问题。你我都能感受到，人类是一种难以把握的存在，我们始终处在变化之中，我们无所不能，我们在经验中锤炼自己，我们被成千上万种矛盾的愿景激励着，但这些愿景通常都是虚妄无稽的。人类的上述特点与环绕我们的物质世界的运转模式完全不同。物质世界严格遵照精准的法则运行，这使它具有可被预测的特点。由于我们需要一个不同于物质的要素来解释人类的存在，就捏造了一个非物质的东西——灵魂。

奇怪的是，20世纪关于人类身体和大脑工作原理的相关发现并没有动摇这种非物质要素存在的说法。相反，这些发现使之更加根深蒂固。20世纪的科学给我们提供了一种一成不变的、决定论的生物学：我们自父母那里继承到了无法改变的基因。这种遗传机制与我们对自身的感知并不兼容，这使非物质要素的说法更加必要、更使人信服。但是如今，21世纪来了，人类迈入了又一个新的千年，伴随着新纪元一起到来的必然还有各领域的重大发现，而这些大发现中最具有革新意义的应该就是那些支配我们身体与头脑运转的真正的生物学规律。这些新的认知勾勒出了一种更贴近我们的生物学，引导我们发现真实的自己，而不用再借助灵魂、精神或者非物质要素等解释。

我感受到了你的狐疑。几乎没有人听说过这种无与伦比的发现：它彻底改变了生物学的面貌，将我们从非物质要素这种解释中解脱出来。你一定在想："如果真有这样的发现，那一定尽人皆知啊！"大家不知情的原因其实也很简单，因为我刚刚所说的不是类似暗物质、相对论或者抗生素的大发现。它不是一个、两个或者三个重大发现，而是成百上千个发现的集合。这些发现如果被单独审视，并不会引起人们过多的重视，更不会登上报刊媒体的头版头条。它们革新性的影响力只有在结合起来的时候才能显现出来。

如今，生物学可以轻而易举地解释多变的人性，解释我们有时候肤浅无聊的期许，以及我们越来越明显的放纵行为。生物学甚至可以为我们揭示几千年来一直纠缠、撕扯人类社会的两大流派——保守的唯灵论和唯物的进步论——的秘密。想要了解现今的人类究竟是什么（当然这个问题的答案应该也是最令我们震惊的事情之一），就必须要回溯历史，看看史前人类是什么。我们的生物学构成从史前到现在几乎完全一样，因为对于生物学来说，15000 年就是一眨眼的工夫。我们顶着一颗上万年来都没什么变化的大脑生活着，但这就足以改变一切。

你大可放心，我之所以写这本书，并不是为了否认灵魂或者是人类的非物质性，以便再一次彰显生物学的全知全能。这种尝试非常自负，并且徒劳。将人类灵魂简化为物质的做法显然行不通。这种还原论观点只会加深人类躯体和我们感知到的非物质性之间的隔阂。相反，这本书中介绍的生物学新知将使生物学上升到非物质要素的层面，从而使该要素具体化，而不是全盘否定它。只是使非物质要素更真实。因此，真正无用且过时的不是灵魂，而是灵魂的非物质性，因为我们已经不再需要借助它来解释我们的感受了。

这本书存在的意义即在于此：它将为你揭示，人类非物质要素的具体化将是人类自古以来完成的最具革新性，也是最具意义的创举。

目 录

I 物 质

1 "非物质"人类的传说
灵魂存在吗? | 005
思想的本质 | 008
直觉靠谱吗? | 020
灵魂亦可被生物性解释 | 023

2 生物性和人性一样变化无常
摇摆不定的"思想" | 029
多功能乐器——基因组 | 031
复调音符——蛋白质 | 034
蛋白质的"复调性"从何而来 | 039

3 生物性和思想都从环境中汲取养分
生活经历可以直接影响思想 | 048
生活中的偶发事件塑造大脑 | 051
生活经历是如何在神经元上打下烙印的 | 058
生活经历影响全部生物性状 | 063
生活在持续的压力中 | 069
从有压力到爱压力 | 081
生物性渴求生活经历 | 092

II 渴 望

1 生物性渴望自由

自由是人类心之所向 | 097
自由有什么用？ | 101
热力学的奴隶 | 111
生物性解救了我们这些"熵奴" | 120
从快乐地活着到为享乐而活 | 134
自由的生物性让我们变肤浅 | 138

2 生物性催生了两种存在方式

快乐和幸福构建了两极化的文明 | 141
唯灵论与唯物论的生物性 | 143
保守主义和进步主义的生物性 | 148
本是同根生，相煎何太急 | 156
让折中稳态的人主导世界如何？ | 161
回归物质，未来可期 | 169

3 生物性赋予生命意义

生命：个体的催化剂 | 170
独一无二的人类 | 174
独一无二是真，高级却未必 | 179

III 过度

1 标准、正常、恶习、疾病

标准与正常 | 193

恶习：失常的"正常"行为 | 197

疾病：完全紊乱的正常行为 | 204

成瘾是疾病还是罪行 | 209

2 肥胖：水土不服的大脑

发福乃智慧之果 | 218

为什么不是人人都胖？ | 221

囤积脂肪是一个精密的生物程序 | 222

不知节制很正常 | 225

心宽体胖不可怕 | 226

若人类可以按需进食…… | 229

肥胖症——与众不同的疾病 | 236

3 毒瘾：病入膏肓的大脑

毒瘾——心理社会毒瘤 | 238

为什么说人人都"吸毒"？ | 240

为什么要远离毒品？ | 245

有人快乐，有人上瘾 | 255

合法与非法 | 256

如何成瘾？ | 261

导致成瘾的脑部变化 | 271

毒品成瘾是行为疾病 | 275

如何战胜毒瘾 | 277

结　语 | 285

生物概念便览 | 289

参考文献 | 314
　　学术论文 | 315
　　网站 | 316
　　科学类文章 | 316
　　作者的学术论文 | 326

致　谢 | 336

I

物 质

基因组并非发展过程中播放的一段录音，而是一架拥有巨大键盘的乐器。这组琴键等待着音乐家用双手来激发它生出无尽的可能性。

1 "非物质"人类的传说

在某些问题上人类是可以达成共识的。可能有人要说我言过其实了。然而不能否认，几乎所有人都认同一定要消除杀戮、酷刑或种族主义。但是，如果从我们这个物种的角度出发，而不仅仅站在某一文明或者某一民族的角度来看待这个问题，我在文章开头提到的观点却是大错特错的。原因显而易见，杀戮、酷刑或种族主义始终是当下社会讨论的热门话题。

事实上，只有当我们谈论那些物质世界里显而易见的现象时，人类才能勉强达成"共识"：90%的人大概会赞成"天气好时天空是蓝色的"或者"如果人从10层高的建筑上跳下来，那么一定会摔得粉身碎骨"等观点。而对于其他问题，尤其是一旦涉及抽象概念时，人类的观点立即千差万别。

即便如此，芸芸众生还是在一个抽象概念上达成了一致。人们坚信：为了创造出"人"，一种物质是不够的，至少需要两种。这种二元论的人类中心主义认为"智人"是唯一一种由一个生物体和一种非物质、非生物的存在构成的生命体。这不单是认为人类比其他物种更高级的问题了,而是认为人类从本质上就与其他物种不同。人类是唯一一个由一个物质部分和一个非物质部分构成的多维有机体,而其他生物都是单维的,仅由物质构成。

以下是二元论人类中心主义的三种基本形式:第一种是宗教信徒们践行的二元论。这些信徒在神职人员的引导下,穷尽一生提升自己的精神层面,只为获得不朽的灵魂。第二种是某些人文社会科学所支持的,更像是一种否定主义的二元论。它不去探讨虚无的灵魂,而是关注一种非生物学范畴的"思想"。第三种是我们所有人都相信的世俗二元论,这种直觉指引的二元论认为,仅仅依靠生物性就妄图解释我们所有的日常经历是行不通的。

综合人类中心主义的以上三种形式,我们不难得出:所有人——或者几乎所有人——都赞同"非物质要素"这一抽象概念。即使是"神"这种通常被普遍认可的概念也要让其三分,原因是那些无宗教信仰的人通常也都是二元论人类中心主义的信徒。然而,这种对人类的二元论认知在抽象程度上丝毫不输"神",毕竟,没有人能证实亲眼见过附着于我们身体上的、所谓非物质的那一半。

细细想来,这种人类由两种要素——一种物质要素和一种非物质要素——构成,因而比其他物种高级的传说,着实令人不解。这是唯一一个没有客观依据,却能让人类这个物种达成共识的概念,与显而易见的具象事实不相上下。但我们是如何做到在这一点上如此一致的呢？原因多种多样，但究其根本，可以总结出以下三条：信仰、脱离信仰及常识。

灵魂存在吗？

在西方社会中，这种二元论人类中心主义的文化诞生自那些有教义经典的宗教，根据出现的先后顺序有：犹太教（《摩西五经》写于公元前 800 年左右）、基督教（公元元年，耶稣基督诞生）和伊斯兰教（公元 570 年左右，穆罕默德诞生）。这三大宗教对生活在这个星球上的 70 亿人中的 40 亿都产生着文化上的影响。

这些有教义经典的宗教不仅将物质的、终有一死的肉身与非物质的、不朽的灵魂相区分，甚至将二者对立起来。灵魂必须依靠意志让肉身走上正途，遵从神的旨意。只有沿着这条预设之路走下去，灵魂才能在肉身死后去往比人间更为惬意的另一个世界——天堂，那个与神相伴左右的极乐世界。相反，如果灵魂在肉体欲念的唆使下误入歧途，等待它的即是无尽炼狱的惩罚。

这种观念——将肉体与灵魂割裂，以及将尘世看作一段短暂的经历，在这个过程中我们的行为将决定我们死后灵魂的归宿——在所有信奉"法身"的宗教（如印度教和佛教，世界第三大类宗教，拥有 15 亿信徒）中也被明确地提及。在这些宗教看来，如果一个人未完成他在人世间的修行，那么灵魂可以在其死后转生在另一具肉体上。

· 宗教中的灵魂还是所有人的法拉利

宗教对肉体和灵魂作了相当清晰的区分，甚至在两者之间建立了一种等级关系，赋予了构成人类的非物质要素支配性的地位。肉身和尘世只是一个过程，只是非物质世界出现之前的一个小插曲；非物质世界才是灵魂的永恒归宿。

假设你有两辆汽车，一辆是你为了打赏自己买的跑车，另一辆是普通经济型轿车。那么，灵魂就好比那辆跑车，你会小心翼翼地对待它；而身体就是那辆经济型轿车，这辆车就算有点磕磕碰碰你也不会放在心上。只要能跑就行啦！但如果我们只有一辆车呢？这辆车会成为我们的心肝宝贝吗？换句话说，如果我们将自己视作地球上的众多物质之一，我们还会让自己的星球、让地球上的动植物，甚至让其他人类遭受这样的破坏吗？

这种"我们不朽的高尚灵魂在地球上走了一遭儿"的思想，剥夺了我们对大自然和对这个星球发自肺腑的归属感。毕竟，如果我们根本不属于这个世界，那它还有什么值得我们尊重和保护的呢？这种二元论的人类中心主义也许可以解释为什么各种环保活动难以引起人们的广泛重视，以及为什么我们要继续执着愚蠢地破坏我们周遭的世界。

诚然，与宗教教义中的二元论人类中心主义据理力争是十分困难的，因为这些理论并非建立在对客观世界的观察之上，而是建立在信仰之上。信仰本就不遵循理性的验证流程。信仰建立在一种对"真实"的感受上，只有拥有信仰的人才能体会到。它是一种开悟，通常被我们称作"信仰之力"。因此，跟一个教徒说这世界上没有人可以证明灵魂、上帝、天堂或者地狱的存在毫无意义。他看得到那些未受上帝眷顾的无神论者看不到的东西。因此，想与一名虔诚的信徒讨论非物质灵魂的存在与否是极其困难的。拥有宗教信仰的人认为无神论者不信灵魂是正常的，因为在前者眼中，无神论者就像是蛮不讲理的色盲，明明自己有病，还非要劝别人红色不存在。

· 缺乏耐心的灵魂

因此，这种"信仰之力"是宗教玄学战无不胜的武器，它将人类按能力分为了两大类。第一类智人拥有第六感，能够看到和感知到一些非物质的东西，这些东西对第二类人来说是完全无法感知的，因为他们只有传统的"五感"。但"第六感"的特点就是，它无法被传达给那些没有第六感的人。在我们所处的环境中，有很多东西无法被我们的感官觉察，比如紫外线、红外线、无线电波、超声波、磁场等，但这些东西都可以被仪器接收或探测到——比如收音机或者红外夜视仪——再被转换成我们可感知的符号。

遗憾的是，目前还没有人成功地制造出一种机器，让只有五感的智人进入灵魂的玄幻世界。我们面对的是一种典型的无法被证实存在，也因此无法被证实不存在的世界。那些拥有第六感的人宣称他们可以感知到一些东西，但他们无法向那些只拥有五感的人证实这些东西的存在。反过来，后者也无法证明前者的第六感不存在，于是也就无法证实第六感所感知到的那个"非物质世界"不存在。

这该如何是好？这种争论根本不可能通过正面硬刚的方式得到解

决,也从来没有人做到过。但我们可以换一种提问的方式。我有五感,而我的朋友说他有六感。假设他的第六感不存在,那他为什么要一口咬定他有呢?唯一的解释就是他需要。这又是为什么呢?很简单,就是为了解释一些他没办法通过其他方式理解的事。这样看来,一个拥有第六感的人其实是一个因无知而恐惧、惶惶不安的人。当他不知道答案的时候,就会编造一个。

至此,我们面对的就不再是拥有五感或是拥有六感的人类了,而是一些急性子的人和一些慢性子的人。急性子会用想象力的成果来填充知识盲区;相反,慢性子可以忍受自己的无知和暂时的迷茫,直到获得被印证的真知的那天。

我无意否定信仰或上帝,只是在尝试解答一些催生了灵魂说法的问题和疑惑。拥有五感的人,也就是那些慢性子,或许可以从中找到他们尚无解的问题的答案;而拥有六感的人,也就是那些急性子,也许能够找到他们过早抢答了的问题的现实主义答案。

思想的本质

二元论的人类中心主义并不仅仅是宗教信仰催生的现象。世俗的文化机构中有一些流派,以及那些被我们称作人文社会科学的部分学派也在宣传这种思想。人文社会科学包括哲学、法律、社会学以及心理学的主要分支。这些科学研究"不属于生物学",或者说"无法被生物学解释"的人类行为。这种世俗的人类中心主义的二元论和宗教二元论的本质区别在于：在宗教观念中，人类的精神部分是被承认、被描绘和被赞颂的；相反，某些人文科学流派的立场不能被归结为对这种非物质要素的明确肯定，而更应该被概括为对生物学全能性的否定。这些学科鲜少提及灵魂，却一再重申生物学无法解释心理、思想和社交行为。可以说，它们是在以一种更隐晦的方式使用非物质概念。

· 宁愿相信灵魂，也不相信外星人？

这种否认生物学全能性的观点将争论带入一个异常奇怪的对垒中，使我们很难去抨击这些人文科学流派的观点。在一场正常的讨论中，如果我断言这种非物质要素是存在的，那么与我持不同观点的人就会立即要求我拿出证据来。到时候，我肯定难以证实。毕竟，要去证实一些我们无法感知的事物的存在是非常困难的，因为根据定义，这些东西属于一个和我们完全不同的维度。正因如此，即使是那些最完善的宗教学最终也不得不求助"信仰之力"，因为只有信仰可以让人们在无法亲眼见证的情况下还能虔诚相信。

可以肯定的是，人文社会科学无法借用"信仰之力"，因为信仰是一种与科学方法全然对立的认知方式。因此，人文科学和社会科学使了个障眼法，稍微调换了一下辩论中正反双方的角色。如果我不说存在一种非物质要素，只说生物学无法解释人的思想、心理以及社会原动力，这样一来，我的对方辩手就需要证实生物学凭一己之力就可以解释人类。如此一来，对方的挑战难度就成倍地增加了，因为他将不得不解释每一个心理过程、每一种社会原动力的生物学机制。要完成这样一个如编纂百科全书般复杂的任务简直难上加难。但对于那些否认生物学全能性的人来说，这种辩论的第二个好处就是：他们可以借此掩饰其立场的荒谬。因为我可以通过在辩论中引入另一个事物——生物学的特点——的方式来证明"非物质要素"的真实存在。在此之前，我无法证明这种非物质要素的存在；相反，生物性却是实实在在存在的。

为了更好地理解这种逻辑的荒诞性，只需要将其照搬到日常生活中去。让我们想象一个场景：你的朋友斩钉截铁地跟你说地球上藏着外星人。你正常的反应应该是要求他证明这一点。如果我们把人文社会科学的某些分支采用的论证方法应用到你和你朋友的这场讨论中，那便不应由你的朋友举证说明地球上存在"来自其他星系的生物"，而应由你来证明地球上没有外星人。这下你就要为难了。虽然直至今日没有任何公开的证据显示外星生物确实出现在了我们的星球上，但要确保它们从来没有来过地球也绝非易事，甚至根本就是无法证明的事。

现在你想象一下要将这种论证方法应用到所有事情上会怎样：不论何事，我们都不去论证它的存在，而是去论证它的不存在。这就好比我们需要证明驴不会飞或者尼斯湖里没有水怪。我们生活在一个所有事物都存在的世界里，即使是最荒诞的事情都是存在的，除非我们能证明它不存在。那神秘的非物质要素亦是如此。

我不认为这样的辩论方式能够促成社会或文化上的进步，也不认为我们可以用这种方式解决社会中的问题。然而，在世俗领域进行的有关身体和灵魂的二分法讨论的确是基于这种方式进行的。

为什么到了 21 世纪，人们还能接受这种畸形的论证方法呢？

在众多原因中不得不提的是历史问题：这种认为人类由一个具象的肉身和一个非物质要素构成的观点已经有 2500 年的历史了。在西方基督教文化占绝对统治地位的 1200 年中，它是唯一存在的思维方式。因此不难想象，这种观点浸淫我们的社会如此之久，以至于被我们视作真理。这就是"重复"的神奇作用。

相反，那些让我们用"一元论"的眼光来审视人类的知识只出现了不到半个世纪。因此，那些率先抵达的人自然会极力捍卫人类非物质性的城堡，而那些初来乍到的人则扮演着蛮族的角色，不得不去证明生物学"邪说"的合理性。或者换一种说法：人类多维性的信仰根植在我们的文化当中，以至于我们认为这就是"事实"，才使得我们在讨论二元论的人类中心主义时颠倒了正反双方角色而不自知。正因如此，与之观点相左的人必须证明生物学假设的成立，以反驳这个所谓的"真相"，或者更准确地说，是二元论的后真相。

这场逻辑颠倒的争论如此持久的另一个原因在于，某些人文科学的专家坚持捍卫他们工作的重要性，这无可指摘，但是会造成一种保护主义的立场。所谓保护主义，也就意味着有偏差。毫无疑问，近百年来的科学发现大爆炸导致我们的社会和政治对人文科学的关注度不断下降。

随着人文社科的没落，人们对硬科学如物理、化学、生物的兴趣大幅度提升，甚至将这些科学看作应对人类文明巨大挑战的唯一手段。

众所周知，在短短一个世纪当中，科学技术的进步使人类寿命延长了至少 30 年，同时解决了许多从前完全无法治愈的疾病。我们中的大多数人为之担忧的能源危机和全球变暖问题也只能寄希望于科技的进步。只有像我这种在计算机和互联网诞生之前走入大学的人才能真正意识到这些工具带来的无限可能。

类似这样的例子我还可以罗列很多，但是我认为以上这些就足以证明为什么我们如今生活的这个时代，会将硬科学看作真正的进步源泉和全人类的拯救者了。因此，人文科学专家会感到一丝威胁也是可以理解的，尤其是来自生物学的威胁，毕竟后者同人文科学一样都是在研究生物的秘密。

·为思想断代

也许正是这种保护主义的思想使得某些人文科学的专家经常想当然地加入关于身体和思想，也就是盎格鲁－撒克逊人说的"body"和"mind"的争论中，却完全无视了这种非物质、非生物要素的概念带来的最大的困难：后者与我们在物种进化方面，特别是人类进化方面的认知并不相符。

我们完全可以指出某些人文科学口中的智人非物质、非生物的行为特点所出现的具体日期。你我都共同归属的"人属"出现于约 300

万年前；从解剖学角度看与现代人身体结构基本无异的智人出现在至少15万年前；使人类独一无二的非物质要素则出现在5万年前，最早的表现形式为符号思维、艺术、规划能力、逝者下葬或工具标准化等。鉴于我们这个物种的身体特点早早就固定下来了，这造成了人类身体进化和非物质要素出现之间至少有10万年的时间差。

如果我们对思想产生于大脑这件事均无异议，那么这个巨大的时间差就很容易解释了。大脑这个器官通过不间断的演化在5万年前进化成它如今的样子。它的演化使我们能够做出具有本物种特点的复杂行为，之后，人类借助符号思维构思出了非物质要素的存在。相反，如果思想不属于生物学范畴，也就是说，它不是由大脑产生的，那么我们就不得不承认，这种非物质要素在5万年前突然决定占领我们的身体。这是唯一可以将人文科学"身体/思想"二元论维持在科学范畴内的假设。

不同机体协作以创造出一个性能更好的实体，这种现象本身并没有什么令人惊讶的。这种现象被称为共生，在自然界中相当普遍，我们可以举出非常多的共生的例子。共生指的是两个物种的共栖，它们可以保持独立，也可以相互融合，最后共享一个机体。以上两种共生形式都不罕见，特别是在你我的身体中，以上两种方式都能找到对应的例子。

肠内菌丛（如今被称作微生物组）就是一个很好的"共生"例子。肠内菌丛由细菌和单细胞生物构成，它们生活在我们肠道内帮助消化食物。线粒体则给我们提供了一个很好的内共生的例子——线粒体存在于细胞之中，为细胞提供赖以生存的能量。由于线粒体的前身是细菌，因此它和细菌一样，拥有自己的 DNA 并且可以通过分裂进行繁殖，而不受其所在细胞的分裂影响。

这种理论上发生于 5 万年前的人类身体和非物质要素的共生关系似乎可以用融合共生关系来解释，因为融合共生意味着用两个元素来创造一个机体。对于两种属于同一个维度的机体来说，这种融合的过程应该不会产生什么问题，但是对于两个来自不同维度的实体就很难想象了，比如身体和它的非物质共生体。原因是，身体和非物质要素若要融合，这两方中的一方就必须放弃它原有的维度，完全进入另一方的维度。两者若是内共生的关系，从前的非物质要素很早就应该变成物质的、生物的了。

唯一能够支撑这种非物质性、非生物性要素存在的就是共栖共生这个假设了，因为在共栖的情况下，共生的两方是彼此分开、彼此独立的，就好比我们的肠内菌群和我们之间的关系。共栖假说自然是认可当今人类拥有一种非物质元素的，但这种假说也带给我们一些难以回答的问题。

第一个问题是：5 万年前，这个非物质的共生体是否最初为一个实体，在经过像细菌那样的分裂或复制后才附着到了人类身上？这个假说似乎是不成立的，因为若是成立，那就意味着所有人身上的非物质要素都是一样的。如今，在地球上有将近 70 亿智人，根据人文科学的某些学派的说法，这 70 亿智人都拥有一个非生物、非物质的要素。诚然，这 70 亿个非物质要素之间会有某些共同特征，但它们也拥有彼此各不相同的个体特征。这样一来，我们就不得不承认，在5万年前，有许多不同的非物质共生体决定和当时的人类共生，或者说拥有了和当时人类共生的条件。然而，当时的智人只拥有几千人口，那今天我们拥有的几十亿个非物质要素又是从何而来的呢？

第二个问题是：这个非物质的共生体和它所附着的身体同时繁衍。如果人类是像细菌一样通过二分裂法进行繁殖的，那么这种说法就没有什么硬伤。然而，智人的繁殖方式让事情变得复杂。对于我们这个物种来说，没有任何一个新个体和他的父母一模一样。新生个体是父母双方基因型融合的产物。这个融合过程产生了一个新的基因型、新机体，与他的父母皆不相同。我们由此可以推测，父亲的非物质共生体和母亲的非物质共生体也分别提供了一些元素，这些元素以同样的方式进行融合，创造出了一个新的非物质共生体。这种假说虽然看起来简单，但还是不免让我们对融合的时间提出疑问。双亲共生体的融合可能发生在性行为过程中。但是，人类的性行为和受精之间是有时间差的，受精发生在性行为结束后的几个小时，而且受精过程不是百分之百会发生的，事实远非如此。为了解释这个时间差，我们可以假定父方的非物质共生体是通过精子传送的，这样一来它就可以在受精时和母方卵细胞携带的非物质共生体融合。如果"精子"都可以做到，我们就很难继续宣称智人是唯一拥有非物质要素的生物了。精子有非物质要素，而猫没有——这种假说确实很难站住脚。

那么，让我们换一种思路。假设在性行为时，来自父方的非物质共生体自行脱落，之后在母方体内等待受精，以便能够和来自母方的非物质共生体融合，创造出一个全新的非物质要素，继而和受精卵进入共生状态。

很遗憾，这种假说也有漏洞。首先，如果受精没有发生，来自父方的这一小块共生体的归宿在哪儿？它会再次和父方的共生体结合？还是会被排出体外、灰飞烟灭？其次，按照这个假设，受精卵在形成后就拥有了非物质要素，但是根据世俗的科学观点来看，胚胎还不能被称作"人"，因此也就没有"思想"。这种观点普遍被人文社会科学所认可，至少是被默认的，因为这些学科和大多数的世俗运动一样，通常是不反对堕胎的。终止妊娠的权利之所以被捍卫，一方面要维护社会正义，给妇女支配自己身体的权利；另一方面是因为胚胎还不能被称作"人"，因此堕胎不算是杀人。

这种"胚胎不是人，堕胎不算杀人"的思想使我们不得不接受非物质要素是在受精之后，甚至是在胎儿出生之后、在孩童展现出思维能力之后，才附着在人体上的。不论这种共生状态具体是何时开始的，它没有发生在受精的瞬间这个事实就足以证明人类非物质共生体的繁殖是独立于身体繁殖而存在的。那么这个非物质共生体是在哪里繁殖的呢？显然我还没有找到答案。但不论这个繁殖过程发生在哪里，我们时至今日都不得不接受一个非物质维度的存在，非物质要素可以在此处进行繁殖，等智人的身体足够成熟后与之进入共生状态。

最后一个疑问来自一个观察结果。显然，我们的非物质要素是需要学习的。自从5万年前，智人身体被非物质共生体占据之后，又过了约3.5万年，智人才放弃了狩猎采集的生活方式，在约1.5万年前成为畜牧种植者。在这之后，人类又花了1.2万年来发明文字，继而又用了约5000年，创造了我们如今的高科技文明。整个过程跌宕起伏，漫长又艰辛。除此之外，每当一个非物质要素与智人身体进入共生状态时，一切似乎都要从零开始。我们不得不将共生体送入学校，让他重新学习一切。抛开整个过程长达二十几年不说，其中的开销也是不容忽视的。由此可见，一旦非物质共生体与我们的身体进入共生状态，不论是在活着的时候还是在死后，这个非物质共生体都无法再与还处在初始空间、等待进入共生状态的同类进行信息互通了。这就意味着，这个非物质共生体要么会与我们的身体一起死去，要么会转移到一个新的空间中，而这个新媒介和它在初始阶段所处的媒介完全不同。

讽刺的是，为了调和物种进化和人类拥有一种非物质、非生物的要素的思想之间的矛盾，我们一步一步地建立起了一个与宗教教义提出的玄学思想相差无几的解释体系。毕竟在非物质要素的问题上，我们也没有任何证据能够证实它的存在。更糟的是，我们甚至不能借助"信仰之力"，因为"信仰之力"起码能让信徒在未见其实的情况下毅然选择相信。正因如此，在世俗环境之下，除非否认物种进化理论，激进地反对堕胎抑或放弃"人文社会"后面的"科学"这个字眼，否则想要捍卫存在非物质、非生物要素这一说法是非常困难的。

· 水和冰属于同一维度吗？

说到这儿，我们是时候考虑一下，除了宗教以外，人们是否仍在身体和思想的二元对立问题上僵持不下，还是说这仅仅是一个已经解决了的问题的残声？关于这种对立的讨论依然存在，只不过和很多社会学家、心理学家和哲学家所说的略有出入。

现在，所有以身体与思想为研究对象的人都认同——大脑产生了思想和观点。下文中将会展示，有关于此的论据确实无可辩驳。现在问题的关键是，由神经系统产生的思想是否能脱离它的制造者，成为另一种实体存在。讨论的核心不在于判断物质性的大脑和非物质的思想是否各自独立，而在于判断它们是否相同。这两个问题存在质的区别。

为了认清问题——身体与思想是否相同——的本质，我们只需要引用哲学课上经常出现的例子："一个装满液态水的杯子被冷冻之后，我们能说冷冻前后的两者是一样的吗？"应该没有人会认为这两杯水属于不同维度吧。然而，要说它们是完全一样的也很困难，毕竟冰和液态水的形态明显不同。作为一个哲学界的新手和专业的科研人员，我很不理解为什么这个哲学问题仍然悬而未决。对我而言，这个问题很显然是由对维度的低估导致的。的确，在一个三维空间中，这两杯水的不同肉眼可见，但它们又确实由同一种元素构成。但只需加上"时间"这个维度，就可以意识到这两杯水并不是不同的物质，它们仅仅是同一物体在三维空间中的两个切面，而它的第四个维度即是时间。

不管你对于哲学上的"同一性"（又称统一性）问题怎么看，身体和思想的关系其实就是生产者（大脑）和产物（思想）之间的同一性问题的变体。一旦将世俗的二元论用这些词汇表述出来，继续坚持思想的非物质性就很可能得出荒谬的结论。

如果说思想产生于大脑，就意味着非物质性产生于物质。按照造物主比他造的物高级的逻辑，我们恐怕要颠倒身体和思想的关系，或者颠倒宗教教义中的肉体和灵魂的关系，赋予物质比灵魂更高的权位。即使我们接受了这种颠倒，我们还是会碰到一个相当棘手的问题，即维度的转变。的确，"同一性"问题永远不会涉及从一个维度到另一个维度的转变。没有人会认为装着液态水的杯子在实体维度中，而装着冰的杯子处在另外一个平行维度中吧。同理，如果将身体和思想关系的问题简化为同一性问题，人们就很难想象或理解物质世界（A）中的实体——身体——是怎样创造出非物质世界（B）中的实体——思想——的。除非再一次借助让人在看不见、搞不懂的情况下还能虔诚相信的"信仰之力"才能使人信服。我们不得不再一次将人文科学的某些学说转化为宗教教义。与基督教相反，这种"宗教教义"认为是一个会死的神——身体——创造了一种不死的、非物质的东西——思想。这种看法又让我们不得不面对一个亟待揭开的谜团——这个不死的产物的归宿是什么？它肯定无法再返回创造者身边了，因为后者已经死了。我们肯定能为这个问题设想出一个答案，但我不确定这种"宗教学说"在面对基督教玄学理论时可以获得胜利，毕竟后者的逻辑更为缜密。

综上所述，在认真分析了世俗二元论后可以得出结论：除非借助信仰之力或者是将某些人文社会科学的观点转变为宗教教义，否则没有任何合理证据证明这种非物质要素的存在。支持人类二元论观点的非宗教人士似乎不明白，承认生物性是人类复杂机能的根源并不会对他们的研究学科和领域造成任何损失。

事实上，没有人认为"一元论"意味着只有生物学才能真正了解或者改变人类。所有的认知行为都应该是双向的：从生产者到产物和从产物到生产者。要想认识一元的人类，我们可以从生物性出发，上升到语言；或者从语言出发，回归到生物性。人文科学和神经生物学之间不是二选一的关系，而是互补关系。因此，请各位放心，在未来很长的一段时间内，两类科学家都不会失业。

直觉靠谱吗？

宗教领域的二元论者和人文社会科学的某些专家都在宣扬一种"有意识的"二元论人类中心主义，他们的态度积极得甚至有点教条。至于普通的世俗人类中心论者通常不会考虑非物质维度存在与否的问题。如果你问他们灵魂是否存在，他们很可能会给你一个否定的回答。然而，从他们的逻辑可以明显地看出，他们认为生物学无法完完全全地解释人类，必须有一个非生物的部分。当我们谈论情感、心理学、口头传授经验或者话语治疗等问题时，绝大部分人会认为这些是涉及灵魂、思想的领域，而不属于物质范畴。

由此可以看出，我们的认知中应该还潜伏着一种"无意识的"二元论思想，只需稍微刺激它一下，它便会显现出真身。因为我的专业性质，在我和朋友们进行交流时，经常会谈到"成瘾"的问题。一聊到这个问题，就会提到两种成瘾现象：一种是生理成瘾，即与生物学相关的成瘾现象；另一种是心理成瘾，与前者相反，不属于生物学范畴。在我的朋友看来，以硬毒品为代表的生理成瘾比心理成瘾更严重一些，因为心理成瘾多是软毒品造成的。而我则持相反观点：非物质要素疾病要比物质层面的病理更严重。在我朋友们的观念中，只有生理成瘾才是疾病，是一种不受意志控制的状态，而心理成瘾应该可以通过意志力来战胜，而意志力是非物质要素与生俱来的品质。换句话说，那些无法抵御除生理成瘾外的其他毒品诱惑的人，只是一些缺乏意志力的人。

类似的讨论出现多次后，我很快意识到最好的探讨方法就是直截了当地问他们：心理成瘾是不是灵魂造成的？因为从字面就可以看出，既然是心理成瘾，肯定跟身体无关了。在问完这个问题后，对话通常会以以下方式或者类似的方式继续：

"灵魂？你为什么会这么问？这和灵魂有什么关系？"

"为什么和灵魂没关系？如果心理成瘾不是身体造成的，不是生理性的，那么它一定和非物质要素有关。如果不是灵魂，又是什么导致的呢？"

最后这个小小的问题通常会让他们慌了神。我的朋友们都不是虔诚的教徒，肯定不愿把灵魂牵扯进来，使其成为一种玄学现象，但是他们也确实想不出如何回答这个问题。生物学显得太片面，但如果因此就求助于灵魂……每到此时，我就会扔出那个挽救所有人的救生圈——最新的科学发现。

"将心理成瘾和生理成瘾区分开来的观点如今已经彻底过时了，因为我们已经知道这两种成瘾的生物学基础了……"

朋友们对此都很满意，因为他们终于可以摆脱"灵魂成瘾"的纠缠了。这种解释对于毒品成瘾行得通，但只需一句概括性的结论——"如今我们已经不用再借助非物质要素来解释人类行为了，生物学足矣。"——问题就又来了。

人们对生物学全能性的质疑并非由意识形态导致，而仅仅是一个常识问题。若将我们学到的生物知识和人类一生中的日常经验放在一起，便可立刻得出结论——生物性绝不是人类问题的唯一解释。这种观点不无道理。在学校里，老师告诉我们人体基因的表达结果是蛋白质，而蛋白质会决定我们的行为，有时也会引起某些病理。这种建立在线性因（生物性）果（行为）关系上的决定论观点不仅不可信，如果我们用它来解释我们所谓的"非物质要素"，就更显滑稽了。生活不停地告诉我们，万事皆有可能，我们无时无刻不在变化，我们有能力应对一切，或者几乎能够应对一切。既然如此，基因或蛋白质又如何能提前决定我们的所有行为呢？

将人性简化为决定论的生物性就好比一个教条的定理，该定理在 2+2 必然等于 4 的数学领域是可以奏效的，下雨或晴天，以及你幸福与否都不会改变任何事。但是，人类的反应和行为是无法被浓缩进一成不变的规则中去的。这也是一个常识问题。在我看来，这种常识和教徒相信灵魂、心理学家相信人类非物质的一面是同一种常识。

但不论是教徒还是心理学家,都不相信存在其他看不见的东西,比如仙女。

人类对自身的认知与我们对物质或生物学的认知相悖,因此才使得"非物质要素"和灵魂的说法大获成功并一直延续。只要上述认知偏差一直存在,人类是由单一物质构成的这一观点就只能看作不切实际的空想。

灵魂亦可被生物性解释

整个20世纪,关于人类大脑功能的无数探索和发现本应动摇我们对人类的唯灵论认知,构建一种生物学的认知,但事实却完全相反。这些让我们开始对自身身体机能有所了解的巨大进步反而催生了一种决定论的生物学。在前几个世纪中,彼时知识上的盲区让事情变得模棱两可:既然我们根本不了解身体是怎样运转的,那又如何否认身体能够解释人性这件事呢?相反,20世纪的科学对生物学的评价倒是不容置疑:决定论的生物学无法解释人性的问题。这种观点不仅局限于宗教领域或者人文社科领域,绝大多数的科学分支支持这种观点,甚至专门研究大脑的生物学分支也不例外。

事实上,我们或许都没想到,截至20世纪,人们都不会把宗教、人文科学放在神经生物学的对立面。人文科学和宗教都认可:生物学可以解释某些人类行为。自古代起（从公元388年的圣奥古斯丁开始），二元论者就将"简单行为"和"人类行为"作了区分。他们认为"简单行为"即人类和动物都拥有的局限于身体的行为；而专属于人类的行为指的是受某种信仰支配而产生的灵魂或思想的表现形式。饥饿的时候进食、为了寻找庇护从一地迁移到另一地、为了避免某种危险而跃起等行为，长久以来都被看作由身体管控的行为。相反，理性思考、意志力、自由选择的能力都被认为是神为了让人类比动物高级而赋予人的灵魂属性。20世纪的人文科学和神学承认某些基础行为如运动机能或饥饿等是大脑的产物，承认它们可以被蛋白质解释，这并非什么"文化革命"。这一做法只能在曾经被认为是身体管控的机能前冠上"神经生物学"的字眼。即便理解传导原理、认识大脑，也没有动摇这些行为指挥者的性质——灵魂。

尽管如此，随着神经生物学研究的逐步深入，还是出现了一些新发现，这些发现让人类开始质疑非物质要素或灵魂的真实性。20世纪50年代，精神药理学的创立让人们怀疑精神疾病也许与生物学相关，然而从字面上看，它属于心理学的范畴。否则，如何解释仅仅依靠一些化学分子，就能成功地治愈某些曾经被认为无药可医的精神疾病呢？然而，生物心理学在很长一段时间内一直被贬低，被看作一个偏门学科。这种现象在法国尤为明显，直到20世纪八九十年代，拉康[1]派精神分析法依旧在法国高等院校的精神病学专业占主导地位。矛盾

---

[1] 拉康是法国精神分析学家，其最突出的成就是力图用结构主义改造弗洛伊德的精神分析学。

的是,从实践角度讲,精神药理学其实诞生于法国。最早用于医治精神分裂症的药物是由法国人皮埃尔·德尼凯(Pierre Deniker)和亨利·拉博里(Henri Laborit)发现的,并且二者还凭借该发现获得了生物医学领域最具声望的拉斯克奖。拉康也是法国人!我们的国家因此不得不在两项发现中做出选择。法国是启蒙运动的发源地,因此,相比生物学的还原主义[2],我们自然更倾向于选择思想之光。

20世纪下半叶,神经生物学专家陆续证实——越来越复杂的行为要依赖大脑,而这些复杂行为原本都属于非物质要素的"禁猎区"。这些研究以揭示欢愉感、恐惧和暴躁情绪的生物学基础为起点,不断向前推进。欢愉、恐惧、暴躁都是基础情感,与本能相似,仍可被看作身体与非物质要素的中间地带。之后,神经生物学领域的研究范围逐步延伸到了纯粹的心理学领域,如与母亲的关系、社会结构的影响以及对他人的信任感等。随着时间的推移,针对这些课题的研究方法越来越被染上一层还原论的色彩:人们首先将某些复杂行为归结于某种大脑组织,之后又将其归于某些神经元的共同作用,最终将其归于某一个基因或者某种蛋白质的作用。这些发现必然会惹恼一些人文科学领域的专家,但是他们仍然没有对非物质、非生物要素的存在提出质疑。他们只是稍微移动了一下横亘在灵魂和大脑之间16个世纪之久的边界。大脑活动或蛋白质可以非常明确地解释越来越多的行为,但这依然没能动摇以下观点,即我们需要借助非物质要素来理解人性,

---

[2] 还原主义指一种用较低级的现象来解释较高级的现象的社会学学说。

理解人性中善变、不可预测的一面，理解阅历和文化在其中的作用。但还是有许多人类特点无法用越来越带有决定论色彩的生物学解释。矛盾的是，神经生物学取得的进步越大，人们对生物全能性的排斥感就越强烈。

这种大多数人持有的拒绝态度不仅建立在逻辑分析之上，还包含着某些根深蒂固的情感因素。思想和灵魂捉摸不透、无法预测，而生物学却充满必然性。将前者简化成后者是多么可悲的事啊！当我和那些不相信灵魂的朋友聊天时，我意识到他们将可用生物学解释的"思想"和"灵魂"看作一种损失，这种损失会让他们郁郁寡欢。将灵魂简化为某种可预测、先天决定的物质对他们而言就好比一场截肢手术。具有生物性的灵魂和思想肯定不如非物质要素吸引眼球。如果我们的本质都不那么高级了，那我们自身更无法高级起来。这让人难以忍受。

到了21世纪，一切都改变了，即使我们中的多数人对这些变化全然无知。事实上，我们直到近30年才发现——真正的生物学并不是决定论的，不是充满必然性的。这一发现最初也让一众生物学家震惊不已。如今我们了解到，在人类的组成元素与其功能之间没有绝对的因果关系。换句话说，生物学是或然论的、概率论的。比如，基因的确能够指导蛋白质的合成，但是后者的功能却可以完全不同，这取决于很多因素，特别是当下的环境和过往经历。我们的身体结构一直在改变，这和心情、行为会随着天气的变化而变化是一个道理。换句话说，如今的生物学与我们对"思想"的认知并不冲突，甚至可以说生物学吸收了先前的观点。

这种对于身体和大脑机能的全新阐释说明，我们对人性的固有认知其实是我们无意识中对生物学机制产生的一种直觉。非物质要素的存在不是幻想，而是面对人性问题的正常反应。21世纪的新发现让我们无须借助某种非物质存在来解释人性。相反，构成人类躯体的物质所遵循的规则为我们提供了另一种"思想"或"灵魂"。这是一种具体化的"灵魂"，它同非物质的灵魂一样高级、一样不可捉摸、一样从经验中诞生。但它的优点是，它是真实存在的。

21世纪的生物学调和了"思想"和"物质"的关系。它不否认"思想"或者"灵魂"的存在，而是将这个概念物质化、具体化了。但可以肯定的是，21世纪的生物学与二元论思想对立，与所谓的"半物质半非物质的人类"概念对立，但它与哲学、社会学和心理学研究的人性特点并不相悖。它与人文科学和心理学的研究方法没有冲突。在对生物动力学的新理解中，言语或社会背景同药物一样，都可以改变人类的生物性状。人文科学、心理学、精神药理学、基因工程都是为了更深入地了解人体中的物质进而探究人性的相关学科。

在探索这种生物学新观点之前，先来看两种让人相信非物质要素存在的主观感受或臆断。

第一种感受是觉得人性多变且难以捉摸。我们总觉得人一直处在变化当中。即使在面对同样的局面时，我们也会觉得自己一直处在不同的状况和时间背景中。这种感觉和一成不变的生物学形成了鲜明对比：后者决定了那些永恒不变的特征，如指纹或眼睛和头发的颜色等。

第二种感受涉及我们的精神食粮。人们普遍认为我们是什么样的人取决于各自的生活经历、与父母亲朋的关系、恋爱关系、阅读的书籍，当然也取决于我们所处的社会背景。上述所有因素锻造和塑造了我们，使我们成为今天的自己。但人们认为这些因素与生物性无关，因为生物性是由来自父母双方的遗传基因决定的。

我们将在后文看到，生物性并非我们想象中的那样，它和非物质的思想一样，也是多变的，它也从环境中汲取养分，被人生阅历所塑造。

2 生物性和人性一样变化无常

摇摆不定的"思想"

周一。和往常一样,我走下楼,准备去上班。公寓的门房先生贝尔纳像往常一样在一楼等着我。一些一成不变的习惯会让生活变得很有节奏感,这让我感到安心。"贝尔纳,今早感觉怎么样?你的背还好吗?没有好转?……你的大夫怎么说的?啊,他给你换了消炎药。好,我一会儿再给你留一遍我针灸师的联系方式。对,她叫维罗妮卡。但你可得去啊,我保证她一定会让你感受到奇迹的。"

周二。没有变化。贝尔纳等在我出门的必经之路上,准备用"你身体怎么样啊?"来跟我打招呼,就好像他真的盼望着得到有关我健康的消息一样。但今天早上,我只能敷衍他"还行,还行",因为我赶着去见一位非常重要的人。

周三。我停在三楼,因为我听到住四楼的杜邦先生正在开门。他每天都会和贝尔纳聊几句。我在三楼等了一会儿,假装在包里翻东西,然后让他走到我前面,这样一来,我就可以悄悄地跟在他身后,不用和任何人寒暄了。

周四。无须赘述,一如往常。我的女儿雅斯敏的国际政治这一门考了17分。幸亏贝尔纳当班,我急切地想跟人分享这个好消息。每天早上能和他聊两句真是太开心了。假如门房这个职业不存在,我们也该硬生生造一个出来。

我的例子足以证明,仅靠一套基因和蛋白质就想解释人类毫无征兆的态度改变,这简直荒唐无比。公寓、楼梯、贝尔纳,这些要素始终如一。唯一不停变化的东西就是我们。想利用生物学的决定论来解释人类无休止的行为变化,岂止滑稽而已!

有关人类不可捉摸的例子不胜枚举。去找一位和你关系亲近的人,问问他"你是一个怎样的人"。无论其本性如何,那人一定会陷入沉思。沉思之后,他很可能会罗列一连串的性格特点,这些性格特点通常会有点笼统,甚至自相矛盾:"我很善于聆听,但是我也很享受个人空间",或者"我很好相处,但你也别成心跟我找碴儿",等等。有些人有可能会直接拒绝回答这个问题,因为他们觉得根本无法回答。的确,除非自我蒙蔽,否则人们很难透彻地描述自己的性格特点。我们无法回答"你是谁"的问题,并不是人类共有的复杂性所致,罪魁祸首是我们的变化性。是的,不论是存心的还是无意的,人每时每刻都在变化。我们的心情、感受事物的方式、与他人交谈的方式在一天中的早、中、晚都是不同的。即使是在固定的时刻和地点,我们的感受和行为也会随着时间的流逝发生变化。人生变幻莫测,我们面临的事态有时截然相反，妄言可以准确地描绘"我们是谁"冒险又武断。

从实践经验来看，与人类天性的多变相反，大家普遍认为我们的生物属性是稳定不变的。人的头发、眼睛自始至终都是一种颜色，指纹在一生之中也不会变化，人体内各种器官的形状是确定的，人的身材也不会在一周内大变样。由此可得出结论：人类的本性多变，因而不属于生物学范畴。

这种论断看似有理，实际上大错特错。人类本性多变，这一点没错，但"人体生物性状一成不变"这一点是人们臆想出来的，与现实不符：如果说一部分生物性状确实终其一生没有变化，那么另一些则始终在变化。特别是大脑，它在不停地改变着。因此，人类对自己多变本性的认知完全符合不停变化中的这个思想器官。

多功能乐器——基因组

我说生物性捉摸不透，你对此肯定不认可。众所周知，生物性是遗传基因的产物，而遗传基因是固定不变的。遗传基因甚至是人们唯一确定可以从父母那里继承得到的遗产。以上两点都正确，只是关于基因组的看法有失偏颇。我们一直将它看作一段录音，但事实并非如此，基因组更像是一个乐器，可以生成无以计数的华美韵律。另外，遗传基因是世界上唯一可以奏出复调声音的乐器，它奏出的声音可以随着演奏地点的变化而变化。因此，如果说一位音乐家可以编写出

100万种不同的旋律，那么我们受基因组指挥的生物性状至少可以演奏出10亿种。生物性比非物质要素更加不可捉摸。甚至可以说，人类意识到的自身的多变只是更加多变的生物的冰山一角。

为了理解人类的多变性，首先需要更准确地定义我们的生物学构成。人类是有机体，由很多成分构成：水、脂肪、糖、矿物质、蛋白质等。与水相比，蛋白质并不是占比最多的成分，但可以肯定的是，它是最重要的。事实上，正是这些分子决定着人体的结构和功能。你的蛋白质是什么样，你就是什么样。其他组成部分都是些配件。

基因组扮演着什么样的角色呢？基因组由另一种分子构成，即大名鼎鼎的DNA。DNA也很重要，因为它内部包含能够指挥蛋白质合成的信息。每个蛋白质都携带一小部分DNA，我们称之为基因。人类拥有约2.5万个基因。

通常来说，一提到基因组大家都会想到的是控制蛋白质合成的那部分信息。这部分基因被称作编码序列，它只占基因组的3%。那么人们从未关注过的那97%的基因组有什么用呢？这一部分被称作调控序列，它们决定合成什么种类的蛋白质、何时合成、合成多少。

根据事物的体量来判断其重要性通常是有失偏颇的，但在基因问题上倒是行得通。基因组中最重要的其实是我们经常忽略的那一部分，即占基因97%的调控序列。

为了证实这一点，让我们以两种相去甚远的哺乳动物——人和老鼠——为例。二者的编码序列几乎一模一样，相似度高达99%。1%的基因差异似乎很难造就差别如此之大的两种生物。那么差距是如何产生的呢？调控序列！这种占基因97%的组成部分决定了人类和老鼠分别合成的蛋白质数量和种类，从而造就了它们的天差地别。如果说蛋白质——可用食材——大同小异，那么调控序列——主厨——通过选择"食材"的种类并调控用量，就可以轻而易举地创造出人类与老鼠这两种截然不同的生物。

接下来这个例子更让人震惊，因为其中的生物体差异比人和老鼠更大，但它们的基因组却是一模一样的。你认为这种例子不存在？但你每天都能亲眼见证它，因为这个例子就是你自己。只需要照照镜子，你就会发现：你的牙龈、舌头、面部皮肤和眼睛之间好像没有任何相似点。如果你翻开一本解剖学书籍，就会发现人体脏器的运转机制更是千差万别。肺、心脏、肾脏、肝脏、大脑，这些器官之间的差异远远大于人类和老鼠。这两种哺乳动物至少都有四肢、脊柱和头，头上都有两只眼睛、一个鼻子、一张嘴和满口的牙齿。而心脏和肺的唯一共同点就是它们都在我们的体内。否则，说这两个器官来自相距十万八千里的两个星系都不为过。换一个场景，进入显微镜下的微观世界：肌肉细胞、肝脏细胞、免疫细胞或者神经元之间的差距也同样惊人。然而，上文提到的所有器官和细胞都拥有完全一样的基因。它们之所以如此不同，完全是调控序列控制的结果。调控序列指导合成不同的蛋白质，从而造就形状、功能各异的器官和细胞。

为了让基因的构成更直观，我们可以把基因组比作一架钢琴。这架钢琴中必不可少的琴键和琴体就好比基因的调控序列。它们带动弦槌敲击琴弦（基因的编码序列），最终奏出旋律（蛋白质）。这架生物学的钢琴拥有 2.5 万个琴键，每个琴键对应一个音符，这样一来，这架钢琴可以奏出的旋律数量不计其数。换句话说，如同乐器一样，基因组决定着我们"有可能"是什么，而非我们是什么。

虽然基因组和乐器的特点一样，但是它显然比乐器厉害得多。只需一组编码序列，再加上一套"复制—粘贴"机制，一个基因就可以指导合成许多不同种类的蛋白质。这好比一根钢琴琴弦可以发出许多的音。

因此，基因组和一张只录了一段音乐的光盘没什么可比性。应该将它比作一个乐器，一架有 2.5 万根琴弦（编码序列）的钢琴，每根琴弦又能弹奏出不同的音符（蛋白质）。如果这架钢琴的琴键可以精敏地操控 2.5 万根琴弦，想必这是一排很长很长的琴键。长到何种程度呢？假设把这架钢琴放置在一座大楼中，琴弦只占据其中一层，那么我们还需要另外的 32 层来放置琴键和击弦机。

复调音符——蛋白质

虽然基因组这架"钢琴"可以演奏出不同的旋律，但是生物学的多变性不仅限于此。基因组比所有乐器都多了一层复杂性。只需一种乐器，人们就可以演绎不计其数的乐章。随着音乐家和剧院的改变，最终的演奏效果也不尽相同。但在全世界范围内，不论是在海滩上还是在深山之中，哆、来、咪、发、唆都是一样的。然而生物学上的"音符"——蛋白质——就不同了：根据演奏地点的不同，这种"音符"可以发出截然不同的音色。换句话说，就是蛋白质会根据地点改变功能。

你肯定会反驳，这怎么可能！这种令人惊叹的特性被称作"突现"，即物体在不同环境下表现出不同特征的能力。按常理说，物体的属性应是其固有特征，是它无论何时何地都保有的品质。但是，物体还拥有一些随着环境改变突然显现的特点。因此，物质世界中的物体远比我们想象中的多。

以水为例：水分子是由两个氢原子和一个氧原子构成的，它的原子构成"H_2O"即它的固有属性。然而，我们平时看到的水的特点却是它的突现特点。人们习惯于将 H_2O 看作一种液体，而 H_2O 的日常名称"水"也被用来描述该分子在液态下的状态。但只需改变条件，比如降低温度，它就不再是人们可以畅游其中的水，而会变成冰，一种可以让人在上面行走的固体。如果升高温度，水会蒸发，变成一缕只有仔细观察才能看得到的烟雾。综上，同样是 H_2O，其表象并非一成不变，而是会随着环境不停变化。

这让人不禁联想到前文的同一性问题：同样的杯子装着同样的水，一杯水是液态的，另一杯水则结成了冰，我们在其中引入了"时间"这一维度。其实，我们也可以从"突现"的角度解释该问题。H_2O 的两种状态——固态和液态——可被看作同一元素的两个突现属性的表现形式。这样一来，哲学上的同一性问题就有了两种解答方法。但奇怪的是，上述两种解释均来自对物质世界运转规律的理解，仿佛物质能够帮助我们理解人性一样。你一定会说："这太奇怪了！"其实根本不奇怪！因为正是物质的特性决定了我们赋予神秘非物质要素的特点。

突现并不罕见。我们赋予生活用品的特征极少是它们固有不变的品质，绝大部分是随时可能改变的突现特征，只是大家没有意识到罢了。

蛋白质会随着环境的改变而改变功能，这一发现可谓生物学上的一次小革新。但直至今日，还有很多科学家拒绝在推理中使用该发现。我们这一代人受到的教育是这样的：每种基因和蛋白质的功能都是它的固有属性。这种观点可谓决定论生物学的基石。按此逻辑，如果我了解你的基因，了解你体内将要合成的蛋白质，那么我就可以估测出你的性格以及你可能会患有的疾病。在这种观念的指引下，一支旨在破译人类基因组的国际团队成立了（2003年完成破译）。这一计划也催生了许多旨在找到导致身体疾病和行为障碍的致病基因的研究。

矛盾的是，最早让人们对基因、蛋白质和身体机能之间直接、固有关系心生疑惑的发现也与人类基因组的破译相关。因为在得知准确的基因数量以及核苷酸序列（A，T，G，C）之前，我们就基于人体的各部分机能，推测出人类拥有约30万个基因。而实际数字只有2.5万，也就是说，预测的人类基因数量比实际的要多10倍。该研究结果让我们不得不面对以下谜团：按照破译出的基因数量估算出的机体行为比实际数值少了9/10。身体究竟是如何做到的？

第二个引发疑虑的大发现与基因研究的相对成功有关。因为除了某些非常罕见的疾病，特定基因的存在或缺失并不能断言你将会或者不会发展出某种特定的病症。它只能代表该疾病出现的可能性。更何况通常情况下，这种可能性非常低。比如，体内一旦出现 X 基因，患精神分裂症的风险将会提高 2 倍。看起来好像很危险，但实际上精神分裂症的患病率仅为 1%，因此即使体内存在 X 基因，患该病的风险也只会上升到 3% 而已。换句话说，你还有 97% 的概率不患该病。一个特定基因和它指导合成的蛋白质，不会直接导致某种疾病的发生，只会决定患该病可能性的高低。这就是生物学概率论的一面，而非决定论的那一面。

这些观察结果使科学家大开眼界，继而接受以下事实：基因和在它指导下产生的蛋白质并无专属于它们的固有的、不变的功能，它们拥有的是一些突现功能，会随蛋白质所处环境的改变而改变。若基因可以指导合成功能随环境改变的蛋白质，那么我们可以完成超过由基因数量推算出的行为 10 倍的工作也就不稀奇了。除此之外，如果蛋白质可以时而拥有这种功能，时而拥有那种功能，那么指导其合成的基因也就不能直接与某种疾病挂钩了。

让我们接着前文关于乐器的比喻来说，蛋白质这种"音符"随着弹奏地点的改变而改变音色。在我看来，这种突现特征非常吸引人：音符始终是同一个音符，然而一旦被演奏出来，它的音色就会随环境而变，可能性多得惊人！

怎样直观地描述这些多功能的蛋白质或"复调音符"呢？一个实

体是如何做到在保持本性的同时又如此多变的呢？仔细思考一下便不难发现，蛋白质和人类很像。人类也是如此，虽然我们一直处于不停的变化之中，但同时，从某种意义上说，我们又一直是我们自己。和人类一样，蛋白质也拥有它固有的、不变的部分，即它的结构。我们可以将该部分比作人类的瞳孔颜色或者指纹。蛋白质的结构使其拥有一个基础形态，这个基础形态使之与其他种类的蛋白质区分开来，同时可以让它与它所处的环境互动。然而，在这个结构层次的周围还有另外一个可以随环境改变的层次。比如，其他蛋白质可以通过向这一层次中加入糖、磷原子或硫酸盐来改变它。这些改变看似微不足道，却足以彻底改变蛋白质的功能。

因此，我们可以把细胞中的"蛋白质制造机"刚刚生产出的"复调音符"想象成一棵圣诞树。假设我们都买了同一种圣诞树，精心装饰一番后，各家的圣诞树就一点都不像了。在人体中，新合成的蛋白质周围总环绕着另一些蛋白质，后者会给前者加入其他分子，使其变得与众不同。与装点圣诞树不同，"装饰"蛋白质时不用考虑美学因素，但这个装饰过程最终会彻底改变蛋白质的功能。

蛋白质多功能性的另一个原因是：蛋白质的功能取决于它们影响周围化学分子的能力。通常来说，一个蛋白质会影响其他蛋白质或其他分子，如脂类和糖类。蛋白质可以将它们切分成更小的单位或者会通过加入其他元素使其变长。蛋白质的作用因邂逅对象而异，由此产生的结果不计其数。这与神经元或肌肉细胞，甚至是在细胞核和细胞膜上的分子完全不同。

蛋白质的"复调性"从何而来

很多因素可以导致蛋白质功能的改变。按照从内到外的顺序列举的话,首先要提到的是蛋白质所处的细胞结构,之后是含有这些细胞的器官,如大脑、心脏或肝脏,紧随其后的是这些器官的承载者——人,最后是外部环境。

为了更好地理解蛋白质所处的环境,先来看几个数字:一个身高 1.75 米的法国人,其心脏直径约为 10 厘米,心肌细胞的直径约为 0.01 厘米,而其中的蛋白质直径约为千万分之一厘米。由此可知,蛋白质比细胞小得多,细胞比器官小得多,器官的尺寸也肯定比人小得多。上述方法还不足以让人直观地理解这种尺寸上的差异对于蛋白质意味着什么。我们不如想象一个蛋白质,假设它和一个四岁儿童的身高(1米)差不多,在比例关系保持不变的情况下,包裹这个 1 米高的蛋白质的细胞直径应为 100 千米,也就是巴黎市东西走向距离(18 千米)的 5 倍多,甚至比从巴黎到沙特尔的距离(85 千米)还要远一点;该细胞所在的心脏的体积应该和土星差不多(地球体积的 7 倍)。拥有这颗心脏的人的身高应该是地球到月球距离(约 38 万千米)的 5 倍。鉴于这个跨行星的人生活在法国,后者的直径将会超过太阳系的直径(200 亿千米)。

因此,若从比例上来说,蛋白质所处的环境比人类生存的环境大得多。如果在大部分人看来,一个在巴黎第七区长大的年轻人和一个来自塞纳-圣但尼的孩子会有很大不同的话,那么你应该也不会对以下事情感到震惊：根据蛋白质在细胞内的位置，以及它是位于大脑中还是在心脏中，它会表现出不同的特征。一旦事物被还原到适当的比例关系上，就很容易被理解了。

· **"大都市"细胞**

我们通常将细胞看作身体最基础的组成部分之一。但我们从前文中了解到，对于蛋白质来说，细胞的体积大得像一座巨型城市。和一座集合了各式街区的大都市一样，细胞的各个组成部分也相去甚远。将细胞和外部环境分割开来的细胞膜主要由脂类构成，蛋白质就在其中游弋。细胞质被包裹在细胞膜内部，主要由水构成，水中漂浮着数量巨大的微型组织，我们将其称为细胞器，这些细胞器可使细胞正常运转。某些细胞器，如线粒体，负责产生细胞所需的能量，部分细胞器负责合成蛋白质，还有一些则负责将蛋白质从一处输送至另一处。此外还有细胞核，它是细胞真正的心脏，其中包含着 DNA。

按照传统的生物学——决定论——思想，每个蛋白质在细胞中都有自己特定的"岗位"，在里面完成自己的"本职工作"。最常见的蛋白质分类方式即按照它们在细胞中的位置划分，如膜蛋白、核蛋白、线粒体蛋白等。

事实上，我们可以在近 15 年的研究中发现，同一种蛋白质可以在不同的细胞结构中扮演着完全不同的角色。

以神经递质受体为例，它是一类对大脑功能起着主要作用的蛋白质。这类蛋白质被称作"受体"，是因为它们可以识别神经递质——

其他神经元释放的化学分子——并与之连接。这种连接会激活神经递质受体，从而改变其所处神经元的功能。在传统观念中，神经递质受体位于神经元细胞膜上，而且只在这个位置工作，在其他地方都无法被激活。然而事实远非如此。以大麻素受体——CB1为例，所有人都感受过它的作用，只不过我们不知道而已。大麻的作用是由该植物中的活性物质——四氢大麻酚（THC）——所激发的。和其他神经递质受体一样，当CB1受体位于细胞膜时，它可以改变神经元的活动。但与我们曾经的认知相反，这类受体也大量存在于细胞内部，并且即便它在细胞内部，也不会失去活性。它通过和其他蛋白质相互作用来改变许多细胞活动，甚至能够改变DNA指导下的蛋白质合成过程。我们于近日才发现，CB1受体也存在于线粒体中，帮助调控后者的活动，更多的时候是减缓能量生成。因此，同一种蛋白质——CB1——根据其在细胞中的位置的不同可以具有三种截然不同的功能——改变神经元活动、指导其他蛋白质的合成或产生能量。

· **"星球"器官**

我们在前文中将细胞的各个组成部分比作一座大都市的不同街区。如果我们遵从上文的比例继续对比下去的话，对于蛋白质来说，人体器官甚至比行星还要大。如果位于城市两端的两个街区的居民的差异可以被理解，那么来自两个星球的人没有一点相似之处也没什么可大惊小怪的了。如此看来，心脏中的蛋白质和肺部的蛋白质做的工作完全不同这件事就不难理解了。

让我们继续以 CB1 为例，不过这一次，我们要对比处在两种不同器官中的 CB1 受体。事实上，该受体不仅出现在神经元中，人体内的其他部位也能发现它的存在，比如在肝脏、脂肪组织或者肌肉中。在不同器官中，它的作用也完全不同。在肝脏中，它可以刺激脂类的产生；在肌肉细胞中，它会阻止糖进入细胞，与胰岛素的作用相反；在脂肪组织中，它可以辅助脂类的运送与储存。

在大脑中的情况则更为复杂。CB1 可以让人进入放松状态、产生欣快感，甚至激起食欲。它还可以引起失忆或者让人丧失做事的兴趣。怎样解释这件事呢？原因是人体中的其他器官都是同质的，仅有大脑是异质的。大脑的每个区域都有各自的神经元，并且每个区域都有特定的功能。CB1 受体存在于许多神经细胞上，遍布在大脑的每个角落，因此，根据它所处的大脑区域不同，它对行为产生的影响也千差万别，有时甚至截然相反。

活动区域的多样、功能的千差万别并不是 CB1 受体独有的特点，大多数蛋白质都拥有这种特点。

- **"繁星"个体**

我们拥有同样的器官，有些许相似之处，但是又不尽相同，甚至可以说相去甚远。这是因为在基因调控序列的作用下，我们每个人体内合成的蛋白质都不同。就像人与人之间的关系一样，人体内的蛋白质之间也会相互作用，因此不同人体内的基因和蛋白质的功能不同也很正常。

受遗传基因影响，基因和蛋白质的功能因人而异，这并非什么新发现，但是该发现的重要性直到20世纪90年代才得到重视。当时，研究者成功地在哺乳动物（如老鼠）的身上完成了某一基因的定向变异。起初，实验结果非常清晰：当A基因失活时，就会导致B功能的改变，因此可得出：A基因拥有B功能。比如，我们在去除老鼠体内的CB1受体后发现，该受体对于进食和新陈代谢具有十分重要的作用。

然而，当基因操控技术开始盛行，进入大部分实验室后，事情发展渐渐偏离了人们的预期。当不同的研究团队从同样的动物身上去除同样的基因后，得到的试验结果却不相同，出乎所有人的意料。研究者之间的关系因此变得剑拔弩张。直到某天，他们终于意识到，试验结果不同并非试验过程中的操作失误导致，真正的原因在于老鼠之间的基因组不同。各个实验室使用的分别是拥有不同基因组、不同蛋白质的啮齿类动物。因此，在不同环境中发生的特定基因的突变毫无疑问会导致不同的试验结果。

这个例子再一次证实了以下思想：基因及在其指导下合成的蛋白质的功能是突现属性。该属性是否显现取决于它所处的环境。这个环境从根本上说是由其他蛋白质构建的。这些蛋白质根据所处的细胞结构、细胞类型、器官类型和个体的遗传基因的不同而变化。

该结果与人类的行为和感受会随周遭环境的变化而发生重大改变类似。你在与亲密的家人相处时，一定与你和同事在一起或者和朋友在一起看电视时有不同的表现。这就好比有三个人同时寄居在你体内，他们会根据环境选择现身或者隐匿起来。

·和星系数量一样多的故事

至此,你可能已经头晕目眩了,但是蛋白质功能多变性的故事尚未结束。我们还没说到造成其多变性的重要因素之一——外部环境。个体在该环境中不断变化,这个环境也决定了个体的基因和蛋白质的功能。

让我们一起看看下面的例子。2000年,我和我的研究团队一起在《科学》杂志上发表了一项研究成果,该成果旨在分析生活经历对两类小鼠行为的影响。我们选用了两种基因组不同,因而对毒品敏感性不同的小鼠:一组是厌恶苯丙胺的DBA小鼠,另一组是酷爱苯丙胺的C57小鼠。我要声明一下,同组的小鼠拥有相同的基因组。换句话说,同组小鼠属于同一品系,与另一组小鼠属于不同品系。

我们将两种品系的小鼠都置于野生老鼠经常会碰到的情况,即食物相对短缺的环境中。家养小鼠通常可以随心所欲地进食,但是在自然环境中,缺粮的情况屡见不鲜。我们让两种品系的小鼠中的一部分先在定量配给食物的状态下生活一周,然后再让它们在随意进食的状态下生活一周。之后,在同一品系内对比经历过食物短缺的小鼠和食物供给充足的小鼠对苯丙胺的敏感度。实验结果令我们震惊:经过一周的食物定量配给后,两种品系的小鼠对苯丙胺的敏感度颠倒了。C57小鼠原本对苯丙胺非常敏感,但经过这一周后,它们对该毒品的敏感度反倒不及最初对苯丙胺极度抗拒的DBA小鼠,后者在配粮试验之后似乎喜欢上了这种毒品。由此可见,在小鼠身上,对苯丙胺敏感或者抗拒并非基因决定的必然结果,而是两个基因组的突现现象,它取决于个体当下或曾经的生活环境。

这个例子非常重要，因为它为我们揭示了两点。首先，基因和蛋白质的功能并非先天决定的；其次，生活经历对个体的影响也不可预测，因为同样的环境在不同个体身上可以产生完全相反的结果。

我们发表该结论的时候，在基因组和环境这两种影响行为的因素之间建立联系的做法极具突破性。当时，顶尖学者确实承认生物是由环境和基因共同作用的，但是他们普遍认为这两个因素分工明确，没有什么交集。一些属性由基因决定，另一些属性由环境决定，两类属性叠加构成一个生物，但是这两类属性毫无关系。我们的研究证实——至少从行为层面看——事情并不像他们想象的那样简单。某一个体对事件的反应方式并不是由环境影响和基因影响叠加决定的，而是遗传基因和生活方式相互纠缠、作用的结果。

环境的影响作为一种突现特征——其显现与否取决于基因组——提供了一种新思路。它为我们处理心理学最主要的问题之一——"思想"，提供了解决办法——精神分析法。梅兰妮·克莱茵在她的著作《嫉妒与感恩》（*Envie et Gratitude*）中简洁明了地阐释了特殊成长阶段的一系列事件是如何影响心理的。在精神分析学家们看来，婴儿与母亲的初期接触非常重要。假如你的母亲没有什么共情能力，那么你在生命的第一年，就会在和她的接触中接收两种信息——"爱"和"排斥"，你日后成为精神分裂症患者的可能性就相对更大。这些思想在当时大获成功并且一度进入大众文化，但其中也不乏抨击。不可否认的是，在很多精神疾病的案例中，病患身上都存在被精神分析学家理论化的负面经历。但是，同样的精神创伤在许多心理健康状况良好的人身上也有发生。

当时我们尚未在生命中的重大事件和心理发展之间建立因果关系。事实上，传统的因果关系认为某一原因一定会引起某种预设的结果。然而，精神分析学当中的某些创伤性事件似乎并不遵守这项基本原则，因为这些事件有时会引发病症，而有时又不会。前文提到的基因和环境相互作用的理论也许可以弥补精神分析学的不足。该理论认为，母亲对孩子的影响是一种突现特征，该特征的显现与否取决于孩子的基因组和母亲的行为之间的相互作用。换句话说，母亲对孩子的影响能否引发病理，取决于婴儿的遗传基因。

借助神经生物学相关理论证实神经分析学家们没有错，这一难以抗拒的愿景催生了下面的研究项目。为了验证母亲行为对不同儿童基因的作用，我们需要集合四个条件。首先，我们需要两个拥有不同遗传基因的"婴儿"，为此，我们选定了 C57 小鼠和 DBA 小鼠。此外，我们还需要两位性格迥异的"母亲"：一位是意大利式的母亲，温柔无比，对孩子宠爱有加，甚至有点让人窒息；另一位则是斯巴达式的母亲，用纪律和汗水锤炼出战士般的孩子。为此，我们选择了另外两类老鼠，这两类老鼠中雌鼠的行为与我们刚刚提到的两种母亲形象相吻合。其中一类老鼠会花费很多时间舔舐幼崽，另一类老鼠则更注重巢穴的清洁工作。后者会叼住幼鼠背部将其移动到笼子的其他地方，然后将用棉球搭建的巢穴拆开，彻底清扫干净，最后再将幼鼠放回其中。

在选定了两种"母亲"和两类"婴儿"之后，就只需等待交叉领养行为的发生了，即让"意大利母亲"和"斯巴达母亲"抚养 C57 和 DBA 这两种小鼠。如果我们可以在小鼠诞生后立刻进行试验，雌鼠就不会发现幼崽并非自己亲生。之后，我们只需静待小鼠各自生长，直至成熟，继而研究它们的行为。听起来过程有点复杂，但若想判断母亲行为的作用究竟是固定属性，还是会受孩子遗传基因影响的突现属性，这是唯一的方法。

试验结果表明：对于 DBA 小鼠来说，母亲的种类对于其成熟后的行为有着直接的、决定性的影响。有趣的是，"意大利母亲"培养出的小鼠比起"斯巴达母亲"培养出的小鼠对毒品更敏感，也更容易抑郁。这种差异显然是由以下因素造成的：母亲行为给幼崽大脑和荷尔蒙系统带来了深层且持续的生理改变。对于 C57 小鼠来说，不论是"意大利母亲"还是"斯巴达母亲"都不重要，因为 C57 小鼠的行为和大脑都没有改变。

至此，精神分析理论的不足被弥补了：是的，母亲的行为会对后代行为产生巨大的影响，但影响作用的大小最终取决于孩子。对我们中的一部分人来说，母亲具有决定性意义；对于其他人来说，母亲的影响仅仅是一个小细节。最有趣的是，让我们有可能抵御这些影响的，正是从父母那里继承来的基因遗产。

综上所述，人们感受到的人性的多变和不可捉摸仅仅是我们对自身的真正生物本质的一种直觉，是我们在证实后者客观存在之前的一种感受。既然我们已经意识到了人类的多变，那么真正的惊喜就是，我们竟然能够做到相对稳定！

3 生物性和思想都从环境中汲取养分

生活经历可以直接影响思想

一个秋日里的周三，下午两点，我像往年一样给波尔多大学神经生物学专业的研究生们讲授关于"成瘾"的课程。依照习惯，我和30多位学生问好后，连接电脑，开始放映幻灯片。"现在我们说一说毒品敏感性的生物性基础。"年复一年我必会重复的这句话也年复一年地激起同样的讨论，几个学生立刻举起手：

"老师，"学生们惊讶地甚至有点震惊地说，"人对毒品的敏感性可不只由生物性决定。"

每每这时，我便会随和地回答："很好。除了生物性，它还由什么决定呢？"

"比如，环境、生活经历、社会文化阶层、与父母的关系、精神创伤、教育等。不能说只有生物性因素啊。"学生们继续说道。

"好吧。那如果环境不能影响生物性，什么能决定它呢？"

"当然是基因啊，老师！"

"好吧，按照你们的说法，我们从父母那里继承来的基因决定着我们的生物性状，环境、生活阅历、文化等因素不影响我们的生物性状，那请问后者影响什么呢？"

"它们影响思想和心理啊，老师！"学生们斩钉截铁地说。

目前的情况就是这样，对于这些学生来说，甚至对于很多人来说，心理学显然是非生物性的。

"所以，我们来总结一下。人对毒品的敏感性取决于两个因素：一个是由基因决定的生物学因素，另一个是由生活经历决定的心理学因素。"

学生们对此表示认同。我终于有机会提出早已准备好的问题："毒品是化学分子这点众所周知，人们在车库里就可以制作。如果说心理学不是物质的，那么毒品是怎么对心理产生影响的呢？"学生们面面相觑，之后他们的目光锁定讲台，教室内一片寂静。他们这才意识到，自己的逻辑存在一个非常严重的漏洞：毒品作为物质的产物，只能对来自同样维度——物质世界——的事物起作用。很难想象毒品从物质维度跨越到另一个维度，对非物质的心理产生作用。

学生们越来越疑惑。在他们走投无路的时候，我会抛出我的答案，将他们带出"死胡同"。

"如果说心理学不是生物性的，那么毒品就无法改变心理，除非我们承认化学物质也是由一个物质要素和一个非物质要素构成的。其实还有另外一种更容易的解释方法——生活经历可以改变我们的生物性状。有了这种机制，生活经历才能够决定我们对毒品的反应是敏感或耐受。对于大脑而言，人生经历不过是一些生物性事件。我知道你们对此感到震惊，但这只是因为你们不明白其中的原理。下面我们就一起来探索其中的奥秘。"

人们一直对生物学可以解释人性持怀疑态度，这场对话非常清晰地指出了这种怀疑态度的第二大原因——大家都认为生活经历无法对大脑产生影响。而这个观点以及由此产生的逻辑很显然会再次强化非物质、非生物要素存在的假说。"毋庸置疑，生活经历对我们的影响巨大。但如果它们无法对生理身体产生影响，那么仅剩的解释就是它们会对一种非物质、非生物的要素产生影响，从而肯定了后者的存在。"这种逻辑在我们的文化中根深蒂固，甚至有些神经生物学专业的学生也对此坚信不疑。

催生这种观点的原因是什么呢？首先是由于决定论生物学的错误认知，这种观点认为基因中包含提前录好的信息，好比一段每次演奏都丝毫没有变化的音乐。然而，正如前文中提到的那样，基因组更像是一台能够奏出无数美妙乐章的乐器。单凭这一点还无法解释全部。环境、生活阅历等从本质上来说属于非生物、非物质范畴，人们无法想象这些东西如何改变人类的生物性状。基因这种化学分子可以生成其他化学分子——蛋白质，蛋白质通过和其他化学分子聚集最终构成人类的身体，这是众所周知的事。但是，生活经历和大脑的生物性状之间的关系就不那么容易理解了。毕竟生活阅历来自人体外的世界，而大脑则被包裹在头骨内。

将生物学和生活的偶然性联系起来之所以不易,主要由两点原因造成。首先是感知问题,生活经历对大脑生物性状的影响肉眼不可见,因此很难让人意识到它的存在。其次是分裂问题,我们认为经验和大脑之间有一条深深的鸿沟,人们并不清楚如何跨越这条横亘于外部世界和体内世界的界限。然而这两种问题都无法反映现实,它们仅能反映我们经常会遇到的一个时间差,即科学发现和该发现的普及之间的时间差。

为了将这个问题解释清楚,首先我们将从生活经验对大脑的生物性状的影响入手,虽然这种影响肉眼不可见,但却是真实存在的。之后我们会研究该影响的产生机制,也就是外部世界是如何进入神经元并改造其生物性状的,以及丰富的阅历是如何对我们产生正面或负面影响的。

生活中的偶发事件塑造大脑

生活中的偶然经历对大脑的影响并不是肉眼可见的。这也许是我们习惯性地认为经历仅仅能对非物质要素产生作用的原因,毕竟非物质要素用肉眼看不见。然而,众所周知,我们的经历可以改变身体。只需要看看那些经常参与体育活动的人的身体变化就可以印证上述说法:重复性的运动可以重塑肌肉,几个月的训练能让肌肉围度大一圈。我们所忽视的是,大脑才是生活经历改变生物性状的最好例证,因为只需短短几个小时,大脑的生理结构就可以彻底改变。但是,由于这一切都发生在我们看不到的头骨当中,所以大脑的这种变化能力一直不为人所知。

如果将阿诺德·施瓦辛格的两张照片进行对比——一张是他健美前的样子,另一张是他进行训练后的样子,不难看出,他身体的改变是非常明显的。相比之下,亚兰德·史密斯的身体在10年之内好像没有什么变化,但是成为英国首都的一名计程车司机后,他的大脑和10年前的大脑已经完全不同了。由于必须掌握在伦敦错综复杂的街道中穿梭的技能,他大脑中负责空间定位功能的海马体体积增加。这种脑部变化不会出现在纽约计程车司机的大脑中,因为纽约的城市道路是棋盘式的。当然,随着GPS的普及,伦敦计程车司机的这种脑部变化也可能会消失。

为了更好地理解大脑是如何顺应生活经历而改变的,首先要了解它的几个运转特点。构成大脑的神经元是一种比较特殊的细胞,因为它有两种非常发达的突起。第一种突起处于神经元的上部,有点像细胞的头发,负责接收其他神经元发出的信息,这部分突起被称作"树突"。第二种突起被称作"轴突",位于细胞的下部,负责向其他神经元传递信息。每个神经元都只有一个轴突,但是每个轴突都有非常多的末端分支——轴突终末,从而与其他成千上万个神经元进行连接。通常轴突比树突长,因此,即便相距较远的神经元也能够相互沟通。

神经元之间的信息交换就是在轴突和树突上进行的。轴突负责传递信息，树突负责接收信息。这些信息交流的区域被称作突触。沿着树突的主干有许多隆起的小芽，被称作"树突棘"，轴突的神经末梢在树突棘上"落脚"，这些交接点就是突触。从突触的角度看，虽然轴突和树突之间离得非常近，但其实并无碰触。轴突和树突通过交换一种被称作"神经递质"的化学分子进行交流。轴突释放神经递质，后者穿过突触间隙最终与树突上的受体连接。这种连接的结果是，信息或被记录下来，或被传输至其他神经元。

在一张大脑的纵剖面图中，可以很清晰地看到一个深色的区域——灰质，以及一个浅色的区域——白质。灰质主要由神经元胞体和树突构成。白质主要由从脑部一处延伸至另一处的轴突纤维束构成。在大脑中，白质的比重远大于灰质，这说明大脑的主要任务之一就是使其各个组成部分相互交流。

为什么这么说呢？因为脑部的每个区域都有各自特定的功能，要完成一个任务，就需要按序激活该区域的神经元。比如，我口渴想喝水，为完成这一任务，我需要调动大脑中几个相距几厘米甚至十几厘米的区域。脑部可以探测到口渴这种感觉的区域位于大脑底部，去喝水的决定产生于大脑前部的皮层，让我能够定位冰箱位置的部分处于大脑后部，而控制运动的部分位于大脑前部的外侧。

每个物种的基础传导通路彼此不同，而在同一物种内部，个体间的传导通路都是一样的。在这些基础结构周围，大脑仍处在不停的变化中——通过加强已有突触或者创造新的突触来构建新的神经网络。

假如我们能够在进行某一活动时看到神经元的表层，即可发现一些非常令人惊奇的变化——突触会根据受体的增加和减少以及释放神经递质的结构来改变自己的形态。如果把视线拉远一点，我们还会看到另外一场神奇的"舞蹈表演"：树突棘会随着我们经历的改变出现或者消失。如果能再耐心一点，我们甚至能够观测到神经元树状分支的形态变化——变长或变短。因此，经历可以在很大程度上改变神经元的结构，树突结构直接见证着我们的生活方式。经历对神经元的改变并非微不足道的，而是巨大的、根本上的改变。例如，生活在刺激丰富的环境中的小鼠，其树突结构宛如一棵百年橡树；而生活在刺激匮乏的环境中的小鼠，其树突结构更像是一棵光秃秃的杨树；至于长期处于精神紧张状态的小鼠，比如它生活在社会关系高度紧张的族群中，那么它的树突结构就几乎不存在。

由此可见，生活经历会改变大脑的生物性状。为了将该观察结果用于人类到底是唯灵论的二元构成还是一元论构成的讨论中，就必须证明纯"心理"的生活经历也能改变大脑。下面就让我们一起看看纯粹的非物质要素，不让身体介入。对于人类来说，这类经历通常与话语相关。如果你每次看见我都辱骂我，久而久之，我看见你就会躲着走。另外一种纯心理的经历不是自身感受到一种不好的感觉，而是能够体会别人的痛苦。比如，虽然你从来没有被车撞过，但是你知道其他遭遇车祸的人的结果，所以你一听到撞击声就会感到害怕，这就是一个纯心理机制。这种由共情产生的内在感觉催生了与声音相关的焦虑感。在这个过程中，没有任何身体因素参与其中。因此，应该可以说这个经历与生物学无关，是涉及非物质要素的经历。但很遗憾，事实并非如此。这个经历在大脑中引发了一连串生理改变，这些改变和身体的痛苦经历（如手指被门夹了）对大脑产生的影响一模一样。正是大脑的这些变化让我们得以在声音和他人的痛苦经历引发的惊恐之间建立联系。

共情能力的生物学属性仅仅是众多例证中的一个，我认为没有必要把所有改变脑部生理结构的心理经历全部罗列于此。现在我们明白了，所有活动——即使是那些最与精神相关的活动——都会改变脑部结构。可以肯定的是，你的初吻、第一本让你感动的书、你第一次失恋的痛苦都在几小时之内，在你的大脑中烙下了永不磨灭的印记。

· 偶然还是必然

部分心理学家、社会学家和哲学家经常用同样的论据来反驳"大脑的生物性状会被生活经历改变"这件事。对他们来说，这种改变并不意味着大脑可以产生"思想"，这只是"思想"活动的相关物，只是心理活动产生的共鸣。这种相关物正如镜中的我们：这个人像由你决定，但又不对你造成任何改变。换句话说，在某些学者看来，并不是脑部活动产生了"思想"，而是"思想"活动改变了大脑，但大脑无法反过来对"思想"产生影响。不得不承认，这种由人文科学领域的某些专家提出的观点让我感到非常困惑，因为我不知道它的理论基础是什么，这让我不得不质疑提出这一观点的人的初衷。

我质疑的第一点是他们的论证方法。如果说是"思想"改变了大脑，那这种非物质要素就要有能力跨维度——进入物质维度——产生影响。这种跨越维度的能力将保护两种东西在维度上的完整性，即"思想"还是非物质的,"身体"还是物质的。但按照理性方式思考,跨纬度是无法想象的事,甚至可以说是无稽之谈。因此这种解释需要一个和宗教中的"信仰之力"类似的思路。宗教信仰让人可以接受跨维度的说法,但是科学不行,更何况是研究人类的科学。

我质疑的第二点可以用以下问题来概括:非物质对物质做出毫无意义的改变,这合理吗?通常情况下,当人们认为某种东西毫无用处时,多数是因为我们还没有发现它的具体功能,这在科学领域屡见不鲜。因此,合乎逻辑的假设应该是这样的:我们的非物质要素之所以会引起大脑的改变,是出于这种要素的需求。如果非物质要素需要某种生物基础才能存在,就说明它也是物质的。这样一来,某些人顽固地捍卫相关性思想就更容易理解了。如果大脑的改变不单是非物质要素活动在镜中的倒影,那么除非动用"信仰之力",否则他们的二元论思想就站不住脚。

我的第三个也是最主要的论据在于:30多年来,我们很清楚这不是什么相关性问题、不是毫无意义的改变、不是非物质要素活动在物质上的投影。恰恰相反,这是一种必要的改变。离了这种变化,生活经历对我们来说也就不存在了。

脑部结构的改变使人类能够顺势而为,而这种改变的过程需要激活基因组"键盘",合成新的蛋白质。这两步是经历过后的几个小时内必须发生的事件。如果在此期间,我们切断大脑的蛋白质合成过程,新的经历就无法被记录,关于这段经历的所有印记都将烟消云散。转天,这个经历就会从我们的脑海中消失,也就无法对我们产生影响了。

因此，如果没有生理活动，生活经历就无法对我们的心理产生影响。只需要在每一次亲吻后注射一种蛋白质合成抑制剂，就可以将每一次亲吻都变成初吻。

具有批判精神的人可能会说刚刚的论证方法不够严谨。当我们注射某种蛋白质合成抑制剂时，整个身体的活动都会被扰乱。而这种紊乱有可能会使非物质要素分心，把注意力转移到侵入身体的异物上，导致它无法专注于自身的工作，也就无法记住刚刚的经历。这种反驳虽然有点牵强，但我承认，这种可能性也不容忽视。为了验证它，我们还需要额外的证据，以及定位更精准的干预行为。最理想的状态是，让带有新经历信息的神经网络先建立起来。然后，我们可以有选择地使之失活，以便确认关于该经历的记忆是否会消失。在很长一段时间内，这种试验都无法实现，原因是我们不知道怎样有选择地干预某一经历催生的特定神经网络。

解决方法在十几年前被布鲁斯·霍普找到了，这是一位既富有想象力又很可爱的美国研究员。借助基因工程相关技术，他有选择地使用某种经历激活的神经元人为合成了一种原本在小鼠体内并不存在的蛋白质。这种蛋白质本身没有任何特定功能，但如果我们注入某种药物，它就能够使神经元失活。这使我们可以有选择地影响某一生活经历激活的神经元，完全符合刚刚的理想实验的要求。

这些研究的结果是什么呢？首先，每种经历都只会激活极少数的神经元，建立一个特定的新神经网。其次，如果我们让该网络失活，这个经历就会消失，就好像它从来没有发生过一样。与此同时，其他经历——即便是与这个经历同时发生的经历——完全不受影响。在这种情况下，前文的反驳——认为非物质要素会因为"身体"的遭遇而分心，从而无法专注于自己所经历的事情——就无法成立了。事实上，除了那些记录着我们想要删除的经历的神经元之外，其他神经元都未受影响。这完美地证明了生活经历的生理基础。如果没有生物基础，生活经历就无法留下任何痕迹。

生活经历是如何在神经元上打下烙印的

　　生活经历可以影响大脑的生物性状，这些改变也会对我们产生影响。为了真正理解这一切，我们还需要找寻另外一个问题的答案，即这一切是如何进行的。

　　为此，在过去的30年中，众多研究团队与我的研究团队一样，都尝试描绘出生活经历的生物学影响的具体运转机制。所幸，这些努力都是有回报的。如今，我们已经可以直观地描绘出生活经历是如何、以何种程度转化为神经生物学上的变化的。下面我们将逐步展示外部世界是如何走进神经元，并且对你我产生永恒的影响的。

· 物理学变身为生物学

　　为了使外部世界进入你我的身体，从而改变我们，首先需要将一些物理事件转化为生理活动。比如，我们可以看到光子发射、听到声波、感受到化学分子的流动，抑或是压力和温度的改变。这些感觉都是由感觉器官完成的，这些感觉器官都拥有专门的感觉细胞，可以将外部物质世界的变化转变为神经活动。感觉细胞的一端可以探测到光、声音、化学分子或者压力的结构，并通过生理变化对之给出反应。感觉细胞的另一端拥有一个突触，该突触与感觉神经——视神经、听神经、嗅神经等——上的第一个神经元相连，将来自外部世界的信息传送至大脑的各个功能区域（如感觉皮层、视皮层、听皮层、嗅皮层等）。

比如，视网膜细胞的一端对不同波长的光做出反应，并引起细胞另一端神经递质的释放，后者传递出信号，激活与之相连的神经元上的受体。这种信号随后被视神经传送至视皮层上的细胞，后者将信号转译，最终为我们展现出外部世界的样子。这种在不同感觉器官上同时进行的生理转译信息共同汇集到联络皮质，共同为我们重塑了一个由图像、声音、气味、温度、快乐和痛苦构成的多重感觉的现实。多亏了这种由感觉器官完成的从物理信号到生物信号的转化，生活经历才得以进入大脑并引发一系列的生理变化。

·突触改变大脑

第二步，我们需要搞清楚生活经历借由感觉器官的帮助进入大脑后是如何留存在大脑当中的。物理刺激被转变为神经信号后，是通过何种机制产生新的突触，并构建起新的神经网络的？我们已经明白，生活经历若要在大脑中留下印记，必须要借助神经细胞的生物结构的改变。这些改变是由某些突触的激活导致的，并且通过新蛋白质的合成最终得以实现。这一切最终导致新的神经网络的建立。因此，为取得真正的突破性进展，我们就需要搞清楚，位于细胞表面的突触被激活后，是如何碰触到被包裹在细胞核内的基因组"键盘"，并合成记载我们经历的蛋白质的。多亏了一种位于神经元内部的特殊蛋白质，这个小小的奇迹才得以实现。这种蛋白质即转录因子。突触上的受体可以使转录因子活化，并将后者送至细胞核内部。在细胞核内，转录因子与DNA结合，借由某种基因激发或抑制某种蛋白质的合成，由此改变神经细胞的结构。

　　大脑中存在数量庞大的转录因子。这些转录因子就好比环境的"手指"，通过调动这些手指，环境可以用数不胜数的方式塑造我们的生物性状。

　　越来越热门的表观遗传因子是环境用来留下印记的另一种工具。为了更好地了解这种因子，我们需要谨记：各类细胞中被激活的基因不尽相同。正因如此，我们才能用同一个基因组获得不同的细胞。如果再借音乐做比喻的话，可以说，每类细胞都拥有一种不同的基因组"乐器"：有些细胞是吉他，有些细胞是钢琴或者萨克斯管。表观遗传因子就在这个层面上起作用。它能够改变起作用的基因，从而改变乐器的特点。换句话说，表观遗传因子可以让乐器变身，比如把吉他变成曼陀林，或者把萨克斯管变成单簧管。而转录因子就好比音乐家们灵活的手指，可以弹奏表观遗传因子创造出的乐器。

　　某些表观遗传因子导致的变化甚至可以传递到下一代。其中一个很有名的例子是母性行为。一只由舐犊情深的母亲喂养长大的雌鼠也会花费很多时间舔舐它的后代，它的后代随后会把这一行为特征继续传递给自己的女儿。然而，与遗传特征不同的是，如果个体经历中没有重现这种行为特点，由表观遗传决定的特征很快会消失。也就是说，如果某只舐犊情深的母鼠的后代被另外一只较为冷漠的母鼠收养，那么这个后代生产后就不会舔舐它的幼鼠了。但是，如果一个女孩儿从她母亲那里遗传了蓝色的眼睛，那么她眼睛的颜色永远都不会发生改变。

建立在前几代人的经验之上的行为遗传可以让我们更好地理解社会现象，即某一民族保持其习俗的惊人能力，特别是其保持家庭结构类型的能力。甚至在经历了一些极端的环境改变如移民后，原有的家庭关系也不会动摇。该现象通常被称为"社群主义"，人们将其看作人类社会结构的支柱。这种现象十分不合常理，因为它促使社群固守一种既不被新的居住国接受，也不符合新的居住国国情的关系类型。在这种情况下，多变且适应力强的非物质要素似乎变得执拗又刻板。然而，这一现象并不意味着非物质要素与物质世界的现实脱离，将身体引向精神或理智的理想世界。相反，这种现象可以被解释为：我们的生理结构在表观遗传的引导之下，可以将行为特点载入基因，并将之遗传给后代。

这种看上去貌似降低了人类适应力的现象其实极大地提高了人类的适应力。事实上，某种遗传性状的选择要历经几千年才可以完成。因此，遗传传递作为一种十分高效的选择机制，能够帮助我们更好地适应环境中不变的条件特征，比如水生还是陆生。但是，基因选择还是太慢了，无法优先选择和传递那些足以应对快速出现的、过渡性的环境变化的新行为。而这正是表观遗传的长项，它可以将从父母经历中获取的行为特征传递给下一代。这样一来，表观遗传就可以解释前文提到的传统的僵化了，即使这些传统实用意义已经荡然无存。此外，人类本性中的保守和反动也可由表观遗传解释。

另外，表观遗传因子也可以解释我的朋友埃斯梅拉达的奇怪经历。埃斯梅拉达出生于西西里，由一位非常棒的母亲抚养长大。作为当地文化的典型代表，她的母亲一直对孩子照顾得无微不至。高中毕业后，埃斯梅拉达去法国深造医学专业。她发现法国社会是一个更务实的社会，父母和孩子之间的关系也不像西西里那样亲密。她的母亲每天都会给她打电话，而她朋友的父母即使再爱子女，一周最多才会给他们打一个电话。渐渐地，埃斯梅拉达开始融入法国文化，开始解放自己。她母亲的行为在她看来越来越不可理喻、难以接受。最终，埃斯梅拉达留在了法国，成为一名医生，并与帕特里克结为夫妻。他们的生活和谐美满，直到他们的第一个孩子——露西娅——出生，埃斯梅拉达突然像变了个人，仿佛在她分娩时，有人误转了某个控制性情的开关一样。埃斯梅拉达变得不愿出门，也不想去工作，甚至对一切都丧失了兴趣。在她的世界里就只剩下露西娅，她只会不停地谈论和女儿有关的事。相比之下，我们这些有了孩子但仍然想保留部分正常生活的家长，在她眼里成了冷血的恶魔、对孩子军事化管理的自私鬼。自然而然地，埃斯梅拉达开始跟一些和她想法一样的女士密切交往。令人不可思议的是，这些女士几乎和埃斯梅拉达拥有同样的经历。她们要么本身就来自南欧，要么是她们的妈妈来自南欧。当埃斯梅拉达的父母来到法国帮忙时，"政变"达到了顶点。渐渐地，这位曾经张开双臂拥抱法国文化的年轻姑娘开始在法国建立起了一小块地中海文化飞地，成为这个社群主义的活跃分子。可怜的帕特里克一直也没搞明白这到底是怎么一回事。他实在想不通，他的妻子好像在分娩时被调包了一样。现在，没有人看好他们的婚姻，包括他自己在内。

可以说埃斯梅拉达的经历证明了文化根基对个体的重要性，个体的本性就是这个坚不可摧的内核的外在体现，在生命中的关键时刻，这个内核会突然显现出来。埃斯梅拉达确实很有可能是在她女儿出生的时候性情大变的，因为表观遗传因子通过复制她母亲的行为将母性特征写入了她的身体。埃斯梅拉达的行为不受控制，因为我们很难逃脱自己的生理文化。

生活经历影响全部生物性状

如我们所知，生活经历可以弹奏由我们的基因组构成的乐器，并且可以持续不断地改变我们的生物性状。截至目前，我们一直默认的是构成基因组的基因序列，即"乐器"的组成部分，不受环境及经历的影响。换句话说，A，T，G，C 四种核苷酸排列的顺序是固定的，就是我们从父母那里继承来的样子。因此可以说，我们在面对两种性状：一种固定的生理性状，另一种随着生活中的各种偶然事件不停变化的无常的性状。依照这种观点，固定的性状决定了那些不变的特征，如身材、脸型，以及某些基础冲动，如呼吸、怕疼、渴了喝水、饿了吃饭等。多变的性状则总是在重新编码，它决定了我们在习惯上划入非物质要素的那些特征。

只有当我们将研究范围局限在社会动力学和心理学研究会用到的时间范畴时，这种观点才算正确。这种时间范畴即代际范畴，一般情况下特指个体及其父母之间的代际关系。因为父母和子女的关系被视为决定心理结构发展的基础性关系。然而，如果我们将研究范围扩大，去关注我们的生活经历和基因组之间的相互作用，这种存在于固定的性状和无常的性状之间的区别立刻会消失。从这个角度看，结论很清晰：我们所有的性状都是由环境和生活经历共同决定的。

物种和时间的局限对我们看待事物的方式有很大的影响。如果没能很好地选定研究范围，观点和结论都将发生扭曲。为了更准确地看待生活经历和我们以为一成不变的生物性状之间的关系，我们应当扩大所研究的时间范围，将其扩展到5亿年的范围中。如此一来，我们就可以很清楚地看到：我们的整个有机体，包括基因序列在内，都是被环境和生活经历选择的结果。

·秘诀在于合适的比例尺

让我们一起简单回顾一下地球上生命进化的过程，特别是你我所属的物种——"智人"——的演化分支。约40亿年前，地球上出现生命。这一时期地球上出现了与细菌相似的单细胞生物。直至今日，这些微生物依旧无处不在，甚至在你我体内也能发现它们的踪影，如数以十亿计的细菌构成的肠内菌丛。

之后，在约5亿年前的寒武纪时期，更接近现代观念中"动物"概念的复杂多细胞生物出现。那时，地球上的生物远比如今生活在地球上的生物丰富，进化的过程也伴随着生物种类的递减。大概是因为还没有发现任何过渡生物的化石，从单细胞生物过渡到寒武纪多样化生命的选择机制一直是一个谜，但好在从寒武纪到当代的化石数量巨大，我们可以清晰地看出你我所属的物种是如何一步步诞生的。那都是环境选择的结果。

为了更直观地展示导致智人物种形成的基因组变化过程，我们不妨将这5亿年——从第一个脊椎动物诞生到智人可以上网冲浪——的时间换算成一天的24小时。这样一来，2000万年就相当于1小时，35万年约等于1分钟，5800年相当于1秒。按照这样的数量级，从我们的直系祖先——第一个脊椎动物——到我们之间的进化过程是有一定的规律的：每5个小时，或者说是每1亿年会经历一次重要的进化。第一条鱼（公元前5亿年），第一只四足动物（公元前4亿年），第一只爬行动物（公元前3亿年），第一只哺乳动物（公元前2.2亿年），第一只灵长类动物（公元前8500万年）。人科（公元前500万年）在灵长类动物出现后的4小时左右出现，人属（公元前280万年）——我们"智人"是人属下的唯一现存物种——则在人科出现后的第7分钟出现。从现代解剖学意义上讲的第一个智人（公元前20万—前15万年）在人属出现后的7分30秒出现。30秒后，认知革命（公元前5万年）开始，

6秒后开始发展畜牧业（公元前1.5万年），2秒后文字被创造出来（公元前3000年）。从文字的创造到人类可以上网冲浪（公元2000年）只花了1秒。

综上所述，假设从第一条鱼到我们之间的进化过程用了24小时，那么从第一个智人出现到互联网出现只需要40秒左右。按照这种数量级来看，心理学研究的课题——两代的智人——只占0.01秒。这就很好地揭示了一个问题——人文社会科学和心理学研究的时间范围实在太短了。很显然，从短短两代人的时间里，由基因序列产生的生物性状是固定不变的。但是，如果我们能正确地选择时间范围，就不难看出生物性状一直在变化。

·从鱼到我们

现在，我们一起看看这些变化都是如何发生的。所有人都了解进化论及其基本原则——物竞天择，适者生存。但对于我们中的绝大多数人来说，导致自然选择的真正动力仍是一团迷雾。事实上，与我们认为的相反，在进化过程中，生物性状不会被环境改变，而是自发改变。生物进化中的环境只会决定哪些自发的变化最有机会存续下去、重复出现、打败其他变化。换句话说，"谋事在生物，成事在环境"。寒武纪之后留存下来的生命都是从生物特征上来说最顽强、在所处的自然环境中繁衍能力最强的生物。

认为基因组一成不变的观点和事实相去十万八千里。其实，人类基因序列主要的特征之一就是它在不停地变化。有些突变是由机体暴露在化学制剂或者太阳辐射中所致,比如没有完全被大气层过滤的紫外线。另一些突变则源自细胞复制过程中DNA复制的自发性错误。另外,在我们的基因组中,超过30%的基因与逆转录病毒相似。它们通过合成新的DNA进行"复制",因此,新合成的DNA会改变原有基因序列。另外,在受精的过程中,新产生的机体不能被简单地看作由一条来自父方的染色体和一条来自母方的染色体构成,而应被看作两条父母基因混合而来的新的染色体的组合的结晶。

上述所有偶然发生的改变使得生物不停变化。个体所处的环境决定这个"新版"的生物是否比"旧版"的更好。如果是,它就可以通过不断繁殖逐渐占据统治地位。若答案是否定的,它就处于劣势,很快会消失。

以下是一个可以帮助我们更好地理解这种机制的例子:想象一片被保护得很好的伊甸园,有点像亚马孙雨林、婆罗洲或者非洲的稀树草原。之后,让我们选定一种行为特征,比如辨别痛感的生理机制引发的躲避行为。所有哺乳动物都有这种生理系统,该系统通常由下列刺激激活:温度过低或过高、压力过大、腐蚀性材料(如酸)的刺激等。这些刺激的共同特点是会损害生物的完整性。我们倾向于相信——随着时间的流逝,自然选择最终会建立起一种越来越完善的疼痛应激系统。

然而,事实并非如此。

为了让大家理解这件事,请大家想象一群人,他们对疼痛的敏感程度各有不同。某些人完全没有疼痛感;某些人一直有疼痛的感觉;

还有一些人只在吃饭、走路，或者性行为前后感觉到疼痛……

我们让这些人在原始的伊甸园中生活，然后对他们进行观察。对于那些运气最好，也就是永远不会受到疼痛折磨的人来说，他们应该过着天堂般的生活吧。但为什么进化没有选择这种最安逸的生理系统呢？就是因为它带来的存活率最低啊。事实上，那些没有痛感的人无法在遇到危险的时候保护自己，他很快会因为在无意识的情况下造成的无数伤口和损伤而死亡。此外，突变也时有发生，把原本有痛感的人身上的痛感去除。即使是生活在21世纪的无忧无虑的西方人，如果缺失了痛感这种警示信号，应该也会英年早逝。下面让我们看看其他人，也就是那些一直觉得疼和那些只有在吃饭、睡觉或者性行为时才有疼痛感的人。这两种人也无法在这个天堂般的花园中一直存活下去。在这个实验的最后，只有一种人可以存活下来，即那些和我们及其他哺乳动物痛感相似的人。因为只有这种痛感机制才能为我们在这个地球上生存和繁殖提供最大的胜算。

你也可以用其他行为特征来做实验。若一个人的身体功能和我们在当代人身体上观察到的功能相去甚远，那他存活下来的概率微乎其微。我邀请你想象以下场景，想象有一个道德上无懈可击的人：不杀人、不强奸、不偷盗、不侵略、尊重环境……如果他是独自一人生活在伊甸园中，那么他应该过得不错。然而，一旦我们将他和其他类型的人放在一起，这个人很快就会丧命。只有能够在破坏和创造中找到平衡点的人才可以活下来。他既要像田鼠一样有群居动物的特点，又得像家鼠一样有领地意识；他既要能够为了自己的后代奋不顾身，又要在领土扩张时不择手段，能够残忍地杀死别人的后代。他讨厌一切与之不同的东西，并努力铲除异己。换句话说，唯一能够存活下来的完美"机器"就是我们，即进化到此刻的智人。

因此，生物性状中没有任何一部分是固定不变的；相反，它们都处在永恒的变化中。只要选对研究范围——约5亿年的时间跨度——立刻就能得出以上结论。正是由于我们基因上这些连续性的、自发的变化，生物才会不断改变，不断地适应环境——从第一条鱼到我们。我们的基因序列只有在短时间内才看起来是固定不变的。在刚刚我们想象出的从鱼到智人的24小时中，两三代人只占百分之几秒。无数的时间尘埃中蕴含着几朝几代的故事，然而若将其放置在我们基因组结构持续不断的演化史中，这些时间片段比最快速的眨眼还要短暂。

生活在持续的压力中

为了更好地理解我们的日常是怎样改变我们的大脑和生物性状的，最好的方法就是举几个具体的例子。为此，压力似乎是最佳选择，毕竟它被认为是当今世界主要的问题之一。另外，对压力的不同反应及引发压力的原因的难以捉摸，又经常被作为补充证据论证以下观点：我们的行为无法仅仅用大脑的生物属性解释，必须借助非物质要素才可以。

啊，压力啊！有些人爱它，有些人对它恨之入骨，而大部分人在受其折磨。无论如何，它已经成为我们日常生活中不可或缺的一部分，以至于"生存"和"紧绷"成了它的同义词。压力经常出现在我们的生活中，它是一种可以对人类行为产生巨大影响的特殊状态。压力的影响，即使在它得到缓解后很久都不会消散，甚至会一直持续下去。

事实上，在同一物种之内，甚至在比较相近的哺乳动物物种之间，压力状态几乎是一样的——不管是生理层面还是行为层面都相似。我们每个人都不一样，然而一旦压力袭来，大家就都差不多了。相反，可以引发压力的条件千差万别，人和人不一样，物种和物种也不一样。

· 哪种压力？谁会有压力？什么时候会有压力

通常情况下，压力是一些我们想要避免的刺激产生的结果，这些刺激通常是令人不快的或是令人害怕的。然而，这种看法十分片面。那些人们极力追求、十分渴望、看似积极正面的处境，也可以让人产生压力感。另外，在一个人或者一种动物身上可以引起压力的条件，换一个人或换一种动物也许就无法导致压力的产生，甚至有可能导致完全相反的结果，引发平静而舒适感。

为证实的确无法将压力归咎于某一特定环境，我们可以看一个令人震惊的社会关系案例。我们通常会将社交孤立看作一种重要的压力来源。它也是监狱中会使用到的一种惩戒方法，在一些极端情况之下，社交孤立甚至会变成一种折磨。孤立对于人类和其他动物（如田鼠）来说是件令人不快的事，因为我们都是群居动物。相反，这种状态对于领地意识强的动物来说，其效果是截然相反的。如果将一群雄狮或一群成年雄性家鼠放在一起，你就创造了一个会引起巨大压力的环境。但通常情况下，这个问题会很快得到解决，因为在这群雄性动物被迫群居后不久，杀戮便会开始，最后只可能剩下一位幸存者。

造成各个物种压力的原因各不相同。在人类当中，每个人和每个人的压力因素也不相同。当然，有一些引发压力的条件在大多数人身上会起作用，这些压力因素已经被编入了基因，无须后天学习就可以发挥功效。这些压力因素通常是一些物理刺激，如导致疼痛的刺激、高温或低温、高强度的体力活动等。当然，纯心理层面的刺激也可以引起压力感，如那些会导致本能躲避的刺激，如面对悬崖、面目狰狞的人、感觉丧失或者我们刚刚提到的社交孤立等。除此之外，随着生活阅历的增加，有些非压力因素也可能会变成压力因素。这些因素与个人生活经历和历史时代相关，因此，人与人之间各不相同。

例如，家庭聚会对于某些人来说是一件乐事，而对于另一些人来说，无论其气氛多么热络，有多少美酒佳肴，聚会都是一件苦差事。就拿我的朋友埃里克来说吧。他真的很怕每年为他的岳母安娜丽丝庆生而举办的家庭聚会，甚至会在聚会前一周开始做噩梦。他有时会祈求神明让他突然染上流感，这样他就可以窝在床上，不去聚会了。在他看来，只要可以不暴露在各位亲戚"审问官"一样的目光里，不用回答他们没完没了的问题，这点代价不算什么。但是对于他的堂兄艾迪来说，情况则完全相反。艾迪非常开心能够拥有这种家庭聚会的机会，他觉得整个聚会气氛和谐，大家聊得开心，吃得合口，喝得酣畅。另外，每年聚会前一周，他就已经开始思考要带什么酒去了。他希望家庭聚会这个传统永远不要停止。

看到这儿，我们不禁会怀疑：艾迪和埃里克去的是同一个地方吗？这两个人对家庭聚会的反应大相径庭，原因应该存在于他们各自的经历和童年家庭聚会中。当时聚会的氛围里到底弥漫着焦糖的香气还是满满的火药味儿？家庭成员到底是谈笑风生还是笑里藏刀、明争暗斗？两人对"家庭聚会"的认知带着各自经历的烙印。现在，在他们二人身上，类似的聚会场景都会激活这些脑回路，继而产生开心或者消极的情绪。

若想真正了解压力，必须摒弃一个观点，即压力对我们的身体来说是一种消极状态。事实恰恰相反，压力向每个人提供他所需的所有资源，使其能够正视自己的处境，并找出应对措施。因此，在一些紧要时刻，压力是人类非常可贵的助力。

如果单纯地将一个人置于某种让他不适或想逃避的情境中，还不足以引发压力。这种处境还得迫使当事人主动应对，努力抽身而出。只有这样，才会刺激压力感的产生。

例如，上次在我的朋友西里尔家聚会时，我们做了一个游戏，游戏要求是去黑漆漆的酒窖中找一瓶酒，以及找到能够打开酒窖门的备用钥匙。西里尔的酒窖像迷宫一样，并且游戏任务也很复杂。轮到我做任务时，我被酒窖的漆黑程度惊呆了，那里的霉味使整个环境变得更加瘆人。幸亏这仅仅是一场游戏，不然真的会让人浑身起鸡皮疙瘩。我在地下室里摸索了很久，一会儿撞上墙，一会儿摸到蜘蛛网，一会儿又碰到一些布满灰尘的东西。我心里正嘀咕"这个游戏真蠢"的时候，在一个小凳子上找到了酒,然后在一张堆满杂物的工具桌上摸到了钥匙。之后,我一手拿着酒,另一手拿着钥匙,迈着坚定的步伐走上台阶,嘴角挂着胜利的笑容走出了地下室。我在伸手不见五指的环境中待了7分钟。实话实说,这场"考验"确实令人不适,但我并没有感到压力,其他尝试了的朋友也没感受到压力。

我在西里尔家酒窖的冒险不止这一次。还有一次聚会,西里尔让我去拿一瓶他刚刚发现的圣埃米利永(Saint Emilion)红酒,他想邀我尝尝。我非常开心地打开通往酒窖的门,开灯,下楼。我很快找到了那瓶酒,然后朝着门口走去。就在那时,西里尔的妻子卡琳娜看到酒窖的门开着,灯也亮着,她以为是有人忘了关,于是立刻关了门和灯。我立刻就慌了。如果没有钥匙,这门从里面是打不开的,而且灯的开关在门外面。敲门也无济于事,因为外面的音乐声非常大。我必须自己想办法出去,否则我可能得在里面待很长时间。我决定去西里尔的工具桌上找备用钥匙,他总是随手把钥匙放在那堆乱七八糟的杂物中间。其间,我碰倒了一瓶黏糊糊的不知道是什么的液体,之后我继续摸索,就在我几乎要放弃希望的时候,终于摸到了那个珍贵之物。我小心翼翼地走向楼梯,一手拿酒,另一手拿钥匙,最后走出了酒窖。整个经历历时7分钟,和我上文提到的游戏时间一样长。不同的是,这一次我的脸上没有胜利的微笑,而是满脸的紧张。为什么呢?因为我不得不主动探索,自己寻找解决办法,但这种探索并不是我自发要求的,再加上我很有可能无法成功,甚至有可能得在酒窖里待一整晚。因此,我不得不调动一切资源走出去,也因此引发了压力。

压力不是面对消极情况的应激反应，而是一种可以使我们直面不利处境的心理状态。该观点还有另外一个更好的证明：即使是那种我们心心念念、做足了功课的事件也有可能导致压力的产生。以考试为例，每个人都会经历那个时期，我们将考试看作一种不得不面对的事情。但随着我们逐渐成长，参加考试、参与选拔会逐渐变成一种个人选择，一项我们为之进行长时间准备的考验。其实仔细想一想便不难发现，考试本身并不是一种威胁——在考试期间，没有人袭击我们，也没有人虐待我们。通常情况下，主考人都是相当和蔼可亲的。只有在考试失利时，这个经历才会变成一种消极经历。然而，考试的时候我们经常感到紧张，是因为压力能够激发我们的最大潜能，调动我们的全部资源。

下面的例子也许能更好地展示压力并不是一件令人生厌的事：浪漫的约会。应该没有什么比看到心爱的人时，立刻充盈胸膛的微热更美妙的情感了吧！仅仅是待在一起就可以给你带来无限的快乐。你还能回忆起，当你憧憬着和爱人的第一次浪漫晚餐时，你有多么兴奋开心吗？你当时一定很幸福，然而，那个决定命运的晚上，也是你此生最紧张的时刻之一。这再正常不过了。如果说有一个时刻你必须得做到最好，保证万无一失，那一定就是这个时刻了。你的大脑不会让你失望的，它会激活你的压力系统，以便让你达到最好的状态。

压力对我们的身体不好，甚至很危险，这种负面印象到底是从何而来的呢？应该是因为在当今社会，压力通常是一种持续时间较长的状态，在这种情况下，它会导致一些大家不愿意看到的、消极的连带效应。在医学上，这种"治疗＋损害"的双重效应并不罕见，也绝非压力的专属特点，这是一个比较常见的现象。我们的身体会尝试着去适应各种状态，随着这些尝试的不断深入，有时候身体反应会偏离生理学活动的正常值范围。很多疾病由此而来。身体的适应性尝试让我们可以面对各种状况，但是时间一长，就有可能对我们造成伤害。这就像一个转速表一直指向红区的马达，指针停留在红区的时间不能过长，否则马达的寿命必然会缩短。

·压力的指挥家——类固醇激素

多种多样的情况，不管是否会让我们感到压力，都促使我们引入另外一个重要概念。压力并不是应对某种特殊情况的条件反射，或者说压力感不是一种不受控的感觉，它和手靠近火时会自动收回并不相同。压力激发的一系列生理反应是大脑对情况进行缜密分析后做出的一种有意识的选择，即便我们大部分时候对此一无所知。否则，我们是如何在面对千差万别、个性化的情况时都给出压力感这种一致的反应的呢？

几乎所有的哺乳动物的压力状态都一样，其特点是大脑激发的一种额外的生理系统，即类固醇激素（黄体酮、雌激素、睾酮、糖皮质激素）。大脑中专门有一个部分通过调控各种腺体控制这些激素的生成，如肾上腺或生殖器官（卵巢或睾丸）。

按照这个逻辑，我们不禁要问，为什么大脑需要刺激激素的产生从而让人处于压力状态下呢？大脑拥有约1000亿个神经元，它轻轻松松就可以调动一二十亿个神经元啊！事实上，只通过激活神经元让大脑管理压力或完成本应由类固醇激素完成的其他功能，会导致一个无法解决的"布线"问题。

通过前文我们已经知晓，和阅读、背诗、吃糖果或者喝水不同，应对压力时，我们的身体并不是在完成某种特定任务。压力状态就好比一个开关，这个开关像是有魔力一样，可以整合大脑以及身体的全部功能，以便让我们以最好的状态应对千变万化的问题。如果大脑是直接运用神经元来完成这一切的，它就必须将所有信息传递到它的所有区域及那几百亿的神经元中去。假设控制压力的区域只与大脑中10%的神经元相连，这些神经元也有大约100亿个轴突。假设这些神经纤维的直径为1微米，也就是百万分之一米。那么将这些神经纤维直径相加后，几乎相当于一个直径10000米左右的电缆，我们确实没有办法把这么粗的"电缆"塞到脑袋里去。

因此，当处于压力状态时，大脑就要动用类固醇激素调控各个不同区域的活动。大脑就是这样指挥、协调各个区域的工作的。这就好比我们开车时要通过换挡来调控发动机的整体性能。

正是因为这种能力，类固醇激素成了我们心理的重要调控因子，而且不只限于压力状态。有些女性说她们在生理周期的各个时段、在妊娠期间及生产之后，或者在绝经前后的感受不同，这些话其实反映了她们身体内部的巨大变化：由于黄体酮和雌激素数量的变化，她们的大脑进行了重新"编程"。这些激素通过其对应的受体，对身体机能及大脑机能产生深远的影响。黄体酮和雌激素受体不仅存在于子宫、阴道、卵巢、肾脏及身体中其他与生殖相关的器官上，也存在于大脑中的大多数结构上。在这里，它们能改变我们的愉悦感、记忆力和情绪状态。当代人认为更年期是一种自然现象，只需辅以一些心理疏导就可以顺利度过。这种看法反映了大家在人体本质上的巨大知识盲区。更年期跟生理没什么关系，更谈不上正常。它其实是我们的生理系统严重衰退的表现，因为那些没有更年期问题的个体在进化过程中都被淘汰了。要知道直到19世纪，人类的平均寿命都不到40岁。

确实有一些生物衰退现象医学还无法治愈，但更年期不在其中。我们有能力从外部获取身体无法继续产生的激素。借助这样的方法，就可以在身体内重建一种正常状态。令人不解的是，那些自诩为专家的人竟然将更年期归为"正常状态"，并让我们学着拥抱它。这就像面对某个双腿骨折的人，我们不是建议他去治疗骨折，而是告诉他买个轮椅，然后找个好一些的心理咨询师就可以了。

对于压力状态贡献最大的类固醇激素不是黄体酮，也不是雌激素，而是皮质醇。皮质醇是人体内最重要的糖皮质激素，由肾上腺产生。皮质醇通过刺激核受体GR起作用。GR是一种转录因子，它可以影响多种蛋白质的合成。

当大脑处于紧张状态时，人体内的皮质醇浓度升高。但皮质醇浓度的升高不仅仅是由这一个原因造成的。皮质醇通过激活GR受体使人兴奋愉悦，帮助我们进入工作状态，支持着我们的日常生活。正因如此，在我们睡醒前，其浓度会升高，以便让我们进入活跃状态。在我们用餐之前，该激素的浓度也会增加，这样就可以让食物看起来更加诱人。

·在压力的丛林中,多巴胺是侦察兵

在压力状态下,为了调动和调整我们的行为,糖皮质激素会刺激大脑中多巴胺的释放,这一切都发生在伏隔核中。伏隔核与快乐、厌恶及追求和避免刺激有关。由于多巴胺在此处释放,伏隔核被贴上了"快乐神经递质"的标签。然而,与大众认知不同的是,多巴胺这个小分子其实并不能产生快乐的感觉,它只是在我们追求快乐的过程中,让我们所有的努力付出都更轻松而已。因此,这是一种对我们的行为影响非常巨大的神经递质。

让我们用两秒钟反思一下自己的生活:相比努力追求快乐所花费的时间,我们真正能够享受快乐的时间真的少之又少。此外,即便我们切除某些动物的快乐神经递质受体,如脑啡肽受体,它们也可以生活如常,并没有表现出行为上的紊乱。然而,如果我们将它们体内的多巴胺能神经元剔除,这些可怜的小兽就只能慢慢等死了——它们会丧失一切动力和兴趣。但是,在我们体内只有几十万个多巴胺能神经元,不到神经细胞总数的 0.0000001%。

追寻快乐比快乐本身重要得多,为了更好地理解这件事,也就是说,为了更好地理解多巴胺对我们生活所起的关键作用,让我们以周日早上的牛角面包为例。

周日,你睡醒后突然想吃一个牛角面包。这个想法、这种面包的形象在你的脑海中如此诱人,以至于你迫不及待地跳下了床。卧室里有点凉,浴室里也是一样,但这并不妨碍你,你反倒觉得这样很提神。然后,你像寻宝似的四处找钥匙,找到后你哼着小曲儿走下楼。路上

的小雨，面包店里 15 分钟的等待，以及爬楼，这些小麻烦完全没有影响你的好心情。到家后，你坐在餐桌前，泡上一杯香气四溢的咖啡，开始心满意足地享用这个美味的小面包。

三周后，你的妻子尚塔尔把你从睡梦中叫醒，说她想吃牛角面包。为了哄她开心，你决定下楼去买。但是天啊！屋里也太冷了，那串该死的钥匙又找不到了。外面也好不到哪儿去，天空中飘着雨，在面包店里还要排至少 15 分钟的队，更别提回家之后要爬的楼梯了，太折磨人了！最后，终于到家了。你先给还赖在床上的尚塔尔送去咖啡和面包，然后坐在你的咖啡前，吃着牛角面包……好在面包还是可口的。

这两个周日有什么不同呢？你为了吃到牛角面包所做的一切活动为什么在第一次是种享受，第二次却成了折磨呢？答案很简单：第一次，你大脑里的多巴胺达到峰值，而第二次，你脑内的多巴胺根本没被唤醒，还在呼呼大睡呢。但上述两个场景中有一个共同点：牛角面包是好吃的。这很自然，因为进食后的满足感并不受多巴胺的影响，而是和脑啡肽及大麻素（花生四烯酸乙醇胺）有关，它们才是真正的快乐神经递质。所以，即使没有多巴胺，牛角面包也一样好吃，但是最好还是劳烦别人去买回来！

综上所述，从消费或拥有某物中获得的快乐都是短暂的，只能持续短短几分钟。对于快乐的追寻占据着我们生活中的大部分时间，如果这个追寻的过程本身就是令人不快的，那我们的生活也将变得非常不幸。正因如此，多巴胺和皮质醇才显得非常重要，因为它们能够使追寻快乐的努力过程变得同样令人愉快。

· **平衡是关键**

如果说皮质醇和多巴胺能够帮助我们完成为达到某一目的而进行的活动，促使我们为完成任务而付出相应的努力，那么为什么这两种激素在压力状态下也会活化呢？毕竟压力经常被看作对某种令人生厌的状态的反应啊！大脑为什么会调动生理系统，让我们走向我们所排斥的状态呢？原因很简单，因为大脑会通过发动一些拮抗机制来调控我们的反应强度。比如，压力状态会触发那些帮助我们逃离的生理系统，如释放肾上腺素；同时也会激活那些让我们勇敢面对的生理系统，如释放皮质醇和多巴胺。

对抗过程的调动是一种基础的生理机制，可以对各种各样的活动进行调控。我们每个人都可以用食指尖准确地碰触到鼻子而不是戳到眼睛，这个简单的动作也是由对抗机制控制的。为了让手指指向鼻子，身体的第一个正确反应应该是调动腕屈肌、二头肌和指伸肌。试着做一下这个简单的动作，你很快就可以意识到，我们是以非常精准的方式控制着整个动作的力量和方向的，正是这种精准控制使我们能够准确地将食指指向鼻子，并用合适的力度碰触鼻子。人们可能认为这种调控只需调动那些负责让前臂弯曲、食指伸展的肌肉。但事实上，该动作也需要用到那些会导致反方向动作的肌肉，即腕伸肌、三头肌和指屈肌。在这些相反力量的共同作用下，这个动作才得以完成。

当我们处于令人反感的情况时，身体的第一反应是激活那些可以催生反感情绪的生理系统，从而促使我们尽力摆脱这些情况。如果我们仅通过对这一原始反应进行直接调控来应对负面处境，那么最终结果将远不及我们在现实中应对复杂危险的情况时的能力。事实上，如果我们过分刺激逃避系统，最终只能导致我们盲目地逃避问题，根本没有时间寻找其他更有效的应对策略。相反，如果逃避系统没有被足够调动，那么我们就不会逃避，但很有可能会低估情况的严重性。这种低估可能会使我们暴露在巨大的危险之中。所以，不论是过分害怕还是不够害怕，后果都是一样的：我们都无法以有效的方式面对威胁，无法找到最合适的策略去应对威胁。最完美的调控机制应该既能保留可以提示危险的原始反应，又能提供我们直面问题，找出解决方法的能力。因此，和刚刚提到的手臂一样，应对压力的基础机制之一就是激活让我们迎难而上的生理系统，如皮质醇和多巴胺，这些激素可以提高我们的抗压能力，而不是让你我只想着逃避。

皮质醇是一种非常有趣的激素，与压力状态引发的恐惧和反感不同的是，它引发的是压力状态下的所谓非生理——"心理"——效应。后文中我们将看到几个例子。

从有压力到爱压力

在了解了什么是压力后，我们还需要深入日常生活以了解某些压力产生的影响的作用机制。每个人都经历过压力大的时候，也经常会叫苦不迭。为解释这些典型的"心理"经历，我们通常会求助于虚无缥缈的非物质要素，但实际上造成这些状态的真正原因始终是皮质醇这种物质。

·难以忘怀的事

我们对压力十足的经历的记忆总是特别鲜活，难以忘怀。另外，人类的绝大部分心理现象是围绕一些代表性事件建立的。因此，我们正讨论的领域是一个典型的非生物、非物质要素的领域。心理治疗方法就是针对这一领域，帮助我们管理那些似乎永远无法抹去的记忆。我们的生物性会对记忆分类——普通记忆或者与压力相关的记忆——这一点听上去令人难以置信，很多心理学家也确实不相信。毕竟，不论产生记忆的原因是什么，带着记忆印记的神经网络始终还是神经网络。因此，鉴于只有一部分记忆会让我们印象深刻，对我们的心理起关键作用，这一事实总是被拿来论证"思想"的独立性，或者说"灵魂"是独立于生物性存在的。

事实上，某些记忆之所以影响巨大，其原因完全可以用生物学解释。我们已经了解到，当我们面对一种新情况时，大脑会作出阐释和判断。如果该经历不存在压力，那么处理措施就局限在头骨之内。如果挑战够大，大脑就会激发压力状态，加速肾上腺中皮质醇的分泌。借助血液循环，皮质醇会占据大脑，进入神经元，激活受体——转录因子 GR。被激活的 GR 会与 DNA 相连，合成新的蛋白质，进而改变整个神经网络。因此，在平静状态下产生的记忆和在紧张状态下产生的记忆，将以不同的方式在神经元中留下自己的印记。那些不带情绪的事件在被存储时仅仅动用了被突触激活的转录因子，而那些在紧张状态下被存储的记忆还调动了被皮质醇激活的转录因子——GR，后者可以绕过突触直达细胞核。这种神经—激素双重编码机制使得压力状态下产生的记忆更加不容易被清除。

当然，在这种情况下，我们也绕不开一些相关性和因果关系问题。我们是不是又一次站在了那个神秘的镜像效果前，就像镜像和实物的关系一样：生物性状可以被非物质要素改变，却无法反过来影响非物质要素？或者与之相反，生活经历在大脑中的储存形式及其影响仅仅由激素的参与与否决定？两个非常简单的科学实验就可以回答这两个问题。

第一个实验：1.完成一次无压力的经历；2.通过注射的方式人为增加皮质醇；3.验证对该经历的记忆是否更深刻，也就是说，该经历是否被作为压力经历进行存储。

第二个实验与上述实验相反：1.完成一次压力状态下的经历；2.通过抑制剂阻断皮质醇的分泌；3.验证压力状态下产生的记忆影响是否减弱。

你应该已经想到了，两次实验的结果都肯定了皮质醇浓度与生活经历在大脑中的储存方式的因果关系。

有了不同的存储机制——单纯的神经机制或"神经＋激素"机制——在平和状态下和压力状态下的生活经历才能以各自特有的方式改变大脑性状，进而对我们的心理造成不同程度的影响。因此，这里的"心理"也可以被生物学解释。

· **不眠夜**

众所周知，压力会干扰睡眠。通常情况下我们认为是一些烦恼或者让人焦虑的记忆萦绕在我们的脑海中，挥之不去，让我们整宿都无法合眼。但有时候，其实是失眠、睡眠浅或者睡眠少才导致那些烦心事儿进入我们的脑海的。

但是，如果说烦心事儿不是罪魁祸首，为什么在压力状态下我们的睡眠质量会变差？原因之一在于，长久的压力使得皮质醇浓度长期处于高位，由此导致入睡困难或过早醒来。

其实，一天24小时中的一部分用来活动，另一部分用来休息和睡觉并不是一种习惯、一种习得技能，更不是什么文化传统。这只是一个精确的生理时间表而已。在大脑中，生物钟调节并决定上述状态的更替。生物钟并不是一成不变的，在昼行性动物中，生物钟使活动时间和阳光同步。在鼠类等夜行性动物身上，生物钟将活动时间调整到与黑暗同步。然而，即便如此，也不能说生物钟是由阳光决定的。即使让生物待在一个完全黑暗的环境中，生物钟也会继续按照大约12小时的活动时间和12小时的休息时间来运行。在这种"清醒—睡眠"的节奏中有一个核心要素，即由"中央时钟"控制的皮质醇的分泌。皮质醇浓度在睡醒之前升高，傍晚时逐渐下降，在睡眠中降到最低值。它的浓度升高主要有两个作用：第一，促使我们进入行动状态。因为这种激素具有使人兴奋的功效；第二，让生物钟以快捷有效的方式同步各个大脑区域。

压力状态，特别是长期处于压力状态的一大后果就是皮质醇的昼夜节律消失，导致皮质醇浓度始终处于高位，就像始终处于活动状态中一样。皮质醇浓度处于高位对于我们更好地面对那些会引起压力的挑战来说是非常有用的，但是你一定可以想象到，大脑终日接收让其保持清醒的信号是一件多么烦人的事情。我们可以试着让大脑皮层或者非物质要素告诉大脑"该睡了"，但无济于事，大脑认为它还处在活动状态。现在，你应该能理解那些使用含类固醇的消炎药的患者的睡眠问题了，因为这些药物和皮质醇对大脑产生的作用是一样的。

·自己吓自己

确实，绝大部分人尽力避免那些可能会引起压力的生活经历，但还是有一部分人在寻找刺激。这种追求压力的行为甚至催生了一个完整的产业链，而蹦极和跳伞就是很好的例子。某些主题公园和游乐场里的大型游戏项目也能带来同样强烈的身体感觉，只不过危险程度会比前者略低一些。就连安安静静地坐在自家客厅里，你也能提高自己的紧张感，只需要从众多的恐怖电影里挑一部看就行了。娱乐产业习惯利用引起人们本能的紧张感的场景——如深渊、外星人之类的恐怖生物等——也可以理解，因为这可以使 90% 的顾客感到满足。

这种想要体验我们本能上极力避免的危险的欲望、追求恐惧感的行为再一次反映了一种专属于人类的行为特点。其他生物都是被最简单的基础本能支配的：拼尽全力躲避危险、为了存活而觅食、为了繁衍而交配。自己吓自己，因压力而开心，这在生物学上是很难被解释的。心理学家和精神分析学家说我们每个人身上都有一种死亡本能的表露、一种破坏力,一如我们活着的冲动一样。他们认为人类甚至有一种罪恶感,它诱使我们进行自我惩罚,比如当我们对自己的父母产生性欲时就会生出这种罪恶感。

就只有这种解释吗?莫非我们还得再一次求助于非物质要素?当然不需要。有了对抗机制,我们就拥有了一把生物学的解题之钥。借助这把钥匙,我们可以更好地理解追求紧张感这种奇怪行为的真正原因了。前文已经提到,人类应对令人生厌的情况的主要机制之一是同时激活两种背道而驰的生物反应,一种让人讨厌的反应和一种让人开心的反应。两者间的平衡既能帮助我们直面压力,又不会让我们低估态势。因此,我们只需要让令人愉悦的生物反应——糖皮质激素和多巴胺的分泌——在强度上超过让人产生不适的反应,就可以使一种看似危险的情况变得充满吸引力。

某些个体天生糖皮质激素和多巴胺的活性过强,而另一些个体身上,它们的过分活化则是由重复性的压力造成的。事实上,当多巴胺能神经元被糖皮质激素多次激活后,会发展出一种被称为"敏感化"的适应性。所有人应该都听说过"耐受性"或"适应性"吧,这是我们的身体和大脑对于重复性刺激变得越来越不敏感的适应能力。"敏感化"则与之相反。随着经历的增加,身体和大脑的反应会变得越来越剧烈。这两个相反的过程极有可能构成了最古老的学习形式,也是那些拥有原始神经系统的动物最主要的学习形式。有了耐受性,它们学会对那些影响不大的刺激做出越来越小的反应;有了敏感化,它们会对那些对生存产生重大影响的刺激做出越来越强烈的反应。

耐受性和敏感化不只存在于那些拥有原始大脑的动物身上，它们也是包括人类在内的动物身上最重要的适应性反应。当我们处于重复的压力之下时，糖皮质激素的释放会逐渐使多巴胺能神经元敏感化。与此同时，逃避机制的耐受性变得越来越强。如此一来，令人愉悦的系统和令人生厌的系统之间的天平就会逐渐向积极的一方倾斜。换句话说，原本令人讨厌的情况会逐渐让人觉得舒适并且想要沉浸其中。此外，耐受性和敏感化的交叉作用导致的改变不会消失，至少不会很快消失。一切新的伴随有压力感的经历都有可能再次让人产生愉悦的感觉。正因如此，蹦极才变成了一项极具吸引力的运动。

正是因为这两个进程间微妙的比拼才导致我们中的某些人想要体验危险和刺激。他们那样做的目的并不是自我惩罚，也不是受了什么死亡本能的驱使，他们并不想伤害自己。他们那样做仅仅是因为对于他们来说紧张感超级爽。

·假期太无聊了！

如果说沉迷于体验恐惧和危险听起来有点不可思议的话，那么不喜欢假期这样的放松时刻听上去就更无厘头了。然而，对于那些当机立断、经常处理危机的异常亢奋的人来说，毫无压力并不意味着舒适惬意。相反，他们在度假的时候会坐立不安、陷入抑郁。"假期抑郁症"就可以被理解成失衡的信号。紧张的工作和持续性的压力对他们而言是一种代偿性活动，是一种为了掩盖潜在问题或罪恶感——通常情况下可以追溯到成长过程中的一些遭遇——的身不由己。故而，当夏季来临，这种代偿性活动暂时停止的时候，心理问题就会再次浮出水面，扰乱这段原本属于休息和休闲的时光。而人性的这一特点被看作大脑的生物性无法解释人类的又一例证。不喜欢假期，在面对惬意场景时会有抑郁感，这些现象怎么能简单地用生物学解释呢？

事实上，当一个人从长期的高压状态快速切换到休假状态时，他所感受到的不适感仍然是一种纯生物学现象。造成该现象的原因是一种被称作"应变稳态"的适应过程，这是基于另一种支配你我生物性状的基础机制"自稳态"的新兴概念。

自稳态是基于对生物的观察产生的概念：在现实中，所有的生理系统都有一个理想化的活动状态，这个状态使得机体在它所处的环境中能够有效地运行。当然，机体可以提高或降低其活跃度，以适应各种不同的情况。但是，这种偏离平衡点的状态通常都是暂时性的，自稳态的生理系统总是会以最快的速度回到原来的平衡状态中。

自稳态要求的动态平衡在成长阶段的初期通常是固定的，并且在整个生命过程中趋向稳定。我们可以将其比作汽车马达的最低转速，它是保障马达运转的最低标准。如果在踩油门加速后你抬起脚，马达就会自动降回它的最低转速，如果转速过低，它又会提高活跃度。在现代的汽车中，这个最低转速是被提前设定好的。在生态系统中，生物的"最低转速"即基础活动力，通常在生物出生后不久由环境决定，以便让生物能更好地适应其所处的环境。这件事再一次证明了环境，而不是遗传基因，对我们的关键生物性状的决定性作用。

在压力状态下，我们的生理系统会被激活，同时远离动态平衡点，待到问题解决后,它又会回到平衡状态。我们都曾体验过,处于压力状态时,身体会以可以被感知的方式改变它的机能。我们会变得更警觉,心率会加快,同时会萌生出攻击或逃跑的欲望。我们当中的绝大多数人会将这种感觉与恐惧挂钩,而另一部分人则会感到兴奋。一旦造成压力的因素消除,我们因该状态而改变的生物性状和感觉又会逐渐恢复到先前的状态,我们也会重新回到正常状态中去。

如果压力状态长时间无法消除,机体就无法快速地回到平衡状态中了。我们的生物性状会调整和改变它在自稳态下的平衡点。压力状态和由它导致的高度兴奋状态会逐渐变成大脑的常态。至此,我们就从自稳态——在成长过程中生成的原始基准点——过渡到了应变稳态,即成年人通过经历获得的新的基准点。

既然敏感化和应变稳态都是由某一生理系统受到的反复刺激导致的,那这两者的区别是什么呢?应变稳态的形成用时比敏感化要长得多,而且它们二者遵循的规律不同。应变稳态要求刺激源源不断且长期存在,只有这样,我们的机体才会将其视作新的正常状态,从而调整其平衡点。而敏感化则是针对那些对生存至关重要的刺激,一次或者几次有间隔的重复性刺激足矣。这非常合理,因为敏感化是一种学习形式,它让我们对某些刺激更加敏感,比如那些提示食物多少或者危险的刺激。而在自然状态下,这些刺激通常都是断断续续的。

让我们再说回假期。一旦我们踏上假期的旅途,压力就立刻停止了。如果我们本身就处在自稳态中,那便不会有什么问题——我们可以回到正常的基准点,并且感受到舒适惬意。但是,如果我们处在应变稳态当中，压力状态本身就是标准状态，相比之下，假期由于刺激过小，就变成了不正常的状态。这样一来，我们肯定希望能够尽快地回到先前的"正常"状态中去。这就和戒断综合征类似，因为由毒品引发的戒断综合征是由毒品对大脑持续不断的刺激导致的应变稳态引起的，机体会逐渐将这种人为的过度刺激看作正常的，一旦阻断毒品的摄入，这个人的活动力就会突然低于新建立的理想状态。这种活动力的下降根据毒品的品种发生变化，总之会引发一系列的紊乱，有无法忍受的疼痛，也有严重的情绪失控。

在长期的压力状态下，皮质醇和多巴胺系统达到的应变稳态会引发各种问题。糖皮质激素和多巴胺的活化能够让我们的大脑感到兴奋和舒适，其作用和可卡因这种毒品类似。可卡因也可以增加大脑中多巴胺的数量。事实上，糖皮质激素可以被看作一种身体内部的可卡因，它可以减少努力和困难的消极影响，让我们感觉工作更轻松。

对于那些已经完成向应变稳态转变的人来说，突然解除掉一种长期的压力状态会导致一种在可卡因上瘾者身上观察到的戒断综合征，其症状与抑郁症类似。另外，治疗某些慢性炎症时，如果突然终止糖皮质激素的供给，也会引起非常严重的戒断反应。从心理层面来说，这些戒断反应与可卡因戒断症状和"假期抑郁症"类似。

如果你是一位经常处于压力状态下的亢奋人士，你的皮质醇全年都处在大量分泌的状态，那么你的假期抑郁症只不过是一种皮质醇的戒断反应。你只需要耐心一点即可。除非非常严重的情况，否则你的平衡点会在一周左右的时候重新调整过来。那个时候，你就再次回到自稳态了，假期对你来说也会重新变成一段幸福的时光。

·当只剩毒品时……

悲剧性的故事、破碎的家庭和较差的社会环境通常被当作毒品问题的主要原因。我们的非物质要素似乎不堪生活的重负，在升入真正的天堂之前，决定提前去人造天堂中寻找慰藉。毒品就像一副非处方药，成了我们脆弱的、无法承受人间疾苦的非物质要素的救命稻草，拖着后者跌入毒品的深渊，堕入永恒的地狱。

这种对毒瘾的普遍认知是有失偏颇的。正如前文我们已经分析过的那样，毒品作为物质，借助某种机制就可以舒缓我们的非物质要素或者说灵魂，这是不可理喻的事情。我们可以随意变换提问的角度和方式，但是总会得出以下结论：要么毒品也是一种非物质要素，它可以和人类身上那种非物质要素相互作用；要么人类身上的非物质要素是由某种可以和毒品相互作用的物质构成的。以上两种可能性都意味着非物质要素和毒品是由同一种实体构成的。因此，人类和海洛因、可卡因等化学分子一样，都不是二元的。当然，还有那个无可替代的"信仰之力"，它可以接受不可理喻的事情，将无法想象的事情说成真理。但是，按照这样的逻辑，除非将心理学家看作某种更适应现代社会的神父，否则我们就需要把吸毒者交给神职人员而非心理学家治疗了。

还是让我们待在一个更合理的世界中吧，在这里，人类和毒品有着同样的本质——考虑到毒品的化学结构——物质本质。如此一来，将毒品看作一种代偿物，弥补由生活经历造成的心理失衡的观点就说得通了。然而，这也是错误的。那么，这一切到底是怎么回事呢？

所有毒品都能极大地刺激多巴胺的分泌，由此它们才能具有如此强的成瘾性。反复出现的压力会通过增加多巴胺能神经元的活动力逐渐使其敏感。这种敏感化在压力状态终止之后还会持续下去。因此，当曾经承受过反复出现的压力的人开始吸毒时，毒品是在一种已经敏感化了的多巴胺系统上起作用的，后者因此会分泌更多的多巴胺。毒品带来的愉悦感、诱惑力以及导致成瘾的能力都将被放大。

所以，那些曾经在生活中有过压力经历的人更容易吸毒成瘾，因为他们的多巴胺系统已经在压力刺激下变得异常活跃，所以他们更难抵挡毒品的诱惑。

生物性渴求生活经历

认为生活经历可以越过生理层面直接塑造我们的思想和灵魂，这可谓人类的十大错误思想之一。事实上，标志着"我们是什么"和"我们将成为什么"的生物性状，就是生活经历的产物。生物性状是基因组的产物，这一点毫无疑问，但是基因和环境间的关系与我们的猜想大相径庭。首先，基因组不是稳定不变的，它被自发的突变、病毒残留及父母的基因混合改变。历经各种不可捉摸的变化后，改变后的基因中有一些是有优势的，因为它们可以让我们在地球环境中更好地生存下去。正因如此，在我们的祖先——鱼——和我们之间存在一种连续的演化关系。另外，基因组并非发展过程中播放的一段录音，而是一架拥有巨大键盘的乐器。这组琴键等待着音乐家用双手来激发它生出无尽的可能性。这位音乐家就是环境以及我们在环境中拥有的各种经历。环境借助多种多样的工具来操纵基因组，不停地塑造和改变着人类。我们的生物性状中有很大一部分就是为了给环境这位艺术家提供一些"手"，让它得以操纵基因进而改变我们的生物性状。感觉器官、突触上的受体、转录因子、表观遗传因子等，这些"配置"都是为了让身体之外的世界得以进入身体，并且在那里留下印记。

这个世界由巨大的不确定性统治，但至少有一件事可以确定：我们无须借助非物质要素来解释历史是如何打造我们，并帮助我们构建未来的。生物学已经足够，因为它既保留了历史的鲜活性，又帮助我们创造出"历史"这个词。

Ⅱ

渴望

生物性可以解释现代对自由的渴望,哪怕是最无意义、最矛盾的,曾经被我们看作非物质要素的属性的渴望。这种生物性没有为了将人性装进物质的模子而简化它,而是将曾经被误以为是非物质要素属性的特点具象化,让它们变得更真实。

1 生物性渴望自由

自由是人类心之所向

1975年4月的一天，早上8点15分。像每天早上一样，我终于来到每日必经之路的这个具有魔力的节点。在咖世家(Costa)咖啡馆前，我正好走到以下两个地点间的中点：在我身后，是我夜间的"囚笼"——我父母家；在我面前，是我白日的"监牢"——斯坦尼斯劳斯·坎尼扎罗高中。这是专属于我的拉格朗日点[3]，在这里，太阳和地球的引力作用并未相互抵消，而是束缚在我身上的奴隶的枷锁达到了平衡。这是一个"大赦之点"，在此处我的灵魂可以肆无忌惮地展现它的叛逆，在我的耳边放声呼喊它对自由的向往。是的，我的人生就是一座监牢，

---

3 拉格朗日点又称平动点，在天体力学中是限制性三体问题的五个特解。一个小物体在两个大物体的引力作用下在空间中的一点，在该点处，小物体相对于两大物体基本保持静止。这些点的存在由瑞士数学家欧拉于1767年推算出前三个，法国数学家拉格朗日于1772年推导证明出剩下两个。

充斥着一堆要遵守的规矩，一堆要去完成的事，但这一切均不是我的心之所向。自我出生之日起，我便被迫忍受着这一切。生活强加给我一个难以忍受的奴隶身份。正因如此，我期盼长大，并不是想要成为像大人一样的人，其实我并不喜欢他们的生活，我期盼长大只是为了最终获得自由。哪种自由？当然是做自己的自由。我想循着自己的意愿和憧憬做事，而不是守着大人定下的规矩生活。

我想要得到一切，然而我什么都没有。我想要得到金钱，很多钱，那样我就可以买下所有我想要的东西。我想买稍微高级一点的衣服，而不是这种两法郎就能买到手的破牛仔裤。我想要一把新吉他，一把真真正正的芬达（Fender）吉他。我还想在卧室里装个电视。当然，我还想要很多很多的书。但最重要的是，我想要一台小摩托车，一台货真价实的韦士柏125，而不是我爸买给我的那个破玩意儿。

我想离开这里，远离这一切。我想去旅行，去巴黎，去伦敦，去纽约。我不想再被囚禁在这一亩三分地，终日听他们讲那些毫无意义的琐事。你说我知道加里波第[4]的出生日期又能怎么样呢？我知道罗马帝国有多少个皇帝或者会算积分又有什么用呢？我想喝酒、抽烟、把摇滚乐放到最大声。我想把摩托车开到时速100千米，感受风吹过脸颊、穿过头发的潇洒。我想什么时候睡就什么时候睡，想和谁睡就和谁睡，想在哪儿睡就在哪儿睡。或者，干脆什么都不干——不上课、不写作业、不干累死人的家务活儿。我就想一个人待着，坐在我经常去的蒙德罗

4　朱塞佩·加里波第（1807—1882），是意大利爱国志士及军人。他献身于意大利统一运动，亲自领导了许多军事战役，是意大利建国三杰之一。

渔港防波堤后面，面朝大海，静静地看着海浪翻涌。

这是我青少年时期的小小缩影，足以展现人类的渴望。人类的渴望多种多样，但最终都汇集在对自由的渴望上。这种渴望类似一棵百年橡树的树干，每个人都可以给这棵树加上树枝和树叶，最终造就无数个性化的大树。这些橡树之间各不相同，但都被对自由的渴望支撑着。因此，如果想要理解人类的渴望，就必须先理解它们共同的"树干"——自由。

若人类仅由一种要素构成，即他的灵魂也是物质性的，那么人类也许就无法拥有渴望。人类对自由的渴望可以说是论证非物质要素存在的主要论据之一，或者说就是最主要的论据。如若不然，该如何解释我们想要摆脱一切束缚、决定自己命运，想随心所欲地做自己喜欢的事情，而不去考虑这些事是否有意义等人类特性呢？20世纪的生物学确实没有为此提供答案，因为它太刻板，太过决定论了。21世纪的生物学灵活了很多，它意识到生物学中还有一些无法预测的要素。这种看法已经非常接近我们对非物质要素或灵魂的看法。但21世纪的生物学还是将人类的生物属性看作一台机器，然而机器是没有渴望的，只有灵魂能够赋予人类渴望。

然而，如果不带成见地重新审视21世纪的科学技术为我们揭示的生物学，试着去理解它为何会发展成这样，我们很快会对以下发现震惊不已：从最简单的细胞反应到最复杂的行为，所有生物进程似乎都有一个共同目标——追求自由。因此，我们现在要讨论的问题和第一章中提到的内容类似。在第一章中，我们已经了解到，大家眼中的人类多变的本性和对经历的渴求，不过是我们对自身生物性的预感。在这一章中我们也会发现，所有人对自由的渴望只不过是寻找自由的生物性的有意识的延续。

生物性追求自由时面对的威胁并非来自社会文化的制约、父母、学校或极权体制等，这一点与大家的固有认知相悖。这种威胁更隐蔽、更深入、更加诡谲狡诈——支配整个宇宙运转和发展的物理定律。正是因为这些威胁的存在，所有生物一出生就会变成它周遭环境的奴隶。在面对环境时，生物有一种百分之百的、不可逾越的依赖感。但是要如何从这种无法消除的依赖感中解脱出来呢？唯一的办法就是用一种我们意识不到的完美方式去适应环境。这就是生物学的狡猾之处：生物性状用多种多样的行为——从简单到复杂——完成了一个障眼法，让我们误以为自己是自由的，然而事实上我们仍然是环境的奴隶。

对自由的追求并不专属于人类，这是所有生物的组织原则，从最简单的单细胞生物到人类，无一例外。然而，我们只将非物质要素或是灵魂与人类联系在一起，因为只有在人这一物种中，对自由的追求似乎没有任何明确的目的，所有生物都试图摆脱对自然的依赖而继续存活下去。然而，人类是唯一会付出巨大的努力去获得一些看似无意义的行为自由的物种。

认知革命发生于5万年前，而自由的人们憧憬的毫无意义的活动正是认知革命的产物。认知革命带来的新能力给人类提供了新的可能性：我们开始将事物概念化，并赋予事物一个新的生命。借助这一强有力的武器，人类发明了一系列活动，这些活动从本质上说是自给自足的，它们似乎没有任何目的，也无法被解释。如此一来，其结果就是产生了大量的、各种形式的、虚空的渴望，这些渴望甚至无法被21世纪发现的——多变的、不可预见的——生物性所解释。但是，后文中我们将了解到，即使是昙花一现的自由形式也都有生物属性。

自由有什么用？

对于自由的理解方式并不唯一。人类这一独特渴望在过去的3000年中发生了巨大变化。在西方文化背景下，三种对自由的理解方式相继出现，先是希腊罗马式的理解，之后是基督教的理解，最后是法国大革命和美国内战之后颁布的人权宣言中宣扬的现代版的自由。

· 人性至上的古人的自由

在亚里士多德看来，自由源自"自愿行为"。他认为自愿行为有以下两个特点：首先，它产生于内心，是一种自发行为。被迫发生的行为或是为了避免某种负面结果而做出的行为都不属于自愿行为。比如，我因害怕入狱所以不敢偷朋友的戒指，这就不算自愿行为。清楚地知晓行为的后果应该是自愿行为的另一个特点。假设我们以为某位朋友会游泳，所以将他推下了水，结果他因为不会游泳被淹死了，这也不算自愿行为，因为我们并不希望朋友死。对于亚里士多德来说，自愿行为的根源在"灵魂"（animus，此"灵魂"与基督教中的"灵魂"

并无关系），它是使所有生物拥有生气的生命力。由此，自愿行为并不是人类的特有属性，动物也有自愿行为。因为感到饥饿，马睡醒后去吃草就是一种自愿行为。事实上，这是一种自发反应，它发自马的内心，而它在知晓后果的情况下用某一行为对这一情况做出了反应。

伊壁鸠鲁学派进一步强调了自愿行为中的本能特质。在该学派学者看来，满足自身欲望、达到追求快乐与幸福的目的是人类的根本追求。而平衡个人需求与集体利益的必要性是个人自由唯一的限制条件，按照亚里士多德的说法就是"适度"概念。罗马人并没有质疑以上观点；相反，他们在立法上加深了对"自由人"这一形象的刻画，他们赋予公民拥有财产的权利，同时禁止公民成为别人财产的主人。罗马人还创造出了一个女神形象，即利柏耳塔斯女神（Libertas），自由一词就是从这里衍生来的。利柏耳塔斯女神形象在法国大革命时期也有出现。

在长达1200年的希腊罗马时期，人类文明发展出公民的概念，即不归任何人所有的自由的人，在遵守法律的前提下，公民可以积累财富，追求幸福和快乐，在有能力的情况下，他甚至可以通过逐步提高社会阶层最终成为人上人。然而，如果因为遵守法律的规定，他未能实施某种行为，就不是自由行为。

上述关于自由的看法显然与生物学不谋而合。生物学催生了人类所有的冲动和个人欲望，借助认知能力，人类可以满足这些冲动与欲望，也可以在外部条件的束缚下选择忽视这些欲望。

· **上帝至上的基督教的自由**

随着基督教的出现以及它在文化上获得的统治地位,自由的概念完全改变了,它变成了有关灵魂的传说中的关键。人们甚至将自由看作灵魂赋予人类的最主要的能力,该能力使人类可以始终走在正确的道路上,并能在去世之后最终抵达极乐世界。我们将这一看法归于希波的奥古斯丁(圣奥古斯丁)[5],他应该是历史上著名的思想家之一了。奥古斯丁在其分三卷(公元388年、391年和395年)出版的著作《论自由意志》(*De Libero Arbitrio*)中提出"自由意志"的概念。他的目的不是要解放或保护人类,恰恰相反,他想让人类对自己的一切恶行负责,从而将上帝从罪恶的责任中解脱出来。换句话说,人的自由是为了捍卫上帝的至善而提出的概念,其目的是将世间所有的恶行都压到人类肩头,使人类成为一切罪恶的唯一责任人。

在奥古斯丁和埃伏第乌斯的对话中涉及了问题的核心,后者是耶稣七十门徒之一。埃伏第乌斯对奥古斯丁说:"上帝是罪的创造者吗?如果罪恶是灵魂的恶果,上帝又创造了灵魂,那上帝怎么能不对恶负责呢?"奥古斯丁的回答奠定了当时自由概念的基础:"上帝在造人的同时赋予了他'自由意志',即做错事的能力。因此,人类必须对其罪恶负责。"多亏了人类的自由,上帝才能保持清白,罪恶完完全全是人的责任。为了进一步捍卫上帝,奥古斯丁用其优美的语言将自由描绘成上帝为培养人类而赐予他们的一种能力。然而,自由意志的

---

5 奥古斯丁(354—430)出生于北非,古罗马帝国时期天主教著名思想家。

概念被如下方式反驳："假设上帝赋予我们自由意志,既然我们可以用该意志作恶,那上帝不还是万恶的始作俑者吗?"为了回应这种说法,尽管人类确实可以滥用自由意志,但奥古斯丁还是将它刻画为一种使人类相比于其他动物更高级的品质。谁愿意因为手偶尔会犯罪就不要手了呢?这道理对于自由意志来说同样行得通:没了胳膊,我们也许能活得问心无愧,但如果没有自由意志,人类将永远无法达到道德上的完美境界。

托马斯·阿奎那[6]继续深入阐述了基督教的自由概念。他认为"自由意志"是一种意志和理性的能力。在他看来,自由行为遵循以下流程展开:意志先感受到对某物的欲望;它将借助理性分析能得到这种东西的各种方式,之后选择最合适的策略,然后激活身体,最终得到想要得到的东西。因此,对于托马斯来说,意志是核心,是"自由意志"的马达,意志使人类可以进行选择。这种左右自身行为的能力专属于人类,使之与其他有生命或无生命的东西区分开来。苹果下落,狮子被本能驱使追捕猎物,这些都不是它们的选择。只有人类可以自由行事,在理性分析情况之后,人类可以主动选择抵抗本能的支配。

因此,对于圣奥古斯丁和圣托马斯来说,人类与动物的区别并不在于人类的智慧。基督教的核心观念——也是"身体—灵魂"的二元论的核心——认为,人的特殊之处在于意志。人类比其他动物高级是

---

[6] 托马斯·阿奎那(约1225—1274),中世纪经院哲学的哲学家、神学家。他把理性引进神学,用"自然法则"来论证"君权神圣"说,是自然神学最早的提倡者之一,也是托马斯哲学学派的创立者,成为天主教长期以来研究哲学的重要依据。

因为他们可以进行自由选择，可以凌驾于本能的支配，甚至可以控制身体本能。换句话说，自由是一种选择不去实施我们有能力做并且能做成的事情的能力。这是上帝对人类的专属恩赐，使人类通过驾驭本能避免罪孽。但是如果人类犯下罪孽，这也意味着他们要承担相应的责任。因此，自由成为人类在面对道德准则、刑法和天理时肩负的责任的基石。你我皆因自由而有罪。

综上，古代时期有关自由的看法和基督教对于自由的看法截然相反。在亚里士多德和伊壁鸠鲁学派看来，自愿行为的核心并非帮助我们与冲动和本能对抗的意志，而是在了解后果的前提下依然选择满足欲望的理性。只有当我们清楚地知道自己在做什么，并且在做这件事时没有受到来自外界的压迫才能算是自由。但是我们并非唯一自由的生物，因为所有生物都被亚里士多德所说的"灵魂"，即一种生气所驱使。"灵魂"知晓所有生物行为的后果，是欲望的源头。

诚然，在基督教概念中，自由和物质毫无关系，它甚至是用来和物质对抗的概念。借助自由意志，灵魂可以选择不对生理冲动亦步亦趋。

我们无法用任何理性的论据去反驳基于"信仰之力"的二元论，因为该理论游离于一切理智之外，它使人们在没有任何明确证据的情况下相信灵魂的存在。

然而，我们可以批判被基督教看作人类所特有的"自由意志"。从20世纪开始不断积累的知识已经推翻了圣托马斯的观点，即人类是唯一有能力会守法、不受本能支配的生物。用行为学翻译过来的意思就是，人类是唯一能通过学习了解行为的消极影响，并有能力抵制欲望的驱使不实施该行为的生物。对于基督教徒来说，上帝及宗教教义的概念并非人类与生俱来的，而是后天学习的结果。众人生而有罪，只有在学习了《圣经》、接受了神职人员的教导后，人类才能内化神的教诲，进而行使自由意志。

基督教的教导同时使用了行为心理学中的"正强化"和"负强化"两个概念。正强化即如果我们遵守上帝的律法，即可见到天堂极乐的景象；负强化则为如果我们违背上帝的律法，就要面对炼狱的百般折磨。此外，在基督教历史上，人们主要利用负强化来向大众灌输上帝的律法并使之最终为人所接受。在基督教传教活动最为活跃和暴力的时期，对无宗教信仰者和异教徒的极端刑罚皆是例证。

假设以自由意志为基础的意志是人类的特有属性，动物们应该就无法学会延迟满足甚至是完全不满足其本能了。然而，事实并非如此。很多生物，特别是哺乳动物，都能学会控制本能，并能证明它们拥有圣托马斯理论中的"意志"。

比如，养狗的人都能够训练自己的狗克制进食的本能，即使把小零食送到狗嘴前，它也会等到主人的允许才吃。因此，狗也有能力让某种意志起作用。这个例子和基督教对待人类本能的态度类似：基督教并不要求"灭人欲"，它只是教导我们控制本能。性行为是个很好的例子。基督教并不禁止性行为，但是要求只能在婚姻关系之内进行以繁育后代为目的的性行为。你想何时拥有性关系都可以，但是必须以生孩子为前提。这是某些禁欲要求的理论基础，也解释了某些教皇令人不解的立场——为什么他们会不顾艾滋病的威胁，强烈地反对人们使用避孕套。

人类可以借助天堂的应许和地狱的威胁构成的正负强化，来控制自己的本能。如果结合正强化和负强化训练动物，它们的潜力也是无限大的，完全不必嫉妒人类控制欲望的能力。如果说意志是灵魂存在的最有代表性的标志，那么许多其他物种，至少所有哺乳动物，也应该有灵魂。

因此，基督教徒要么错在将自由最重要的代表当作意志（因为很多其他动物似乎也有意志），要么错在认为人类是唯一拥有灵魂的物种。但这些错误都不重要。对于拥有教义经典的宗教来说，自由作为灵魂的品质之一，其非物质性是毋庸置疑的，这是信仰问题，或者说是信仰之力的问题。简言之就是盲目相信，由每个人自己选择是接受还是不接受。

·娱乐至上的当代人的自由

随着18世纪末《人权宣言》的颁布，现代意义上的自由出现了。该宣言传递的最主要的信息是承认每个人生存的权利，以及随心所欲行事和思考的权利。

以法国于1789年颁布的《人权与公民权利宣言》为例。其中写道，人人生来自由，终身自由（第1条）；自由是人类的自然权利（第2条）；个体可以根据自身能力申请一切头衔、地位及公共职务（第6条）；信仰不可侵犯人的自由（第10条）；个人可以宣扬和发表其观点及思想（第11条）；可以拥有财产（第17条）。自由不仅局限于此，只要不损害他人，自由还可涉及方方面面的事。因此，个人自由的边界仅受法律的限制。后者禁止一切有害行为。国家应该保护并承诺个人的自然权利，其中包括自由。因此，人类为了获得幸福、实现言论和行的自由而战也就不难理解了。

人类变了。我们不再是被上帝赋予自由意志的灵魂，为了不被身体的诱惑拖入地狱而努力。我们成了一群拥有非物质的"思想"的个体，渴望随心所欲、百无禁忌的生活，甚至到了连上帝都不信的地步。

在某些认为过去优于现在的保守派看来，自由概念的变化反映了社会中日益严重的道德败坏和精神堕落。但这一观点还是有一定的局限性。其实当代意义下的自由和经典的自由概念非常相似，而后者要比基督教文明下关于自由的理解更加古老。因此，现代观念中的自由不应被看作数典忘祖，而应被看作一种返璞归真。在那个经典自由概念统治的时期，文化技术上的进步要远大于中世纪神学统治时期。保守派应该放心了，人类文明并未坠入深渊，通过汲取历史上最璀璨思想的精华，它也许能够上升到一个新的高度。

现在，让我们一起研究一下现代自由概念中宣扬的人类的权利和渴望。大家很快会注意到，现代社会中的自由以提高个人存活机会和生活质量为目的，同时让个体可以进行生存活动之外的更多其他活动。如今，人们可以通过各种各样的方式拥有收入和居所，减少劳动时间。值得注意的是，"劳动最光荣"的思想是近代才出现的。在古代，劳动被当成一种可耻的行为。在亚里士多德眼里，手工艺人和奴隶没有太大的差别。

人类创造财富，对自由的追逐在很大程度上使人类成为财富的主人，利用财富生存，继而进行消遣和娱乐。生存和消遣娱乐是现代自由概念里的两大支柱。哪一个更重要呢？仔细观察在这两大欲望上进行的资源分配便不难看出，人类对消遣娱乐的追求并不小于对生存的渴望。当代社会在娱乐上进行的巨大投入证实了当代俗世之人活着就是为了能够更好地享乐。

对娱乐的渴望催生出一系列活动，最普通的一类被我们称作"休闲活动"，即体育运动、演出、毒品、游戏、舞蹈，当然还有性。只不过现在的性行为与繁育后代并无绝对关联了。

整个20世纪，娱乐活动赢得的地位极大地加深了需要借由非物质要素来解释"我们是什么"以及"我们在干什么"的需求。这些旨在消遣的活动为什么会与生物学相关呢？怎样解释有些人宁愿加班，也要买台巨屏电视，然后看着一群穿短裤的男人追着球跑，或者是看看说不清是什么颜色的跑车在柏油跑道上绕圈呢？如何解释有些人精打细算，就为了能够在一片巨大的场地上，用一根特制的杆将一个小球推进一个无比小的地洞里呢？其实类似的问题我还可以罗列很多，但最后我决定再说一个：有一些人，比如我，把自己打扮得像因纽特人一样，还要穿上一种根本无法行走的靴子，然后坐着缆车到达白雪皑皑的山顶，就为了踩上一种用高科技材料制成的小板子，以最快的速度从山顶滑下去，这些人图什么呢？

怎样解释以下活动：花好几个小时去听或看一些装腔作势的人讲一些虚假的或真假难辨的故事；上千人跟着动感音乐一起扭动身

体……任何社会,即使是最极权的,都无法完全禁止毒品,甚至不得不将其中的几种合法化;你我虽然都清楚酒精和烟草的危害,却仍然无法抵御它们的诱惑……这一切是为什么呢?还不是因为在我们追求自由的过程中,吸食对意识有害的东西是我们的主要渴望之一。

上述活动对于生存毫无意义,但它们对于我们的幸福与快乐的意义重大。也许有人会弱化这些活动的作用,试图宣称它们并不重要。但这大概会成为最站不住脚的妄言。只需对比一下,足球运动员、演员、主持人或者波尔多酒庄老板的收入,和研究员、医生、警察或者消防员的收入。换句话说,对比一下为我们提供消遣娱乐的人和保障我们生存的人的工资,很快就可以看出哪些事是社会优先关注的事。最重要的不是我们可以继续生存或者人类的繁衍,而是消遣娱乐。

虽然科学技术在20世纪迎来了爆炸式发展,但人们对于非物质要素或者灵魂的信仰却得到了前所未有的加固。一方面,我们被一种一成不变的、决定论的、没有惊喜的、死气沉沉的生物学观点影响;另一方面,由于生活质量的提高,人类的第一要务露出真面目:通过做一些没有实际作用、看似毫无意义的事获得快乐。依常识来看,借助生物学原理来解释人类行为成了注定失败的挑战:人类从未像如此需要非物质要素或者灵魂。

21世纪是充满惊喜的世纪。出乎众人意料的是,科学将向我们展示,当代人对于自由的追求——为娱乐而活——也可以完完全全用生物学解释。

热力学的奴隶

自古以来,所有生物无时无刻不在进行的捍卫自由的战争将它们和一种决定能量分配的物理定律——热力学定律——对立起来。这场性命攸关的战争非常关键。如果我们没能在战争中获胜,那么其他的一切就都无从谈起了。如果连生命都丢了,自由思考和娱乐又有何意义!然而生命最可怕的对手既不是杀虫剂也不是极权体制,生命真正的敌人是热力学第二定律——不可逆转的"熵增原理"。地球万物与该定律的斗争始于数十亿年前,从这个星球上刚刚出现生命的那一刻就开始了。

我知道,如果一本书开始谈论物理或者热力学,大众的第一反应肯定是啪的一声合上书,然后后悔自己为什么要浪费钱买它。物理学有时候确实有点复杂,但热力学第一和第二定律绝非如此。这两条定律旨在描述能量和熵的变化,描述这个世界中的有序与混乱。人类的生活一直伴随着有序与混乱,我们每天都在受其支配,但大家并未意识到它们与热力学相关。在将这本书束之高阁之前,请给我几页纸的时间,让我给你好好讲讲这件事。因为个中道理真的非常简单。

·从无穷无尽的能量到不可抗拒的无序

所有人都听过这个准则:能量既不会凭空产生也不会凭空消失。由于我们都是巨大的能量消耗体,这应该算件好事。当然,大概也正因如此我们才能记住这句话。其实这就是热力学第一定律——一个让人安心的理论，因为它让人相信我们永远不会失去我们的能量资本。甚至有人因此而质疑环保运动，因为这些运动要求我们节约能源、避免灾难的发生。所以环保主义者是在瞎担心吗？

当然不是。他们的担忧合情合理，理由就包含在热力学第二定律中。除了大自然的保护者，大概没人记得热力学第二定律吧。根据第二定律，能量虽不会凭空消失，却会向着越来越分散的状态发展，换句话说，能量的可使用度越来越低。好了，你刚刚读过的内容就是热力学第二定律导致的最主要后果。它显然比第一定律更悲观，但是它更接近人们对现实的认知。只需要环顾四周或者读一读报纸就可以了解到，人类社会越是进步，可利用的能量就越少。确实，能量本身不会消亡，但是随着能量的使用，它会逐渐耗散，变得越来越难以被利用。

比如，用类似木头或煤的易燃物生火烧水要比用太阳能简单得多。木头、煤皆属于能量集中的能源，而太阳能的能量则相对分散。使用前者生火，一根火柴就足以触发整个加热过程，但在第二种情况下，就需要拥有一种能集中太阳光线并使其聚集在一个固定的点上的高科技装置。

总而言之，环保主义者没有错。所有人都应该开始关注能源问题，因为虽然能源不会凭空消失，但人们越是利用它，它就越难为人所用。很快，我们可能就只剩太阳能或风能等能量分散的能源了。这些能源存量巨大，如今我们将其称为"可再生能源"，然而它们并非真的可再生。几十亿年后的某天，太阳也会熄灭。

能源的耗散与第二定律相关，即物质的混乱度的必然上升。热力学第二定律非常重要，但它不像第一定律那样尽人皆知。确实，乍一看，能源的耗散和混乱度升高之间并无必然关联。但是，当人们从物质中提取能量并加以利用时，实际上就是在分散物质。请不要忽视，咱们得通过敲碎、燃烧或者使某物爆炸才能使蕴含其中的能量得以释放。也就是说，物质被分割成了更小的单位，这样一来混乱度就增加了。冬天，人们在壁炉里生火，烟会从烟囱排出，并且最终消散在大气当中。其实烟就是燃烧的木材被分割成的更小的单位。还有一部分木材留在了烟囱的管道里，它们变成布满烟道的油垢，最后还有一部分会变成灰烬，就是壁炉里需要定期清除的残存物。

再说一个生活中常见的例子吧。你给车子加满油，然后出门旅行。在行使的路程中，你一直在燃烧汽油，或者更准确地说，你一直在让汽油爆炸以释放能量，这样你才能继续前进。行驶一段时间后，油箱空了，你就得重新加油。但汽油跑到哪里去了呢？在转化为能量后它们就消失了吗？很遗憾，事实并非如此。构成汽油的物质一直都在，只不过它们变成了更小的分子——大量的二氧化碳及其他微粒。你在整个行程中一直在排放这些东西。所谓的大气污染其实就是人们在使用某一蕴含集中能量的物质时，该物质形态变化的结果，汽油、煤、木材等皆是如此。

为了量化能量的混乱度和耗散，"熵"的概念被引入。熵即对混乱程度的度量。这一概念是热力学第二定律的核心，第二定律中说："熵的总量，即混乱度永远在上升。"该定律导致了一个令人非常震惊的结果——我们无法建立秩序。

众人皆可感知能量的耗散，但是绝大多数人应该无法接受"熵增"的概念。人们会说：我们每天都要花很多时间整理卧室、客厅、餐厅和厨房。整理的过程费力劳神，但效果立竿见影。因此秩序可以被建立，而且我们每天都在做这件事。那热力学第二定律是在胡说八道吗？

认为秩序可以被恢复的观点半对半错。在某一空间范围内，混乱度确实可以降低，比如在卧室或者厨房中。但是在某一个特定地点建立的有序性或熵的减少必然会导致在收拾整齐的地点周围出现更大的混乱。因为，请相信我，熵——或者说混乱度的总量——只增不减。确实，间接的混乱度增加有时无法被直观地感知到，因此你并不认同熵增原理。你肯定会说，厨房被收拾好了，但卧室和客厅也并不会比以前更乱啊。那是因为你看得不够远，这说到底是一个焦距问题。这一次，我们无须对准几千年甚至几百万年以前，也不用研究从皮米（10^{-12} 米）到米之间的数量级，那已经超出了我们的认知范围。这一次，操作很简单。你只需聚焦屋外，看看你家门口。因为当你收拾家里的时候，通常混乱都是在家门口出现的。

你误以为成功地恢复了秩序，但这团掩盖真相的迷雾很快会消散，伴随整理出现的混乱很快会现形。当然，大部分时候所谓的"混乱"被装在了塑料袋或者绿色、黑色、黄色的大垃圾桶里。另外，"混乱"还会定期消失。多亏了专业工人，甚至是专门为了管理你收拾房间产生的"混乱"而出现的工业部门，街道才能保持清洁。我们极少和这些终结混乱、创造秩序的"骑士"们打照面，因为他们通常在夜里工作，驾驶着会发出很大噪声的奇怪车子在城市中兜兜转转。这些"骑士"让垃圾消失不见。若"骑士"罢工，只需在一周后去街上转转就能意识到他们的工作具有多么重大的意义：成堆成堆腐烂的垃圾会营造出世界末日般的场景。

注意，你若再调一次焦距我们又可以得出另一个结论："骑士"们也未消除混乱（没有人能消除），他们只是将混乱移送到更远的地方了，但归根结底还是增加了混乱的总量。所谓"眼不见为净"，唯一的解决办法就是将制造出的混乱送到看不到的地方——垃圾场。当然，也可以把垃圾焚毁，让它们彻底消失。但这也是痴心妄想。和前文中提到的汽车里的汽油、壁炉里的木材一样，焚烧垃圾会导致所有物质分散到大气当中，变成一种污染。我们创造出的混乱的终极形态可能无法轻易地用肉眼观察到，但它的的确确存在，并渐渐让我们感到窒息。

·为了生存甘作熵奴

既然我们无法做到在恢复某处秩序的同时不在另一处制造无序（也就是熵），现在让我们一起想象一个实验——创造生命。

为了完成实验，我们需要三种东西：一支可以释放无限能量的魔法棒、一个熵的计量器、为了形成某种生物所需的所有分子。咱们就做个缅因猫吧，因为我喜欢。首先，将组成这种大猫的分子都放到实验台上。那场面肯定相当混乱，因为我们面前摊着的是成兆的分子。此时，熵计数器达到极值。之后，拿起魔法棒。挥动第一下，让所有分子有序排列；挥动第二下，让分子相互结合；挥动第三下，为这只漂亮的生物赋予生命。好了，猫做成了。对于这只活着的动物来说，它身上分子的有序程度肯定比先前分子随意散落在桌子上的时候高得多。因此，此时混乱度无疑是下降了，指向猫咪的熵计数器的指针应指向最低位。这怎么可能呢？熵不是不能下降吗？你一定已经知道答案了：只有在消耗（耗散）巨大能量后（多亏了我们的魔法棒），熵才会下降，与此同时，在其他地方会产生更大的熵。

我们继续。去抱回咱们刚刚创造出来的猫，它已经开始在厨房里四处探索了。还把它放回桌上。根据前文的理论推测，这只猫应该很快会解体吧。因为前文中反复强调，熵只会一直增加。这只漂亮的动物熵值很低，按照逻辑，它应该会很快解体。桌子上理应渐渐出现成兆的分子，此外，熵计数器上的数值也理应渐渐提高。但事实并非如此。缅因猫还是活得好好的，它甚至试图逃走，继续它的探索，并为提高房间里的混乱度出一份力。

猫能继续存活是因为和其他所有生物一样，它由许多非常小、能够产生熵的"机器"组成。这台机器其实是一种蛋白质，被称为"酶"。酶可以将大量来自外部的物质打碎，增加其混乱度。这些小"机器"可以在它们周围的环境中提取维持生命所必需的能量。它们的工作肉眼不可见，但24小时不停，全年无休。因为一旦"机器"停止工作，那只缅因猫很快会分解，重新变回散落满桌的分子。

为了让这一结果更有说服力，让我们一起完成实验的最后一步。还得先把猫找回来，放在桌子上，这一次得将它和周围的环境隔绝。

很容易，只需用密封的玻璃钟罩把它扣起来就行。结果无须多言：它很快会死。为了使熵增加，生命极度依赖周遭的环境，一旦我们将它和环境隔离开来，它就会快速死亡。将猫隔离，就意味着阻止它增加周围环境的混乱程度，这样一来，它唯一可以增加混乱的地方就是自身。于是，构成猫的身体的分子会逐渐分解，最后猫会死亡。

在宇宙中，混乱程度只会不可逆转地上升。熵值很小的生物因此不得不进行大量的活动来提高周围环境里熵的总量。我们之所以如此依赖环境中的某些要素，并不停地破坏它们，其实就是为了能存活下去。而我们拥有的满足这种依赖的能力，也是人类物种的一大艺术，为我们提供了自由的感觉。

· 低熵"机器"制造大混乱

人体内生产熵的"工厂"主要由蛋白质构成，即各种酶。这些"工厂"使我们得以继续存活。酶分布于细胞内部，特别是在线粒体当中。这种细胞器是真正的细胞工厂，它的目标是生产一种被称作 ATP 或三磷酸腺苷的分子。该分子在线粒体中一经合成就会扩散到整个细胞。ATP 是一种非常重要的分子，因为它是通用的细胞燃料。为了生产 ATP，细胞工厂会将体积较大的分子"打碎"，从而制造更大的混乱度——熵。

ATP 是一种体积很小的有机分子，由腺嘌呤和三个磷酸基团连接而成。ATP 每失去一个磷酸基团，就可以释放能量，其熵值增加。这些能量不仅可以用于使细胞继续工作，还会用于支持细胞再生。事实上，构成细胞的蛋白质的生命都是有限的，和宇宙中所有的物理元素一样,它们会不停分解以便提高熵值。因此,我们不得不借助氨基酸使其不停再生。氨基酸是构成细胞的最基础的组成部分,可以从食物中摄取。可以说,"打碎"ATP释放的能量让我们的分子保持在凝聚状态,也就是低熵值的状态。如果没有ATP,一切都将终止。所有人,包括那只猫,都会快速解体。

为了生产ATP,细胞工厂会用到环境中的三种要素:空气、水和食物。这些东西对我们来说必不可少,人类对这三种东西有极高的依赖性。

我们呼吸的空气其实是各种气体的混合物。人体内的细胞工厂主要会用到被称作氧气的气体,更准确地说是会用到由两个氧原子相连构成的氧分子(O_2)。我们饮用的水从本质上说由某种更小的分子构成,该分子(H_2O)由两个氢原子和一个氧原子构成。水分子对于人体内"熵工厂"的正常运转也非常重要。H_2O分子内部连接并不紧密,因此导致该元素不太稳定。人体从摄取的食物中提取三大类分子:脂类(油脂)、糖类(糖)和氨基酸(构成蛋白质的基础成分)。这三类分子都由大量的碳原子和氢原子构成,根据分子种类的不同,还会含有数量不等的氧原子、氮原子和硫原子。这些被称为有机分子的分子与氧分子或水分子相比体积更大。这也是为什么有机分子只能在生物体内见到,因为生物是唯一可以合成该分子的有机体。因此,我们必须进食才能生存下去。

空气、水和食物并不是相互独立的三种材料,人体内的"熵工厂"和"ATP合成工厂"需同时使用这三种资源。能够合成ATP的最基础要素是脂类和糖类。这两类分子通过逐渐分解、转化，在许多连锁反应之后最终形成ATP分子和二氧化碳。为了分解糖类和脂类继而合成ATP，细胞工厂需要用到水和氧气。

水是人体最主要的组成部分。在一个体重70公斤的人体内有45公斤的水。绝大部分的水（70%）分布于细胞内部，还有一部分（20%）在细胞外，另外，血管和淋巴管中也有水（10%），借助淋巴管和血管，水可以在整个人体中循环。

水以各种方式参与到人体内"熵工厂"和"ATP合成工厂"。水是酶的运输通道，为它们提供了分解脂类和糖类的场所；水还可以直接参与脂类、糖类的分解过程，将它的氢原子和氧原子贡献给可以生成ATP的各类反应。然而，水分子中蕴含的氧原子不足以支持分解脂类和糖类从而生成ATP的各类反应。因此，我们需要从空气中获取氧分子，并通过血液将这些氧分子运输到各个细胞中。此外，水可以帮助排出脂类和糖类被酶分解后产生的废料，以及在细胞的再生或工作过程中ATP分解所产生的废料。所有废料都由血液中的水运输，其中一部分被肾脏过滤并通过尿液排出体外，CO_2则通过呼吸从肺部排出。

为了更好地理解人体如何产生熵、提高混乱度，我们可以再用汽车打个比方。汽车需要汽油作为能源，它借由空气中的氧分子使汽油爆炸。该反应产生了动力，同时产生了CO_2和其他废料。同理，人类通过分解糖类和脂类分子获取维持身体运转的能量。为此，我们也需要空气中的氧分子，也会排出CO_2和其他废料。像汽车一样，在每日的生活中，我们一直在排放废料，并在我们周围制造大量的混乱。

汽车和人的情况非常相似，我们不禁发问，汽车使用的汽油是由什么构成的？构成汽油的是被称作碳氢化合物的有机分子，它拥有长长的碳链和氢链。碳氢化合物与脂类、糖类分子类似，唯一的区别是：它不含氧。碳氢化合物是石油的衍生物，石油则是一种化石燃料，由埋藏在地下的生物残骸经上百万年的转化而来。

至此可以看出，人类和汽车有点类似。二者都需要"燃料"，后者都由源自其他生物的有机大分子构成。只不过对于人类来说，这种生物一般死于一周之内，而对于汽车来说，它们几百万年前就已经变成化石了。和汽车一样，人类为了产生能量也需要氧气，最终也会排出同样的污染物——臭名昭著的 CO_2。我们和汽车最本质的区别在于：汽油和水不互溶，而水对我们人类的新陈代谢却非常重要。

生物性解救了我们这些"熵奴"

为了使人体的熵值维持在一个较低的水平上，也为了能够继续生存下去，人类完全依赖空气、水和食物。因为不论我们少了这三种要素中的哪一种，都会很快死亡。也许正是我们的生物性与这个"奴隶"身份的抗争构成了所有人类行为和大部分人类文明的核心支柱。

人类显然无法完全摆脱对空气、水和食物的依赖。因此，我们想出了从这种无法消除的奴役中解脱出来的唯一策略——最大程度地满足对这三种东西的需求，营造出不再有需求的假象。的确，我们只有在缺乏三要素时，才会表现出对其强烈的依赖性。如果它们一直唾手可得，依赖性仿佛就不存在了。因此，为了摆脱对空气、水和食物的极端依赖，我们一直让这三种东西保持充足的状态。

·空气、水和食物

想要脱离环境，理解行为的发展及其生物属性是不可能的。事实上，如果说生态通过其永恒的变化为我们提供了多种多样的结构，那么环境就是真正的幕后支配者，它决定了哪些结构才能持续存在下去。

我们经常会被周围一些美丽、高雅、几近完美的生物结构吸引。但是，我们通常会忘记，所谓的完美结构并非生物的绝对和固有属性。事实上，环境决定一切。只需稍加改变，一切美好都可崩塌。

为了更直观地解释这一问题，我们以你最近的一次海边度假为例。海边的沙滩上，天气晴好，温度适宜，更完美的是你前一晚偶遇的那位美好的人儿正在跟你分享他/她的爱好和憧憬。你闭着眼静静地听着他/她的话，任由他/她嗓音的韵律轻抚着你，感受着他/她那充满神秘感的语调中的细微起伏。

过了一会儿，炎热的天气让你想要邀请他/她一起去潜水。然而开始潜水后，所有的声音都消失了。在水下，他/她的口音、他/她的声音像被施了魔法一样全都消失了。你什么也听不见，原因是你是陆生动物，你的耳朵只发展出了解码空气震动的能力。在液体中，你的耳朵就失灵了。但是其他生物，比如海豚，就可以在水下听到几公里之外的声音。

这个例子很好地论证了以下观点：一切生物都在环境中发展，如果不将环境这位"统筹者"的特点考虑进去，我们就无法真正地理解生物。但是要考虑哪种环境呢？是要考虑250万年前智人出现时的环境吗？当时的人类只是一群狩猎采集者，在环境面前束手无策。水资源，特别是食物资源非常不稳定，其分布和变化很难预测。我们的生理系统为了适应这些问题不断进化。

250万年前的情况和如今相比肯定是天壤之别，特别是同食物充足的西方国家相比。因此，想要理解为应对基础需要而产生的原始行为，就必须脱离此时此刻的生活环境。这一步有点莫名其妙，却是必需的。为什么？因为人类的食物来源稳定下来的时期与整个进化时间相比太过短暂，几乎可以忽略不计。人类在1.5万年前才成为畜牧种植者，开始掌握各种资源。150年前，借由技术革命，我们最终进入了资源极度稳定的现代。为了更好地对比这三个时间段，不如将持续250万年的资源不稳定时期想象成一小时，依此算法，1.5万年的畜牧种植时期就相当于21秒，持续150年的现代只相当于0.21秒。和整个生物进化的过程相比，这就是一眨眼的工夫，短暂到难以察觉。

因此，人类的一切行为都是围绕对空气、水和食物的依赖而展开的，而这些要素都是不受人类控制的。为此，人类适应了这三种资源在时间和空间上的分布，或者说适应了它们的熵值。事实上，资源的熵值越高，意味着它的数量越大，越易被发现和获取。相反，资源的熵值越低，就意味着它越稀少，越不易被发现。不难看出，人类行为的复杂性、储存资源的能力和自主时间，与资源的熵值成反比。以空气为例，作为一种熵值很高的气体，人类对它的管理十分简单，储存空气的能力较弱，脱离空气后的自主生活时间较短。相反，以由其他生物构成的食物为例，它的熵值较低，因此人类获取食物的行为更加复杂，储存食物的能力较强，脱离食物后自主生活的时间较长。

· 呼吸要趁早

空气中的氧分子是熵值最高的资源，因此，人类储存氧气的能力极低，只能随用随取。如果没有氧气，人类只能存活几分钟。之后，人体会经受不可修复的损伤，最终死亡。无须为我们未能进化出储氧能力而感到意外，因为在陆生动物所处的环境中，大气中的氧气唾手可得。我们不会储存氧气并不是因为做不到，仅仅是因为没必要。与你我不同，海洋中的哺乳动物大部分时间生活在水下，它们已经具备了储氧能力，在没有新的氧气供给的情况下，它们也可以存活一个多小时。

氧气无处不在的特点使得人类进化出了一种无意识的吸氧行为，该行为依靠位于大脑最底部的脑干里的神经元进行。神经元的活动遵循一定的节奏，可以让它们自动在活化和未活化两种状态之间切换，完全不受外界信号的影响。当神经元活化时，肋间肌和横膈膜收缩，开始吸气。几秒后，呼吸神经元暂停活动，相关肌肉放松，呼气开始。呼气过程结束后，上述过程会自动循环。

虽说呼吸是一种自发行为，它的节奏和程度大小却是由很多信号控制的，这些信号使呼吸强度随着我们的需求而改变。借助大脑皮层，我们可以有意识地改变呼吸的频率；借助大脑中的另一个区域——下丘脑，我们可以使呼吸频率与情绪状态相匹配。另外，当我们预感空气会变稀薄时，一系列复杂的行为就会被激活。人被囚禁在密闭空间是悬疑电影中经常出现的桥段，被囚禁的人会采取各种方法自救：他们要么像无头苍蝇似的试图在绝境中寻找空气；要么会杀死其他人，以便延长剩余空气的使用时间。然而，对这种拥有自主节奏的行为来说，最主要的调节因素其实是氧气和二氧化碳的含量。脑干和主动脉上的特殊受体会对上述两种气体的含量进行估算，当氧气量下降（低于75—95毫米汞柱）、二氧化碳量上升（高于32—42毫米汞柱）时，呼吸的频率和程度都会加大。

综上所述，我们对于空气的依赖被一种有节奏的自发行为满足。这种行为完全不受意识的操控，在空气出现短缺之前就会自动触发。因此，呼吸行为旨在提前满足人类对氧气的需求，而非在需求产生后予以回应。某些活动，如剧烈的体力劳动，会导致呼吸行为的细微变化，但是任何外部因素都无法决定或终止呼吸行为。

· **饮水要适量**

水的有序性相对较高，因此它的熵值比以气态形式存在的空气低。水作为液体虽不像空气一样无处不在，但其分布也相当广泛，至少在已经进化出生命的地球表面是这样的。另外，水的储量在时间和空间上相对稳定，毕竟江河湖海不会每天都改变位置。

如空气一样，人类也无法在真正意义上储存水，但是我们身体中含有大量的水，人体对水的消耗相比空气要慢得多。因此，在没有水时，人类自主生活的时间较长——把一个人渴死至少需要两到三天。人类对于水的依赖无须由持续不断的无意识行为来满足，毕竟我们没必要一直喝水，只需要在感到口渴的时候饮水即可。

因此，喝水不是自发行为，而是一种有意识的行为。为了应对身体中水的减少，我们会去寻找水源并饮用水。

根据不同情况，大脑借助两种不同的机制评估我们对水的需求。如果是因出汗导致水的流失，大脑探测到的警示信号是细胞外液浓度增加。事实上，人体中的水不只包含水分子（H_2O），还有盐。盐浓度需要维持在一个相对精准的数值上才不会出问题。出汗时，流失掉的水分子多于盐分子，由此导致盐浓度上升。在其他情况下，比如出血时，体内流失的水分子和盐分子一样多。因此，第二种机制通过探测血压的变化来警示体内水含量的变化。不论是上文提到的哪种情况，人都会想喝水，同时会减少肾脏的液体代谢，在必要时，人体甚至会收缩血管，以保证最长时间的脑部供血。

脱水会在大脑中产生一种极不舒适的感觉——渴。随着缺水程度的升高，口渴的感觉会变得越来越难以忍受，人们会寻找并饮用水以便消除这种不适感。可以肯定的是，一场体育运动后，或是在烈日下暴走之后，抑或是在长时间驾车后，喝下一杯凉水，瞬间就能体会到一种纯粹的幸福感。饮水行为本身并不意味着快乐，然而消除口渴带来的不适感会令人愉悦。事实证明，在不渴的时候喝水不仅不会让人快乐，甚至会产生不适感，让人喝不下去。在不渴的时候喝水会刺激大脑中的某些区域,如和恐惧相关的小脑扁桃体以及其他与痛苦相关的区域。只有在口渴时喝水,才能激活大脑中负责快乐的区域。

· **进食要愉悦**

在人类赖以生存的三种资源中,缺少食物时,人类的自主存活时间最久。大约要 40 天不进食,人才会饿死。如此长的自主生活时间主要是由于人体可以储存从食物中摄取的糖类和脂类分子,尤其是后者。从其他生物(人类食物的来源)上获取的化学成分的熵值相比空气和水要小得多,因此,比起空气和水,食物要"稀少"得多。此外,食物在时间和空间上的分布也不固定。某天在某地看到了一个猎物并不代表隔天在同样的地方还有猎物存在,这一点与江河湖海截然不同。储存食物的能力大大提高了人类存活下去的能力。

为了从食物中获取能量,我们不得不对其加以储存,于是人类发展出了两个相互独立却又彼此相关的系统,它们决定了我们何时进食及为何进食。第一个被称作内源稳态系统,其运行机制类似于控制饮水的生理系统。该系统的激活会刺激进食,以应对食物匮乏导致的不适感——饥饿(与口渴性质一样)。第二个是外源稳态系统,它会导致我们在食物充足的情况下过量进食。

原则上,内源稳态系统的运转机制和刺激饮水的生物机制类似。它帮助人体内部环境恢复平衡状态,并且将这个平衡状态保持下去。但是相比饮水,进食的内源稳态系统的复杂程度略高,原因是与水不同,能量来源可以被以脂肪的形式储存在体内。因此,内源稳态系统的一个组成部分可以探测体内葡萄糖的水平，它会在葡萄糖含量较低时刺激进食，在葡萄糖水平恢复正常时抑制进食。换句话说，当我们产生进食需求时便开始吃东西，当进食需求被满足后，进食行为随即停止。这与维持水、盐浓度平衡的方法一样，是传统的保持体内平衡状态的方式。

然而，根据体内已有脂肪量调控饮食也同等重要，其目的是让体内的脂肪量相对恒定。为此，第二个机制如同变阻器一样，将体内储藏的脂类含量传输给葡萄糖感受器。如果脂类储量低，它就会加大葡萄糖感受器的活动，反之则会降低其活动性。所谓的"变阻器"就是由脂肪组织分泌的瘦蛋白，其分泌量随体内的脂肪储量而变化。

外源稳态系统的运转机制似乎有些自相矛盾，因为它会让我们不受需求的调控，一看到食物就进食。为了更好地理解这件事，我要再次提醒大家，人类的生物性状是几百万年的演化结果，在此期间，人类无法控制环境，也无法控制食物来源，往往吃了上顿没下顿。外源稳态系统正是在这种情况下应运而生的，它的出现是为了让我们有能力储存糖类，特别是脂类。外源稳态系统和内源稳态系统一样，都是为了帮助人类弥补某种资源的匮乏，只不过与后者满足的现时的、内部的匮乏不同，前者的作用是满足将来的、外部的匮乏。因此，外源稳态系统的作用是帮助我们进行资源储备，以便预防潜在的短缺。

怎样储存呢？很简单，就是在不饿的时候进食，也就是说，让进食量超过身体需要的食物量。外源稳态系统让人只要看到食物就想饱餐一顿。在前文对水的介绍中已经提到，当我们的摄入量超出需求量，即超过平衡状态时,就会产生不适感。外源稳态系统因此配备了一个"动力马达",该马达的运转不仅不受平衡状态影响,并且能在平衡被打破时仍给人提供舒适感。这个马达就是愉悦感,也就是人类享乐主义的通俗说法,它可以使偏离平衡状态所带来的感觉舒适化,让过量状态变成生理性的。

换句话说,正是愉悦感让人体有了储存食物的能力,继而让人类在不受控的环境中存活下去。难怪人类会发明如此多的烹饪方式和技巧,只为提高食物带来的满足感。厨艺这门在个别国家过度讲究的艺术,并非微不足道。愉悦感催生了储存食物的能力,因此,食物越能取悦味蕾,人的摄入量就越大,也就能从中摄取越多的脂类和糖类,人在缺粮状态下存活下去的概率就越高。

超越平衡状态会引发不适感,愉悦感能克服这种不适感。请大家一起想象以下场景:当你感到口渴的时候,你去喝水喝到不渴为止。歇一会儿之后,你要强迫自己再喝两杯水。这确实不容易,但还是能做到的。15分钟后,请再喝一大杯水。此时,饮水应该变得相当困难了,甚至根本无法完成。仅仅想到"喝水",就足以引起你巨大的不适感。现在,让我们往水里添加一点"愉悦感"。怎么加?给水添加一些食物的特性即可。只需要加点糖,特别是葡萄糖,或者加点植物的香味,抑或设法让水的质地浓稠一些,之后就是见证奇迹的时刻了。其实不用这么费劲,只需要往杯子里倒入可口可乐、法奇那(Orangina)橙味汽水、怡泉汽水或者随便一种苏打水就行,事实上,这些饮料都是按照我刚刚介绍的配方调制的。现在,请你试着饮用它们。突然,"喝水"的难度降低了，你可以毫不费力地饮下这些液体，甚至非常开心。即使可口可乐总的来说还是水做的，但通过给它加上一些食物的特点就足以让外源稳态系统掌握控制权，该系统让我们能够超量饮水，即使超越了体内的平衡状态也完全不会引发不适。

让我们再想象另外一个和食物相关的场景。你到一位来自法国西南部的朋友家做客。晚餐的头盘是半熟鹅肝配无花果酱，味道极佳。主菜是用波尔多波亚克红酒炖制了7个小时的巴扎斯羊肩肉，配菜是鸭油牛肝菌煎土豆。餐后按惯例要吃奶酪，有发酵15个月的弗朗什－孔泰干酪、比利牛斯山的山羊奶酪，当然也少不了黑松露布里奶酪。奶酪自然要搭配各种蔬菜嫩芽制成的沙拉一起享用。晚餐进行到这一步，你已经吃得很饱了。此时，到了吃甜品的时间。你的朋友拿来一筐昨天吃剩的面包，他递给你一小块，并强调说刚刚摄入了那么多蛋白质和油脂，吃点儿碳水化合物有益健康。很明显，所有人都会推说自己一口也吃不下去了。那么，让我们把这堆剩面包换成由黄油和焦糖制成的小饼干，上面涂满巧克力酱，再撒些核桃碎。会怎么样呢？只是看一眼，你就要流口水了吧。最后，你吃了足足两块。这是怎么一回事呢？这一次，又是外源稳态系统的功劳，它让你毫无痛苦地打破了能量平衡。不仅毫无痛苦，你甚至是开心的，或者更准确地说是愉悦的。

愉悦感产自大脑中的特殊结构，正因它们的存在，人们才可以忍受不平衡，继而应对未来可能出现的食物短缺。我们需要储存能量才能继续生存。通常情况下，愉悦感非常短暂。但是为了获得愉悦感而进行的必要努力、实施的必要行为可能会延续几个小时、几天甚至更长的时间。在感到口渴和饥饿时，若忽视对水和食物的需求，不适感将逐渐加剧。因此，我们会努力消除由资源短缺造成的痛苦。但当外源稳态系统起主导作用时，进食就不是为了回应某种需求，而是为了储存能量。因为此时，资源并不匮乏，只是因为食物带来的愉悦感会吸引我们继续进食。若想引得我们不计时间成本地去追求它，这个转瞬即逝的愉悦感就必须是一件千金不换的事。这话听上去就略显夸张，事实也确实不是这么回事儿。

因进食而产生的强烈的愉悦感与一组神经递质有关，即脑啡肽和花生四烯乙醇胺（ANA）。此处是指阿片系统的脑啡肽和内源性大麻素系统的花生四烯乙醇胺。由位于大脑基底节区的伏隔核和腹侧苍白球释放，能产生愉悦感。

除此之外，还有一个生理系统专门负责产生一种更微妙、更难以察觉的愉悦感——追寻的愉悦感。这种脑部系统在前文中已经出现过了，即可以产生多巴胺的中脑多巴胺能系统。更确切地说，正是这类神经递质的增加使得追求享乐的过程本身变成了一种快乐。你还记得在前文中讲过的牛角面包的故事吗？多巴胺的参与与否将决定你是否将买面包这件事看作苦差事。因此，不同于普遍的认知，多巴胺并非由美食引发的快乐神经递质，而是产生于追求愉悦感的过程。它是一种更隐秘的快乐递质，人们几乎不会注意到它。

综上所述，面对食物，人类拥有两种互补的生理系统：内源稳态系统负责弥补现时性的失衡状态，如调节饮水。它是我们饥饿感的来源,通过刺激进食来弥补内部资源的减少。一旦补充完成,它就会通过饱腹感提示我们停止进食。外源稳态系统则试图预防尚未发生的食物短缺。它借助"愉悦感"这一利器刺激我们储存能量。所有人都是愉悦感的采集者,也是它的奴隶。它刺激我们追求过剩状态,但也多亏了这种口腹之欲,人类才能生龙活虎地立于天地之间。

· 皆源于"自稳态"

内源稳态和外源稳态的发现促使我们不得不改变对"自稳态"的理解。自稳态曾经是20世纪为解释生命活动提出的最重要的概念之一,用于描述每个机体为维持正常运转而保持的平衡状态,机体虽然可以暂时远离这个平衡点,但总会快速恢复。

类似于"自稳态"这样的专业术语之所以有用,是因为它们可以将原本需要一段话才能解释清楚的概念浓缩到一个词。然而,专业术语也有一个致命缺点:死板,专业术语的更新速度永远跟不上知识的更新速度。有时,由专业术语引发的混乱可能会大于它们曾经起到的简化作用。以第一批汽车为例:它们都配备(推进式)发动机[7],靠后轮驱动。这也是为什么如今"推进"一词在日常用语中经常用来表示使某物或某种交通工具前进的意思。然而,随着科技的进步,后轮驱动几乎被淘汰了。如今的汽车要么是四轮驱动,要么是前驱,即由前轮带动行进。但"推进"一词被保留在发动机名称中。坦白讲,对于

---

7 在法语中,汽车的发动机会被叫作"推进式发动机"(moteur à propulsion)。

汽车领域，这不算硬伤。然而一旦涉及科学，事情就复杂了。如果你想在后轮上找到一辆前轴驱动的汽车上的推进机制，那你可能一辈子也找不到。

如今，"自稳态"这一术语面临的问题和谈论发动机时提到的"推进"一词的问题类似。事实上，最初被发现的自稳态机制都和内源稳态系统类似。也就是说，它们都是通过激活某个生理系统来应对匮乏，弥补这种短缺，并在完成补充时抑制这个生理系统。自稳态系统具有使机体保持平衡状态的作用，而内源稳态系统是通往平衡的途径之一，因此，将这两者混为一谈也情有可原。换句话说，人们曾经认为内源稳态系统是实现自稳态的唯一机制，因此才会将两者看作同义词。有人可能会说，这也没什么大不了的。但是当人们发现在饥饿感消失后还可以继续进食的时候问题就出现了，这一发现意味着生物性允许我们做超出额定范围的事。因此，我们将其定义成"非自稳态"。由于非自稳态从其定义来看并不具有任何生理功能，因此这种生理系统一直被视作无关紧要的畸变，一种生理"偏差"。由此导致的结果是，没有人研究所谓的"非自稳态"。毕竟，偏差——大自然的错误——有什么研究的必要呢？

这种想法导致了很严重的后果：当快速加剧的肥胖问题严重影响人类社会时，人们还坚持认为内源稳态系统才是进食的主要动力。人们曾经尝试通过在内源稳态系统上进行必要的操作来治疗肥胖，即通过抑制饥饿神经元或者刺激饱腹感神经元来解决肥胖问题。结果众所周知，毫无效果。除了很难坚持下去的节食法，直到现在还没有出现任何一种治疗肥胖症的有效疗法。现实如此并不值得大惊小怪，因为当代社会中的肥胖问题与内源稳态系统并无关联，主要是由外源稳态系统造成的。这一点我会在后文做详细介绍。

是时候改变一下专有名词"自稳态"的用法了。我们不能再用它来描述帮我们保持平衡状态的某一机制，而应该将意义延伸，用来指代生理系统为保证机体的理想运转状态进行的所有努力。以空气、水和食物这三种能量来源为例，由三种不同机制共同作用来维持自稳态。

预稳态专门负责熵值高的资源（如无处不在的、密度恒定的空气）。在这种情况下，自稳态机制并非为了满足某种需求，而是通过自发的激活或抑制来预防氧气的短缺。

内源稳态负责水和食物的摄取。该机制适用于中等熵值的资源，比如水，它不似空气般无处不在，但是从时间的角度看，其存量稳定且可预测。一旦资源缺失，内源稳态系统即被激活，它刺激人们主动搜寻短缺的资源。一旦缺失被补足，该系统也将被抑制。若我们在资源已经足够的情况下继续摄入该资源将产生不适感。

外源稳态用于管理熵值极低的资源，即不易获取的资源。该类资源的存量在时间和空间上都不稳定，因此需要被存储。为此，需要超越平衡状态，达到生理上的过剩状态。为抑制因过度摄取产生的不适，外源稳态会调动愉悦感。愉悦感将掩盖由于过量摄入而产生的不适感，使不平衡和过量摄取对应幸福的感觉。

综上所述，预稳态旨在预防资源缺失，内源稳态旨在满足资源的现时性缺失，外源稳态则是为了应对资源在未来可能发生的缺失状况。

根据现实需要，这三种自稳态功能可以同时起作用。人类以自发自动的方式呼吸，但若开始跑步，人体需要的氧气量增加，在内源稳态系统的作用下，呼吸的频率会提高。再如，若我们被囚禁在山洞中，空气将越来越稀少，会出现短缺的情况，此时，外源稳态系统会触发一系列复杂行为，以便让身体提前做好准备以应对将来可能出现的空气稀缺。

从快乐地活着到为享乐而活

　　至此，大家都已明了：生物性围绕最重要的自由——生存的自由——展开。人类拥有对生存的渴望，从人类的基本权利宣言中可以看出，这种渴望被当作基本原则。相反，熵、外源稳态、内源稳态看起来似乎和人类的另一个重要的渴望——对快乐的渴望——并无关联。然而，现代的自由概念的基础要素就是追求幸福和快乐，并且人类为此投入了巨大的热情。各式各样的娱乐活动是该追求的具体表现，这些活动乍一看和人类生存或人类物种存续没有什么关系，有时甚至是相互矛盾的。安静地躺在沙滩上、享受阳光的温度、被低喃的海浪轻抚或者在夜店里跟着震耳欲聋的音乐和发疯的节奏舞动身体，我们为什么会对这些事着迷呢？这些活动是被什么样的机制操控的呢？

　　人类追求的娱乐活动形式多样，且娱乐活动缺乏明显的存在理由，因此直至今日，科学家们也没能为我们的享乐主义提出一条概括性理论。人类无法预言哪些刺激的哪些特点能够吸引自己。换句话说，人类无法预知自己的好恶。快乐的无规律性和无法预见性进一步加强了存在非物质要素的信念，而这种非物质要素的"渴望"超越了生物逻辑。

人类的行为和生物性围绕着对水、空气和食物的依赖展开（根据三种元素的熵值、稀有度及储量的可预测性演化出的生物性状），这一点的发现为我们提供了全新的视野。它让人类看似毫无关联的渴望有了意义，同时将这些渴望与生物性联系起来。

为了更好地理解这个问题，首先要提醒大家注意的是，人类的快感并非只有一种，而是两种，且这两种快感相去甚远。第一种快感由内源稳态系统产生，人们感到幸福是因为达到了内部平衡。第二种则由外源稳态系统产生，人们感到幸福是因为某些外部刺激给我们的大脑带来了愉悦感，与机体的内部平衡并无关联。

前文中水和口渴的例子便是典型的内源性幸福的一种。当我们弥补了水的缺失，使体内的水达到平衡状态时，由饮水行为引发的满足感便会出现，它会消除口渴带来的不适。水本身并不会让人愉悦，在超越平衡状态后继续饮水，甚至会让人不适。空气也一样。试着屏住呼吸，你的不适感肯定会越来越强，最终不得不张口吸气。此时，深呼吸会带来一种舒适的、天堂般的感觉。然而，和水一样，空气本身也无法生成愉悦感。如果你强迫自己加快呼吸的频率，也会产生越来越强烈的不适感。因此，水和空气都不是幸福感的源泉，它们仅仅是帮助重建内部平衡的刺激，而平衡状态才是幸福感真正的源头。

由外源稳态系统触发的活动导致的快感与前者不同，原因是为了储存食物资源，这一系统会使我们超越平衡状态。因此，由外源稳态系统产生的满足感由某些不受体内状态调控的行为刺激产生。不论我们是否吃饱了，甜点的美味永远不会改变，它带来的幸福感不会因机体已达到能量平衡状态而改变。在外源稳态系统的作用下，人们从甜点中获得的幸福感是某种物质或行为的固有属性，这种幸福感与对身体内不平衡状态的修正无关。在可以产生愉悦感的物质中，最为大众熟知的应该是糖、盐和某些脂类。这些物质被广泛用于食品加工业，生产者通过向食品中添加糖、盐和脂类刺激消费，同时，让消费者对商品欲罢不能。然而，单就这些食品低廉的品质来说，它们本不应有这么大的吸引力。

细想一下，享受有两种截然不同的层次这点并不足为奇。我们每天都能感受到这两种层次。在现代拉丁语族语言和盎格鲁-撒克逊语言中都存在两个单词来对应这两种幸福感：法语中有 *bonheur* 和 *plaisir*，意大利语中有 *felicità* 和 *piacere*，英语中有 *happiness* 和 *pleasure*……即幸福和快乐。在日常用语中，这两个词经常可以互换，但事实上它们准确地定义了两种截然不同的状态，为达到这两种状态，人体内的活动各不相同。另外，这两种状态对应的生物机制也不相同。幸福是内源稳态系统被激活后产生的享受感，而快乐则源自外源稳态系统的活动。

幸福是一种满足感，它来自一种平衡的状态，一种绝对的和谐。在这种状态中，我们的需求消失了，与周围的环境融为一体。因此追求幸福其实就是追求平衡状态，远离所有可能会打乱平衡的因素。若借用上文海滨度假的例子,躺在沙滩上晒太阳的满足感其实就是幸福。这种感觉源自我们的内部环境和外部环境之间达到的平衡状态,以及需求的消失。所有人都有过这种惬意的体验。我们都曾无数次地感叹:"真是太舒服了,不是吗?夫复何求!"旁边的人回复我们:"嗯,简直完美,躺着别动。"

与幸福相反,快乐是远离平衡状态,且通常是向着过剩的方向偏离。其中最具代表性的例子是性高潮。当然,在夜店跳舞、从滑雪道上全速滑下、吸毒和吃巧克力其实也都是不错的例子。快乐比幸福感强烈得多,但它完全依赖外部刺激。我们经常会问:"啧啧,这是什么啊?太好吃了!"而对方会回答说:"没错,简直是美味!你还想再来点儿吗?"

综上所述,当人体内达到平衡,所有的需求消失时,人就会感到幸福。当身体和大脑受到刺激而远离平衡状态时,人就会感到快乐。当感到幸福时,我们会尽量减少行为,将这种状态保持下去。当体验到快乐时,我们总是希望再体验一次,越多越好。因此,"幸福"一词用来描述由内源稳态系统产生的愉悦感,而外源稳态系统催生的感觉被称为"快乐"。

"由平衡带来的幸福"和"由过剩带来的快乐"体现在空气、水和食物这三种要素上,其中的微妙差异很容易被理解,因为我们依赖这些资源,它们对于你我的存活必不可少。相反,那些对人类生存没有任何意义的活动带来的幸福和快乐似乎略显神秘,毕竟这些活动除了能给我们带来幸福和快乐似乎没有其他任何作用。

对生存毫无意义、仅能给人带来愉悦感的活动激增的原因需要追溯到 5 万年前——人类认知能力爆炸式发展的时期。从那时起,人类开始将内源稳态系统和外源稳态系统用于其原始功能以外的事情,即人为激活这两个系统,以获得相应的感受。这也许才是人类和其他生物的最大区别:人类可以将"幸福"和"快乐"概念化。幸福和快乐由两种不同的生理系统催生,最初是为了帮助生命的存续,然而只有在脱离其初始功能后,这两种感觉才有了独立存在的意义。人们开始单纯地为了追求幸福和快乐而努力,并逐渐发现了脱离初始功能获得两种感觉的活动。如我们所见,这些活动多到不胜枚举。

人类可以将幸福与快乐同它们的演化目的割裂开来,将这两种感觉转化为独立存在的东西,也许正是这种能力构成了人类和其他生物的本质区别。该能力使我们从渴望生存的自由过渡到了渴望滑雪时俯冲而下的自由。然而矛盾的是,认知革命和智力爆炸的最主要外在体现是人类物种的极度肤浅。人类的行为开始变得抽象,抽象到人们不得不用一些同样抽象的概念,如鬼魅般的非物质要素,来解释自己的行为。幸运的是,如今终于真相大白:即使看似最无意义的事也是生物性的。

自由的生物性让我们变肤浅

《人权与公民权利宣言》中写到,每个人生而平等,都拥有生存的权利。事实上，同其他所有生物一样，人类也是环境的奴隶。热力学第二定律决定了人类对环境无法克服的依赖，该定律指出：在宇宙中，混乱度和熵值只能不可逆转地增加。然而，一切生命的有序性都非常高，因此熵值较低，它们若想存活就必须维持熵值的低位。它们唯一的办法就是从环境中摄取必要的能量，而这么做的后果是会提高环境中熵的总量。对于人类来说，这个过程需要借助三种对生命存续必不可少的要素来实现，即水、空气和由其他生物构成的食物。如果缺少这三种要素，我们将无法存活。

那么，从出生起就注定完全依赖环境的人类，为何会自以为自由呢？自由的感觉来自以下能力：我们的生物性完全适应了对环境的依赖，直至这种依赖性从我们的意识中消失。为此，人类发展出了越来越复杂的行为，这些行为由三种不同的机制触发，即可以提前满足需求的预稳态、能够满足现时需求的内源稳态和可以预防未来资源缺失的外源稳态。

现代人不只渴望拥有生存的自由。他们认为自由地争取幸福也是其基本的权利之一。现代人的幸福通常是由一些矛盾且缺乏理性的活动引发的。说它们矛盾是因为，人们喜欢的活动往往会导致相反的效果。说它们缺乏理性是因为，人们的大部分精力浪费在了对其存活毫无意义的活动上。

人类行为上的矛盾性源于两种相互对立的愉悦感：幸福和快乐。幸福，即体内的平衡状态，由内源稳态系统产生；快乐，即在某些刺激下远离平衡的状态，由外源稳态系统催生。

人类行为上的非理性则由智慧造成。认知革命后，人类将幸福与快乐概念化，从而让这两种感觉摆脱了其原始作用。幸福和快乐不再是仅仅能够让行为更惬意，吸引人反复做下去的感觉，它们变成了一种让人单纯因为其自身属性而想努力追求的东西。这是一个巨大的变化：人类不再依赖幸福和快乐的刺激而存活，我们开始为了获得幸福和快乐而活，并为此创造出了无以计数的活动。如今，自由不仅是生存的权利还是娱乐的权利，也就是能够获得纯粹的幸福和快乐的权利。当代的幸福与快乐没有任何附加目的，而是两种单纯的感受。

总而言之，生物性可以解释现代对自由的渴望，哪怕是最无意义、最矛盾的，曾经被我们看作非物质要素的属性的渴望。这种生物性没有为了将人性装进物质的模子而简化它，而是将曾经被误以为是非物质要素属性的特点具象化，让它们变得更真实。由物质构成的人性拥有的最大优势是：即使人性中最不合理的部分，如今也能被理解了。人们以为清楚地知道"我们是什么"以及"我们将会成为什么"，但事实上我们高估了自己的认知。而当代生物学却实实在在地为我们提供了相关知识。

2 生物性催生了两种存在方式

快乐和幸福构建了两极化的文明

有人喜欢在太阳下把自己晒得黝黑,有人喜欢跳伞或者观看斗牛表演……有人可能只期待能在米其林三星餐厅里美美地享用一顿晚餐。口味的咸淡、对颜色的喜好等因人而异,类似的例子不胜枚举。

尽管人类活动多种多样,但我们在组织行为、构建文明时遵循的基本原则屈指可数。首先是唯灵论和唯物论,它们是存在层面的对立的两端,决定了我们是什么以及我们的世界观。其次是进步主义和保守主义,它们是行为层面的对立的两端,指导着我们的行动方向,帮助我们选择自认为对社会最优的道路。虽然唯灵论者与唯物论者不同,保守主义者与进步主义者不同,但似乎保守主义者通常都信奉唯灵论,而进步主义者通常都是唯物的。这一推论只需环顾四周即可证实。不信教的保守派你见过多少?不尊崇无神论或不可知论的进步人士又有多少?应该一只手就能数过来吧。不论这四种立场如何组合,非常笃定于唯灵论的进步人士，或者完全不信神的保守人士都很罕见。

因此，一方面，人类在无数对生存毫无意义的活动中分散开来；另一方面，他们又聚集在存在和行为两大原则的对立点上。你认识觉得自己不属于上述任一类型的人吗？应该没有吧。我们似乎命中注定必须归属于这四种立场中的一个。几乎所有文化、所有社会都将人类进行如此划分，我们也都认为这是再正常不过的事。然而，换一个视角，比如站在一个刚抵达地球的外星人的角度，这种两极化似乎略显奇怪。一个在所有问题上都无法达成一致的物种，怎么能说得上正常呢？仅就政治领域而言，在进步党派和保守党派之间的交替俨然成了一出异常诡异的芭蕾舞。进步人士主张提高税收，保守派主张降低税收，前者允许同性恋结婚、堕胎及代孕，而后者则永远无法接受。更不要说宗教统治与世俗政府交替轮换带来的巨大变化了。一方一定会不停推翻另一方定下的规矩，直到下一次政权更替为止。这一切都是如此荒诞，然而所有人都默默接受了，好像这都是再正常不过的事。

这两种看待生命的方式似乎将持续千年的物质"身体"和非物质"灵魂"之间的冲突具象化了。有些"灵魂"努力捍卫唯灵论的、保守主义的生活方式，而另外一些则受到了"身体"的腐蚀，为了追求物质享乐而活，为了探究物质中的秘密而活。由于没有任何替代性的解释出现，这种观点直到20世纪还被奉为真理，但是到了21世纪，它便不再如此不容置疑了。人类的两极化现象也是由大脑中两种完全独立的愉悦感导致的。后文中将提到，对内源性幸福的追求催生了唯灵论和保守主义；而唯物论和进步主义则生于对外源性快乐的追求。

总之，若大家认为人类活在两极分化的撕扯中是正常现象，那么这些差异并非是由精神感知到的，而是真实存在的。生物性决定了我们彼此之间的区别。

唯灵论与唯物论的生物性

唯灵论的倡导者和唯物论的宣扬者的世界观大相径庭。前者更重视非物质实体的存在，后者则更重视可以测量的物理世界和由该世界催生的各种经历。这两种对存在的理解催生了人类历史上最主要的哲学体系和神学体系的理论流派。除了阐释现实，这些理论流派还提供了两种世界观的实践教育和行为教育。

为了更好地理解这两种生命观，比起研究充斥着理论知识的学术论文，我们应该更多地关注它们提倡的实践教育。比起几千页旨在证明唯灵论观点合理性的文字，唯灵论者的判断标准似乎更能说明问题。在现实生活中，比起言语，人们也会更多地借助行为去真正了解一个人。

通常情况下，唯灵论教义中规定的生活准则比唯物主义理论更严谨。无论唯灵论教义参考的神学或哲学体系分别是什么，其教义的核心一定包含一系列必做事项，以及严格禁止的事情，这两者密不可分。

在必须践行的事情里包含冥想和/或祈祷。这两种活动的目标一致：

1.让身体处于静止状态，一般会要求人们保持某种特殊的身体姿态，通常情况下，这些体态都要求肌肉放松、呼吸缓慢均匀。

2.将注意力集中在某些生理过程上，让大脑的关注点从身外世界转移到体内。例如，关注呼吸或某些重复性的、具有催眠效果的想法。天主教手执念珠诵念玫瑰经便是如此。

至于被严令禁止的事，通常是会加强外部世界诱惑的事情。一切对身体正常运转而言不必需的行为几乎都会被禁止。限制饮食对唯灵论和苦行主义的实践非常重要。由其他动物构成的食物最常被禁止，一些需要费心准备的美食也可能被禁止。斋戒和禁欲也十分常见。

因此，唯灵论的修行——冥想也好，苦行主义也罢——都是在尽可能地激活内源性幸福感：通过将身体调整至稳定的平衡状态，并让人用心体会该状态。同时，唯灵论试图禁止一切由外源稳态系统主导的行为，最大限度地减少刺激或减少一切可能带来快乐的活动，如珍馐美味、性关系、奢华或过剩的物质等。

天主教的几大原罪可以很好地诠释：为获得内源幸福，人们必须抑制的外源稳态系统。在七宗罪孽中，有五宗都是纯粹的外源性活动，如财富积累、追求超出基本生理需求之外的快乐。总之，就是使身体远离平衡状态的活动：

- 贪婪（拉丁语为 avaritia）：为了敛财而敛财。
- 嫉妒（拉丁语为 invidia）：因别人拥有的财富而难过，对想要的东西不惜一切代价也要得到的意愿。

- 愤怒（拉丁语为 ira）：语言或行为上的过激行为，如辱骂、使用暴力。
- 色欲（拉丁语为 luxuria）：单纯的对肉体快感的追求。
- 暴食（拉丁语为 gula）：与"贪吃"不同，"暴食"更强调盲目无度、不加节制地进食。

唯灵论对内源性幸福的偏爱在其许诺给虔诚信徒的临终奖赏中也可窥见一斑。在基督教的天堂里，灵魂可以从一切需求中解脱，充分享受被上帝之光沐浴的终极幸福。佛教等东方唯灵理论中提出的"涅槃"并非"天堂"一样的地点，而是一种状态；这种状态即内心的平和，它源自三种渴望的终结：六根清净、无生无灭。

某些世俗运动有时也会推广一些类似修行的行为。环保运动便是基于内源幸福的一个很好的例子，这些运动宣扬保证人类生理平衡的消费行为，认为与人类基础需求和存活无直接关联的消费行为都应被禁止。

很多人自称信仰神明，因此，唯灵论在你我的生活中应该占据着很重要的地位。但事实上，对平衡状态的渴望和精打细算的理念与大多数人的"外源性"生活方式毫无关系。除了刚刚提到的宗教信仰，唯物主义在很多文明中也占有重要的地位。唯物主义旨在积累财富、追求快乐，有时唯物主义者对享乐的追求甚至超出了人们的理解范围。渴望是被消费主义文化滥用的词汇：渴望买更大的房子、渴望买到比邻居的包包更好看的最新款包包、渴望买到马力更强劲功能更齐全的新款汽车，或是渴望去餐厅大吃一顿，都是消费主义文化的具体表现。

在这种文化的影响下，人权被广泛宣传和倡导，从前被基督教禁止的外源性快乐的妖魔化外衣被剥除。积累财富、通过多种多样的活动刺激身体从而得到快乐的做法渐渐被允许，甚至变成了人们趋之若鹜的事。于是，一些专门为了满足外源性快乐的产业出现了，比如奢侈品和快消品行业，它们为各种收入水平的人提供对生存完全无用的产品，但这些产品滋长了跟风和囤积物品的快乐。娱乐产业和体育行业不时为人们的大脑或身体带来一些极端的刺激，从而给我们带来远离平衡状态的快感。合法或非法的毒品产业及性产业的前景都无法估量。它们通过能给外源稳态系统带来强烈刺激的物质或活动为我们带来越来越强烈的感官体验。食品制造业和烹饪技术也是如此，它们本应满足人类的基础需求，如今却通过不断向食物中添加脂类、糖类和盐来改变食物的味道，人为刺激我们的外源稳态系统，制造快感，从而刺激我们摄入越来越多的食物。

唯灵论的修行活动通常会投入大量时间和精力来抵抗外源稳态系统的作用。相反，以外源性快乐为基础的物质享乐主义通常只是无视唯灵论的修行。如果一个天主教的虔诚信徒声称支持与繁殖无关的性行为、交换性伴侣的行为或者淫秽制品的话，那么他一定会被他所属的宗教团体唾弃。但若一位在华尔街工作的证券交易师说自己信奉上帝，或者每年都进行一次佛教的闭关修行，完全不会吓到他的同事们。只需对比一下如今世界上的宗教国家和世俗国家，上述结论就会更明显。在一个宗教国家中，不遵守戒律或者贪图外源性快乐的人可能会被判入狱，甚至被判死刑。而在世俗国家中，如法国，唯物主义和外源性快乐是被允许甚至是被鼓励的事,但所有宗教信仰也同时被接受。每个人都可以自由选择其信仰,可以随心所欲,唯一的禁忌是任何宗教都不能将其宗教活动强加于人,也就是说宗教不可以反对外源性快乐。

两种立场在态度上的差异绝不是因为内源稳态是邪恶的、极权的,而外源稳态是善良的、民主的。如此武断的结论大错特错。如果说内源性幸福会反对外源性快乐,大概率事件是因为外源稳态对内源稳态来说是一个巨大的威胁,反之并非如此。前文中已经提到,外源稳态系统可以通过"愉悦感"让机体战胜远离平衡状态带来的不适感。换句话说,快乐并非幸福的附加品,而是取代了幸福,并消除了失衡状态下的不适感。通过提供替代性的幸福感,外源性快乐的活化可以消除内源性的幸福。

相反,内源稳态对外源稳态无法构成任何威胁,因为它无法阻碍后者的发生。感到幸福无法消除获得快乐的可能性。这大概也是为什么唯灵论者获取内源性幸福的过程要比追求物质享乐的人获得快乐的方法复杂得多。唯灵论的基础是一种更原始、更"脆弱"的生理系统,这个系统为了站稳脚跟,必须极力避免另一种更现代、更强大的生理系统——外源稳态系统——的活化。一旦出现可以活化外源稳态系统的刺激,人们就无法继续保持内源性的平衡。另外,外源性快乐的获得不需要经过任何学习或额外的努力,只消突破宣扬内源性幸福的文化阻碍,物质享乐主义就可以如海啸般蔓延开来。人权宣言之后的人类社会就是最好的证明。

保守主义和进步主义的生物性

内源稳态和外源稳态不仅将人们引向天堂或人间，灵魂或肉体的选择，也是保守思想和进步思想的基础。

"保守"和"进步"这两个形容词经常被用于描述行为和态度。首先，我们需要为这两个词找到明确的定义。保守主义认为过去比将来更好，坚信大家应该努力保持传统。相反，进步主义思想希望改变过去，希望不断向新的知识、未被实践过的社会结构进发。仔细思考便不难看出，这两种看法的对立程度比唯物论和唯灵论的对立程度更严重。有些人竟然狂妄到认为人类已经完成全部探索，已经全知全能，完全没有必要体验新事物和新的社会形态。另一些人又为何会相信人类在经历了5000年的发展史后依然一无所知、一无所获，认定我们需要推翻和改变过去的一切？这两种看似不合逻辑的观点，在社会中却相当普遍，它们甚至是人类社会发展的发动机。

有教义经典的宗教和世俗社会中的美国共和党都是保守派思想的代表。他们都捍卫一部比较古老的"典籍"，对于宗教来说是《圣经》《福音书》《古兰经》，对于美国共和党来说则是《美国宪法》。他们对这些典籍的维护都是盲目的，缺乏理智的。比如，在艾滋病泛滥的时刻，天主教会仍然禁止使用避孕套，因为在他们看来，性行为的唯一目的就是生育。又如，虽然枪击事件频繁，但美国共和党还是拒绝改变允许私人持枪的现状，仅因为这个权利写入了宪法。

保守派不只固守着过去的思想，有时甚至会起用已经被遗弃、被遗忘的古老方法，妄想后者能成为解决现世问题的良药。这一策略给极度保守的思想披上了一层进步主义的外衣。比如，某些环保主义运动倡导回归曾经盛行的"短路经济"，也就是将从前的田园经济模式作为当今环境问题的解决方法。环保主义者确实也宣扬新技术，比如可再生能源，这似乎可以被看作一种进步主义思想。但是，像保守派一样，环保主义者对于创新非常挑剔，因为他们真正的目的不是进步本身，而是要捍卫某种真相或某种理想状态。环保主义的目的是以19世纪工业革命前地球的状态为参考标准，保护环境和生态系统。这就是为什么环保主义者虽然鼓励发展可再生能源，却坚决反对其他形式的研究，如转基因或清洁核能。和发展可再生能源相比，后者同样能够——甚至能在更大程度上——帮助我们减少污染，缓解全球变暖，但它们会引领人类走向新世界，这与环保主义者的信条背道而驰：他们希望回归过去的生活方式。

与保守派思想相反，真正的进步主义的一大特点是非结果导向、无可参考的社会模型，仅仅专注于探索出一条未知、非经验论的新道路。在科学、艺术和时尚领域可以找到很多经典案例。在形象艺术领域，15世纪发明的透视法就是最早的进步主义体现，这种技巧使得在二维载体上重现三维世界成为可能。第二股创新浪潮发生在19世纪初，主要受相机发明的推动。绘画不再是描绘现实世界的唯一方式，因此开始开辟新的创作手法。在法国，巴比松画派引领了第一场创新革命。该画派注重写实，多以普通人的生活或自然为主题，而非作为某个故事的背景和点缀。在库尔贝[8]创作的《海浪》中，画面前景中唯一可以看到的就是浪花激荡的大海。该作品在当时引起了很大的争议，因为人们认为该画作有违过去的创作手法。印象派和表现主义则继续推进了这场创新运动，其显著特点是破坏外部世界的结构，使外部世界逐渐变成画家世界观的体现。外部世界渐渐消失，为作者的内心世界让出地盘，在抽象派和非形象艺术作品中该特点体现得尤为明显。概念上的演进同时伴随着绘画技巧上的变化，这其中既包括被描绘的物体的结构变化，也包括绘画材料的变化。视觉艺术最近的一次革新应该是图像合成技术，该技术使形象艺术得以涉足从前只有文学才可以涉足的领域，即伪造现实，创造一个真实可信、可以假乱真的假想世界。人类长久以来一直借助口头或书面故事构建想象的世界，但在电影《侏罗纪公园》中，导演斯皮尔伯格首次借助电脑构建出了一个视觉虚拟世界，令所有人的感官对此真假难辨。

所有科学都是进步主义的引人注目的范例。如果说艺术搅扰了保守派的清梦，那么科学可以说让他们闻风丧胆。艺术展示了艺术家对世界的个人观点，科学则旨在揭示世界的真实面貌。个人的观点再具有创新性，也无法获得与科学同样的关注。以下发现都是科学给保守派思想的致命打击：地球是球形，而不是平面的；地球围着太阳转，而非反过来；生命的演化用了约30亿年时间，而不是《圣经》说的4000年……科学的"危险性"并不限于思想意识层面，对物质的了解

---

8 居斯塔夫·库尔贝（1819—1877），法国现实主义画派的代表。

也改变了我们所处的现实世界。三个技术革新的例子让——或者说曾经让——一众保守人士焦虑不已：核技术、基因工程、虚拟世界的扩张及人工智能技术的普及。这些技术确实伴随着巨大的风险，可能引起的后果也无法预估。然而，它们确实可以在很大程度上帮助我们解决很多问题，而这些问题也同时困扰着保守人士，比如能源枯竭和环境污染。

人文社会科学也走过革新之路。笛卡尔在17世纪掀起了首个进步主义浪潮，建立了人类历史上第一套非神学的、纯粹的哲学体系。从那时起，哲学正式和神学分家，成为一种认知工具。也是从那时起，各种思潮相继出现，几乎每一代人都会在前人的思想上酝酿出一种新的思想，有时通过激进的改革，有时只是加入一些补充性的观点。如今，人文科学的最大争议应该是平均主义和性别理论：前者要求个体间完全无差异，后者则认为对性别身份的认知不应受个体的生理性别影响。

为了更好地理解保守主义与进步主义之间的关系，我们要谨记：曾经的进步主义思想造就了现今的保守主义思想。法国和美国的人权宣言曾经都是相当具有进步性的法案，它们不仅推翻了业已存在的法律，同时开启了构建社会新秩序的道路。《圣经》《福音书》和《古兰经》也曾是创新性的文献，与其所处的时代脱节，提出了很多关于人与社会的革新性观点。然而，这些文献成了如今社会中保守派运动最坚固的理论基础（如塔利班和美国的共和党），保守派将这些文献当作永恒不变的真理来捍卫，然而他们忘了，这些文献曾经推动了巨大的社会变革。同理，印象派、表现主义、抽象艺术都曾被看作最具进步主义色彩的艺术形式，如今，如果哪位画家还将自己归为上述艺术流派之一的话，他一定会被当成一个顽固的保守主义者。

源自政治领域的例子也可以证明：随着时间的流逝，进步势力会逐渐变成阻碍社会进步的反动力。这一现象在20世纪尤为明显。那时，人们都认为右翼是保守派，左翼是进步派。一个世纪后，这两大派都染上了保守主义色彩。在法国，右翼、左翼最明显的代表分别是：右派的国民联盟[9]和共和国人党；左派的法国共产党和"不屈的法兰西"（La France insoumise）[10]。如今，他们的保守程度相差无几，因为上述政党都不再提议新的社会模型，而是宣传一些已经被证实无效的古老的意识形态。如今，在社会中，要说哪个领域最缺乏革新，那么非政治领域莫属。我们感到在政治领域的一切尝试都是徒劳，当然这种感受也得到了证实。因此，社会中生出了一种无力感，使得新生代逐渐远离政治。由于不了解各个党派之间的区别，他们干脆不再参与投票选举，因为他们觉得于事无补。

从保守主义思想、进步主义思想及它们之间角色扮演游戏中，我们唯一能够得出的结论是：这些相互对立的思想是人类行为中不合理性的最具代表性的表现方式。有时，我们甚至会怀疑，前文提到的一种非物质要素会不会实际上是两个非物质要素？其中一个非物质要素只向前看，另一个只向后看。这两种相互对立的派别可以共存其实不

9　国民联盟即曾经的"国民阵线"。2018年6月1日，法国极右翼政党"国民阵线"正式将名称改为"国民联盟"。

10　"不屈的法兰西"，法国极左翼政党。

难理解,究其原因还是那两种共存的愉悦感,即内源稳态和外源稳态产生的愉悦感。正是这二者的共存催生了保守主义和进步主义的割裂。

保守主义的根源可在内源稳态系统中找到。它由因满足需求而带来的幸福产生。前文中已经提到,外部刺激对于内源稳态来说并不是幸福感的源泉,而是可以让身体恢复并保持在平衡状态的工具。体内平衡才会产生幸福感,具体如何达到平衡状态其实并不重要。如果仅凭刺激 A 就可以让我们达到平衡状态,为什么还要继续寻找新的刺激 B 呢?如果吃苹果可以让我达到稳态,而且苹果随吃随有,那就完全没必要试验梨会不会达到同样的效果。不仅没有必要,新的尝试甚至可能带来风险。我并不了解梨的功效,因此它很有可能使我远离平衡状态,丧失苹果给我带来的幸福感。由此我做出推断:梨和其他一切新水果都没有价值,甚至是有害的。按照此逻辑,内源稳态统治下的社会表现出故步自封、反对进步,或者说保守的特点,就很容易被理解了。一旦人们发现某种系统可以让大家获得内源性幸福,就没有必要再继续新的尝试了。

相反,进步主义思想显然是由外源稳态系统刺激产生的。此时,愉悦感是外部刺激的产物。一旦某种刺激被证实确实可以带来快乐,我们就会继续搜寻该刺激。这就是为什么人们会不停地增加活动种类,或者更广义地说,增加能够带来快乐的物质的种类。从 5 万年前的认知革命起,人类已经找到了许多能带来快乐的东西。既然如此,为什么继续寻找呢?更重要的是,为什么要忽视以前的快乐源泉呢?很简单,因为刺激的新鲜度会影响它产生快乐的能力。

新鲜度的放大效果要归功于多巴胺的释放,大家对这种神经递质并不陌生。你还记得你最近一次添置新商品的经历吗?比如新买的卫衣、自行车、厨房用具或汽车。在头几个小时,`或者头几天,你会因为这个新购置的东西而开心不已。你就像被一根看不见的线牵引着一样,时不时地会去欣赏一下这个新物件。但渐渐地,新鲜感和吸引力会消失。为什么?当物品刚买来的时候,你只需要看看它就可以增加大脑中多巴胺的分泌,之后随着你对这个物品越来越熟悉,它刺激多巴胺分泌的效果就会渐渐消失。

伴随新鲜感而来的快乐对于物种的存续意义重大。通过摄取大于其需求量的资源进而储存能量,是应对资源匮乏行之有效的方法。另外,最大限度地摄取可以获得的一切资源也十分必要。只有这样,当一种资源出现短缺时,我们才可以转而选择另外一种。但如果不去尝试新的东西,我们就永远不可能知道它们到底能否食用,或者能否提供快乐。这样一来,我们就没有任何理由去摄取它们。那该怎么办呢?解决办法是:在人类进化的过程中,一批对所有未知刺激都感兴趣的人存活了下来,因为对他们而言,新鲜感本身就是快乐之源。这就是为什么拥有外源性愉悦感的社会必然是进步主义的,因为它追逐可以强化快乐的新鲜感。

新鲜感可以带来快乐这一点,解释了为什么消费主义社会建立在外源性快乐的基础上。有些人每年都要更新衣柜里一半的衣服,那些旧衣服并没有破,但他们还是要用款式或颜色不同的新衣服将其替换掉，这种习惯又如何解释呢？现在似乎所有人都知道，几乎所有电子产品和机械装置都有"计划性淘汰"（Obsolescence programmée）[11]，为什么大家会乖乖接受呢？商品的脆弱绝非它的宿命，而是一种技术故障，因为人们完全有能力制造出性能更好的同类型产品，比如相比汽车的发动机，飞机的发动机可以说十分耐用了。为什么人们会热衷于购买短命的东西呢？仅仅是因为它们让人有机会时不时地换辆新车、换双新鞋或者换个新手机啊。计划性淘汰让我们心甘情愿地为快乐买单。

外源稳态和内源稳态也导致了保守主义思想和进步主义思想之间的更迭。外源稳态促使人们寻找更多元的快乐之源，同时该系统也在不断地开疆拓土、探索新的工具或新的社会结构，目的是让人们体验更好、更稳定的内源性幸福。之后，内源稳态系统上台，将这种新型的社会模式固定下来，通过保守主义思想使其保持下去。两种思想在不同代际间的更迭我们见过，事实上，在同一代人的创新者身上也存在两者的更迭。改革者一旦完成了推动文明进步的使命，就会变身为保守派的一分子。再回顾一下美术史便不难发现，几乎没有艺术家属于相继出现的多个艺术流派。印象派画家曾经是变革者，但他们通常终其一生都固守着印象派画家的角色，很少会转向现实主义、抽象主义或立体主义。在科学方面也是一样，今天的发明家和探索者一般都与明日的革新相对立。

11　计划性淘汰又称"内置报废"，现代企业家常用的手段，旨在缩短产品的寿命，从而缩短重复购买周期，促进长期销售额。

本是同根生，相煎何太急

社群主义、种族主义、性别歧视都是今日的热门话题。通常情况下，至少在表面上，整个人类社会都宣称上述界限与区别并不存在，我们应该共同努力构建一个奉行人人平等，不受性别、性取向、肤色和文化根源影响的文明。听到尊己卑人、贬低他人生活方式的言论，大家都应该表现得义愤填膺。所有人都不应该接受：说吃犹太洁食（Kosher）[12]伤风败俗；认为基督教比佛教高级，因此应该取缔后者；认为某种语言和文化比其他任何语言和文化都高级，因此将之强加于全人类。

人们对某些观点嗤之以鼻，但对另一些看法接受起来却全然没有困难。没有人会因为某些宗教禁止淫秽活动或吸食毒品（即使是合法毒品）而气愤。再如，某些环保主义者为了禁止某些科学研究或工业活动，甚至不惜求助于武装组织。各种立场之间的差异看似不可调和，就像谁也不会妄想将一个钉子户和一个证券交易师凑成夫妻，或者让狂热的天主教徒嫁给换妻俱乐部的拥护者。"道不同不相为谋"，不同立场间就算展开一场血战，在我们看来也是再正常不过的事。

我们为什么会双标？因为有些观点在我们看来根本就是无中生有，是恐惧的产物，如种族主义；而另一些却被我们视作不可调和的现实矛盾。造成以上差异的原因在于：内源稳态系统和外源稳态系统将唯灵论和唯物论、进步主义和保守主义深深地烙印在了我们的生物性上，成了人性的外在表现。

---

12 洁食，犹太食品，即符合犹太教教规要求的食品。

从前文介绍可知，大部分人在两种愉悦感中摇摆，由平衡状态带来的幸福感和由过剩带来的快感相安无事。那么，进步与反动、唯灵论与唯物论之间的势不两立、相爱相杀究竟从何而来？

仔细观察便不难发现，这种针锋相对只在少数人身上有所体现，即由内源稳态或外源稳态操控的极端主义者，他们往往是活动的领导者，并试图煽动更多的人加入他们的队伍。事实上，在整个人类物种当中，有一小部分人只受一种愉悦感的调控。受内源稳态支配的人只追求由平衡带来的幸福感，因此会成为极端的保守派或唯灵论者；受外源稳态支配的人一直暴露于可以为他带来快感的新刺激中，势必成为进步主义者或唯物主义者。

这两种类型的人不仅追求不同，他们期望建立的文明也大相径庭，因此完全无法理解对方的行为，将对方看作异类。如果你追求的仅仅是平衡带来的幸福感，那么你会怎样对待那些追求过剩的人？相反，如果你只渴望由失衡带来的快乐，那么你将怎样看待生活乏味、一成不变的人呢？你要么会试图拯救他们，要么会努力消灭他们，但无论是哪种尝试，最后的结果都大同小异。

为了搞清楚为什么会有这样一小批仅受外源稳态支配的智人和仅受内源稳态支配的智人，我们需要穿越时空回到过去。让我们一起回到食物资源极不稳定的时期，回到畜牧种植者出现前的几百万年前。在资源不稳定的环境中，摄食行为分别受内源稳态和外源稳态支配的个体对于整个人类物种来说是具有极大优势的。受内源稳态支配的人只在饥饿的时候进食，他们更适合食物资源相对稳定的时期。他们从不在没有需求的时候进食,这样一来就可以将时间花在其他事情上,比如繁殖。相反,受外源稳态支配的人只要看到食物就会进食,这样一来,在食物资源匮乏时,他们的存活概率更大。

但是,请不要忽视:当时的人口数量极少,且都定居在食物资源相对丰富的地区,食物稳定的状态有时可以持续好几代人。但这种条件也可能受突如其来、无法预测的事件影响在一代之间迅速改变,比如气候变化、火山喷发、流行病威胁到猎物的生存等。

受外源稳态支配的人的进食行为不受饱腹感的支配,而更多的是受食物多少的支配,因此,他们在劫后余生的生存竞争中往往更胜一筹。让我们以"第二头野牛"的试验为例。请你将自己想象成一个史前人类。你正在觅食,突然,一头野牛出现在你眼前,你杀了它,然后大吃一顿。在回家的路上,如果你和这头野牛的兄弟狭路相逢,这时你会怎么办?

第一个选择是放过它,因为你已经吃饱了。你完全可以好好享受作为一个受内源稳态支配的人的愉悦感。你的调节系统只希望保持在体内平衡的状态,它对于过剩带来的快乐无感。但若如此,你可能无法通过生存考验。因为,若野牛数量稀少,你刚刚的表现对于整个物种的延续便毫无裨益……

第二个选择是毫不犹豫地杀死这头野牛然后吃掉它。恭喜你,你成了一个完全受外源稳态支配的人。多亏了对快乐的敏感,过度进食并不会吓到你,因此你可以将食物储存起来。若野牛数量稀少,你的行为对于物种的存续就变得至关重要。另外,食物对你的吸引力实在太大，你又不想将剩余的食物留给食腐动物，于是，你会将剩余的牛肉带回去，储藏起来。虽然当时的储存条件并不完美，但经过反复摸索，你最终发现了长时间保存肉类的方式。至此，你距畜牧种植者只有一步之遥，而这一步是由5万年前的认知革命完成的。

因此，对于一个物种来说，同时保留受内源稳态支配的个体和主要受外源刺激支配的个体格外重要。这也是为什么这两种类型的个体并不专属于人类，而是在其他动物种群中也同时存在。在进化论者看来，上述两种进食行为是同一物种的个体间为数不多的较大差异之一。依照进化论的传统观点，个体差异只是暂时的，它们是生物多样性的证明。但是随着时间的流逝，这些变化和差异会逐渐消失，因为环境选择的天平会向可以更好地适应环境的个体倾斜，让它们取代其他个体。然而这种"谋事在生物，成事在环境"的选择游戏需要几万年甚至几百万年，因此，面对突如其来的环境剧变，这种机制并不合适。比如前文提到的闲置食物的变化。在这种情况下，唯一的解决办法是将适应各种环境的个体都保留下来。

如今，人类似乎被卷入一场典型的由外源稳态主导的竞赛中。许多人类文明都采用了建立在经济增长之上的资本主义社会模型，即用明日更多的生产与消费补偿今日过度的消耗。它像病毒一样扩散，甚至传染了原本健康的东方社会。我们一边肆无忌惮地消费着有限的资源，一边轮番制造污染，最终将整个物种的延续置于险境。

这一结论势必引发对外源稳态系统的指责：如果没有外源稳态，也许社会就能良性运转了也未可知。人类对环境的控制力已经非常强大,各类资源在人类的努力下已经趋于稳定,那些会导致灾难的行为也该退出历史舞台了。是时候行动起来,让这种可能会造成麻烦的人类特点消失了。摒弃建立在快感之上的进步主义的消费型社会,转而朝建立在幸福之上,更重视节约和平衡的由内源稳态主导的社会进发吧!

也许正是因为下意识地感受到了外源稳态造成的危害,保守主义运动如今才会在全世界范围内随处可见。然而,单纯由内源稳态主导的社会也谈不上完美无缺。这种社会的首要任务必然不是创新和进步,它应该会引领人类进入静态的、单一文化的社会结构,并且会反对一切形式的改变。诸如此类的社会让人无法产生想要融入其中的欲望,至少无法让所有人产生这种欲望。但这并非单纯受内源稳态影响的物种和社会的问题所在,真正的问题是来自外部世界的突发变化。对此,最容易想到的例子就是自然灾害、大流行病或其他可能会引起环境骤变甚至是摧毁现有环境的突发事件。在地球上,类似事件时有发生。一旦发生,我们就必须找到新的资源,并且尽最大努力让身体在完全脱离平衡状态的情况下正常运转。更重要的是,为了避免同样的灾难再次发生,我们必须在一种全新的秩序中开启重建过程。只受内源稳态支配的人很难适应类似的状况,最终必然置整个物种于危险之中。

总之,同时拥有受内源稳态影响和受外源稳态影响的男男女女可以大大提高物种存续的希望。正因如此,人类才可以适应突然出现的环境变化。因为有了受内源稳态支配的人,人类才可以更惬意地享受资源稳定期；因为有了受外源稳态支配的人，人类才可以轻松战胜各种困难。

让折中稳态的人主导世界如何？

内源稳态和外源稳态必须共同存在，这是否意味着我们将不得不忍受保守主义者和进步主义者之间无休止的斗争？不得不忍受宗教体制和世俗体制斗争造就的四分五裂的社会？我个人并不这样认为。若能了解上述四项体制两极化的根源及不可共存的原因，一切都将改变。

大家应该都认可，上述问题并非抽象的意识形态问题，而是生物性催生的不同渴望的问题。正是由于渴望不同导致一部分人去寻找由平衡状态带来的幸福，另一些人则极力远离平衡状态。这些思想流派催生了分别支持两种状态的文化。依此逻辑，各种活动的领导者就不再是先知或者可以照亮人类前行道路的伟人了，他们成了某些生物缺陷的携带者，正因如此，他们看不到人性的两面性，更无法感知到两种截然不同的愉悦感。

如果说进步主义和保守主义或者唯灵论和唯物论并非什么高级思想，仅仅是由不平衡状态导致的结果，我们就可以继续谈论另一话题了。不要再受只能用内源稳态或者外源稳态的"独眼"看世界的人领导了，伸出双手去迎接"拥有两只眼睛"的人吧。他是全新的人、完整的人，同时受外源稳态和内源稳态的双重影响，因此是中立的，不如称他为"折中稳态的人"吧。去哪找这种人呢？很简单，只需要环顾四周，就会发现我们身边到处都是这样的人，他们占人类社会中的绝大多数，两种循环系统以非常和谐的方式共同作用支配着他们。你我皆是如此，我们都可以在追求幸福的同时接受快乐，换句话说，我们都有对快乐的向往，同时也不会觉得幸福无聊至极。

既然如此，为什么折中稳态的人选择默默无闻？为什么要把所有的高光时刻都让给自己极端固执的兄弟呢？答案很简单，折中稳态的人的适应能力很强，因此不会将自己的观点强加于人。如果你在空气和水中都可以呼吸，你应该不会费心劳力根除某些海洋文明或陆地文明，因为你在这两种环境中都可以生存。相反，如果你只能在一种环境里呼吸，你一定会义无反顾地同另一种文明做斗争。如果你需要空气才能生存，将所有城市都搬到海平面以下的建议就会威胁你的生命。对于前文中提到的两种人来说，情况正是如此。比如受内源稳态支配的人，他们只有一种愉悦感——幸福。他们自然只会为了推广唯灵论的、保守主义的生活方式而斗争，因为这类生活方式能让他们获得幸福，同时他们也会强烈地反对进步主义的、唯物论的运动，因为后者会让他们脱离平衡状态，同时也意味着某种未知的危险。

因此，如今人们只能看到受单一调节系统支配的人为了各自心仪的社会模式奋力抗争。而处于折中稳态的人由于适应性更强，因此显得默默无闻。他的沉默导致了恶性循环，即极端的人创造的文化产物数量巨大，但是中立者的文化产物却寥寥无几。如今，如果不将自己归入上述极端立场之一，我们便无处落脚。如果我们认为保守主义者和进步主义者都一样奇怪，或者认为自己既不是唯灵论者也不是唯物主义者，我们就无法定义自己到底是谁。由于没有人愿意接受自己"什么都不是"，适应两种世界的折中稳态的人最终会同某一种流派团结在一起，导致各种思潮的更替。而导致天平失衡的原因通常与极端思想的本质无关，只是出于解决一些周边问题，比如内忧外患、失业问题、贫困问题或者税收问题等。

因此，非物质要素、灵魂的存在感不仅没有减弱，反而打开了一片新天地，甚至开创了一种新文明——中间派的文明。极端主义者不过是生物性两极化的体现，而折中稳态的人才是一个"完整"的人，他集人类的所有能力于一身，能够推进社会进步，放弃两种极端主义的政权更迭。这类人将为人文和社会科学带来新的素材，进而生成新的哲学或社会体系。这种创新还是有实用价值的，因为在解决社会问题和选择前进的道路时，折中稳态的人拥有很大的优势。

让我们以针对能源模式的讨论为例，即资源枯竭、环境污染和全球气候变暖问题。直至今日，大家对此类问题还是观点不一。我想以此为例主要有两个原因：其一，这是影响人类物种存续的关键问题；其二，纯科技类的问题应该不会引发情绪化的反应或模棱两可的立场。能源正在走向枯竭，寻找新能源势在必行。现在，二氧化碳的排放量过大，应该怎样减少？很难想到比这更简单的讨论了。即便如此，我们依旧无法在此问题上达成一致。在存在多种解决方案的问题上，大家由于立场不同——资本主义者或共产主义者——可能无法达成共识，这情有可原。但是在碳排放问题上也是如此……简直无法想象。

之所以会无法达成共识，是因为与前文中遇到的情况类似，能源模式也是由内源稳态和外源稳态这两种对立的立场共同决定的。为解决能源问题，环保主义者建议回归原来的田园型社会模式，即横向管理、践行短路经济的文明：人们分散居住，这样的城市结构使分散能量的使用成为可能；人们就近工作，食用当地食材。此外，人们只能生产和消费生存必需品。若采用这种模式，像纽约、巴黎或者伦敦之类的大城市就不复存在了，我们也不得不和旅游及一大部分的当代娱乐活动告别。若想仅用太阳能供给整个巴黎的能量需求，就需要一块3倍于该市面积的太阳能光伏产业园。巴黎的面积为105平方千米，它的平均用电量为31.5太瓦·时（315亿度电）。埃及本班拥有世界上最大的光伏产业园，造价约40亿欧元，其面积为37.2平方千米，发电量为3.8太瓦·时。因此，为了满足巴黎的能源需求，就必须建设一个面积为308平方公里——本班的8倍——造价高达好几百亿欧元的光伏产业园。

如果说环保主义者提倡的社会模式是建立在修行的生活方式基础上的净土的话，那么追求快感的人自然会避之不及。因此，一部分人选择无视碳排放和能源储备的问题。一旦外源稳态系统的拥趸掌权，全球变暖就会变成意图损害某个国家的经济发展或妨碍其获取霸权的阴谋论。所以，忘记全球变暖，继续发展就可以了！但这并不是非常明智的做法，且不说全球气温升高，这种快速发展本身也持续不了多久。化石燃料在百年之后就会枯竭，其后果非常严重。我们现有的生活方式将受到严重的影响并最终全面崩塌，社会甚至可能面临全面倒退,而这种倒退可比环保主义者宣扬的生活模式要极端百倍千倍。

折中稳态的人会怎么做呢?很简单,他会努力以360度的全视野看待问题并解决问题,而不是只看向左边或右边,或者说不是单一地追求某一种愉悦感。因此,他会得出不同的解决方式,结果也会发生翻天覆地的变化。

首先,折中稳态的人会对一切大量存在的清洁能源产生浓厚的兴趣。能量的产生有以下两种方式:一种是分解物质。这是太阳能、风能及其他可再生能源和化石燃料使用的方式;另一种是将物质转化为能量。这是核能使用的方式。仅需借助非常少的物质、排出非常少的二氧化碳,核能技术就可以生成大量满足城市需求的集中能量。若将不同的产能装置在安装过程中的碳排放量也计算在内的话,每生产1度电,各种能源的碳排放量为:煤320g;石油及其衍生物270g;天然气200g;光伏14—18g;风能8—20g;核能4g。

人们常说核能很可怕,主要是由于其放射性废料要储存成千上万年才能无害,并且核事故威胁巨大。总而言之,就是要停止使用核能。上述两点都对,核裂变通过分裂较重的原子(如铀)产生能量的确有上述问题。

但还有另外一种技术,类似于太阳能,能够通过聚合小的原子产生能量。这种技术中最有代表性的就是核聚变。核聚变不会产生放射性废料,只需用到一种储量足够使用上千万年的无放射性的可燃物。此外,核聚变也不存在事故,因为如果设施运转不灵,聚变反应堆会停止运行。在短时间内人类有可能付诸实现的核聚变形式中,会使用到的放射性同位素是氚。氚的回收只需一个世纪，而如今的核废料则需要一万年。

核聚变为持续恰当地解决能源问题提供了可能性，我们无须为之改变城市或社会结构。因此，这项技术必将吸引大量的研究热情及投资。目前，世界上有一个聚变反应堆的国际合作项目——国际热核聚变实验堆（Iter）计划。该计划预计于2025年建设完成。但是走出专家学者的小圈子，还有谁听说过这个计划呢？聚变反应目前最主要的争议在于其高昂的造价。Iter计划造价200亿欧元，由欧洲、中国、印度、日本、俄罗斯、美国和韩国共同承担。但要知道，美国在最新的F-35战斗机的研制项目中就投入了4000亿美元，相较之下……

折中稳态的人拥有360度的无死角视野，这也使他们关注能量使用的效率问题。人类社会如今在很大程度上以机械技术为基础，该技术可以产出很大的功率，但是其效率（真正做功的部分）却非常低。比如，汽车内燃机的效率仅为16%。人们通过提炼石油得到汽油，该过程的产率仅为80%。之后，发动机燃烧汽油，其效率为35%，但是由此产出的能量中只有60%可以到达车轮。将所有能量的损耗相加，最终得出16%的效率。换句话说，一辆汽车从A地到B地消耗的能量中有84%都被浪费了。如果将这两个数字的位置颠倒一下，能量的消耗量和污染程度就会变成现在的四分之一。这是痴人说梦吗？完全不是。因为现在我们已经有能力制造效率高达95%的电动发动机了。但是这个指标从来不是技术开发人员关注的话题，因为他们只追求受外源稳态支配的功率。

另一个问题是我们目前的机器所使用的能量都高度集中。的确，任何机器都无法直接依靠太阳能或风能运转。如果能直接使用分散的能源，这会是一个非常具有革新意义的技术。乍一看这事根本无法想象，但其实这种"机器"每日都出现在我们眼前——植物。植物只需要借助太阳能、少量空气和水以及某些矿物质就可以生长。因此，人们理应能够改变某些生物的机能，让它们只消耗分散的能量就能产出一些我们需要的物质。感谢基因工程使这一设想付诸实现。在医学上，人们经常借助该技术修改细胞基因生产药品。但我们还可以更进一步，为什么不能研发一些既不需要杀虫剂也不需要化学肥料的植物、一种生物发光灯泡，甚至建一座生物热电厂呢？甚至可以尝试发明一种二氧化碳转换器，将二氧化碳转化成葡萄糖或者脂类，这样一来就可以将污染变为食物了。

某些环保运动和保守派思想认为经过基因修改的生物都是彻头彻尾的怪物，我们至今还未能生产出生物机器主要归咎于这一思想。孟山都公司（Monsanto）的玉米显然是对基因工程的恶意应用：该公司借助基因修改技术提高本公司生产的玉米对本公司杀虫剂的抗药性，借此提高杀虫剂的销量，这种做法确实令人不齿。但环保主义者的反对并不仅局限于基因修改技术的滥用。他们排斥所有类型的基因修改，并称这样做是为了保护人类正在扼杀的"自然世界"。

这种说法简直荒唐至极。环保积极分子的初衷是好的，但他们忘了，他们正在保护的所谓的"自然物种"其实已经被人类驯化了，这些物种与野生物种相去甚远，后者才算得上真正的"自然物种"。换句话说，为了让某些物种发展出对人类有利的特点，具体说就是让它们能为人类提供丰富、稳定、方便取用的食物，我们已经改变了它们的基因。但通常情况下，基因的改变对于物种本身并无益处。

人类通过某种不同于基因工程的技术——杂交——改造了这些物种。归根结底，杂交与基因工程技术殊途同归。如今风行的转基因技术和古老的杂交技术的唯一区别在于选择和去除某种特性的用时不同：由从前的几个世纪变成了如今的几个月。

杂交技术的结果是：某些植物产出的果实越来越大，某些动物的幼崽体型过大导致雌性无法独立产崽，必须人类干预。但对于人类来说，这样做的好处是，这些动物可以早早地变成我们的盘中餐。又如小麦，人类修改了小麦的繁殖方式，让它保留了一种致死的突变，小麦种子自此不再自主从麦穗上脱落。这个变化导致植物无法繁殖，但对人类来说却非常实用。想象一下，我们的史前祖先不得不从地上一粒一粒地捡拾小麦种子，多辛苦啊！

虽然过程艰辛且漫长，但是人类从1.5万年前开始，就在不停地创造基因被修改的动物和植物。借助基因工程，将这种行为以更快速、更合理的方式继续下去应该不会引发什么丑闻。更不要说我们这样做的目的是走向能量消耗量更小、更尊重自然的新世界。比如，梦想马上可以创造一种能消化塑料、清洁海洋的新动物，这并不是痴人说梦。

总而言之，折中稳态的思考方式能够使解决环境问题的方法变得多样起来，只不过其中的大多数如今还不太为人所知：（1）核聚变，不仅储量丰富,并且符合不断进步的人类文明的要求,同时清洁环保,碳排放量少;(2)开发能够提高机械效率的科技,以减少能源损耗;(3)大力发展基因工程,以便创造出能够直接使用分散能量的生物机器,以及其他能够让我们达成共识的解决方案。

回归物质,未来可期

仔细想想便不难发现,单纯由物质构成的人类其实是有无与伦比的优势的。人类本质的非物质性犹如海市蜃楼,从中脱身可以让我们更准确地了解自己。人类会发现,在自己所属的物种中,交替出现的伟大思潮和流派并非精英、先知或圣人的教诲,后者也不是唯一可以看清未来并为我们指明道路的人。这些桀骜的领导者事实上是极端生物性的携带者。这些人只拥有人性中的一部分,他们无法看到全部现实。借由这种新的认知方式,21世纪的人类可以非常自然地远离极端主义,推举出人类物种中最完美的一类——折中稳态的人。后者是完整的、集内源稳态和外源稳态于一身的。在他们的带领下,我们所有人都将参与到一个由奇迹和希望构成的新世界中。这类全新的人描绘的未来,不是个别人的未来,而是全人类的未来。

3 生物性赋予生命意义

生命：个体的催化剂

自由和愉悦感毫无疑问是人类最基础的渴望。然而，了解生命的意义、了解自己在宇宙中的真正地位也是人类主要的愿景之一。这也是你我所属的物种所面对的最重要的未解之谜，当然宗教除外。

对于这个问题至今没有确凿答案的原因之一在于，若想了解生命的意义，必须先对"生命"这个词进行定义。如果我们不了解一个东西到底是什么、无法毫不犹豫地在群体中将其识别出来，那么破解它的意义自然是难上加难。然而，"生命"直至今日依旧未能收获一个完美的定义。以病毒为例，它其实与细胞非常相似，二者都由有机分子——有机物的"砖块"——构成。病毒的结构与细胞结构类似，蛋白质构成的外壳，其中包含DNA。然而，细胞可以根据其DNA进行复制，而病毒无法独自进行复制，它必须借助其他有机体才可以完成复制。病毒是"生命"吗？它几乎拥有生命的全部特征，只是无法进行自主繁殖。科学界对此观点不一。专家们虽然无法就此问题达成共识，但有一件事是肯定的，我们确实还没有找到对"生命"的严谨定义。

怎样打破僵局呢？也许可以尝试从有机体的作用入手，而不是拘泥于它的物理特征。为了更好地理解这两种思路的区别，我们以交通工具的定义为例。请你试着用其中一种思路来定义交通工具。若只借助物理特征，这几乎是不可能完成的任务。通过规定轮子的个数、推进方式、有几个座位来定义交通工具吗？有些交通工具根本没有轮子，有些没有马达，有些没有座位，有些交通工具甚至是某种生物。但若利用其作用来定义，事情就突然变得简单了：交通工具是可以让人或物体在空间内从一个点到另一个点进行位移的实体。

遵照同样的方法，让我们一起研究一下有机体的作用，也许借此可以将它与没有生命的东西进行严格的区分。为此，有两种方式可以选择。第一，对比两种由不同物质构成的实体，一种有生命，另一种无生命。比如对比一个细胞和一块石头。第二，对比两个相同的实体，一个有生命，另一个无生命。比如对比两只同胎生的猫，一只还活着，另一只刚刚死去。第二种方法应该最简单、最精确，这也是研究人员在其日常工作中使用的方法。这种方法可以去除由其他无关紧要的区别造成的干扰，使需要研究的特征和信号突显出来。此时此刻我们需要研究的特征是生命。

然而，需要特别注意避免直接对比活着的和死去的猫。对比这二者轻易就可总结出大量区别：死掉的动物不再呼吸、心脏不再跳动、体温下降等，这些区别对于猫和很多类似的生物来说都适用，比如所有哺乳动物。但是，对于其他生命形式，如植物、软体动物、昆虫或真菌并不适用。上述生物都不会呼吸、没有心脏，也无法调节体温。因此，不应直接对比两种活着和死去的有机体，而应该对比它们所处的环境。这是指出所有生命形式的共同作用的最简单的方法，借此就可以定义"生命"了。

具体怎样做呢？我们需要找两个巨大的盒子，在盒子里设置和地球一样的环境条件：空气、水、土壤、阳光等。在其中一个盒子里装入活的有机体，另一个盒子里装入同样数量的同种有机体，只不过已经死亡。不要观察或者触摸它们，要测定这两种环境中发生了什么。通过更换不同的生命形式来重复试验，很快就能得出以下结论：熵值增加标志着环境中有活的有机体。前文中已经提到过，活的有机体是许多分子的集合，它的熵值远小于处于非活化状态下的同样分子的集合。但熵不可能降低，这是一条不可逆的规律。你可以尝试降低某一地点的熵值，但其周围环境的熵值势必会增加。这就是为什么包含活的有机体的环境中的熵值会高于死亡的有机体所处环境中的熵值。因此，若想知道有机体是死是活，只需测量环境中的熵值即可。如果它还活着，其所处环境中的熵值较高。

因此，熵成了一条客观标准，它帮助人们轻而易举地判定分子集合到底构成了有生命的生物还是无生命的东西。比如，熵这一变量可以非常明确地告诉我们病毒没有生命。假设存在两种环境，一种环境中包含病毒，另一种不包含。若你将这两种环境进行对比，便可得出以下结论：若在该环境中病毒无法复制，则熵值保持不变。这说明病毒本身并非活的有机体；若病毒可以在该环境中复制，最终环境中的熵值会降低，因为最终处在该环境中的生命数量会减少。病毒通过将 DNA 注入另一细胞进行复制，细胞内最终会生成数以亿计的病毒导致细胞爆裂、死亡。因此，病毒不仅没有生命，它的作用甚至是对抗生命。

现在，我们可以利用熵值的变化来为"生命"下定义了："生命是一种状态，处于该状态下的有机物使其所处环境的熵值增加，且增加程度大于其他任何状态。"既然我们已经成功定义了生命，也就有可能赋予它一些意义了。生命可谓熵的催化剂。催化剂是可以加快某种反应的元素，如果没有催化剂的作用，反应就需要更长的时间才能完成。这正是生命之于熵或混乱度的作用——生命会加快熵或混乱度的增加。

因此，熵增即生命的意义。但这真的能赋予生命意义吗？这真的可以帮助我们理解人类在万事万物的秩序中、在宇宙中的真正地位吗？我认为可以。

让我们一起看一看宇宙诞生之初都发生了什么吧。宇宙诞生于 150 亿年前的一个点——奇点，它改变了宇宙先前的状态。自此，宇宙不断地扩散、打乱自己，换句话说，它在不停地提高自己的熵值。因此可以说，宇宙的诞生即熵的诞生。事实上，在宇宙诞生的初期，它是一个超乎想象的质量与能量的大集合，所有的恒星、星球、星系都聚集在一起，不像今日这般分散，因此当时宇宙的熵值趋近于零。若再向前追溯，在宇宙诞生之前，就没人知道到底是怎样的景象了。

大概是一种绝对有序、熵值为绝对零值的状态吧。也就是说,那时的万事万物皆为一体,但反过来说,这其实也意味着那时任何事物都不存在。因为若想说某个东西存在,那它必然得和另外一个东西不同。若所有东西皆为一体,听起来貌似所有东西皆在眼前,但事实上它们又都不存在。因此,宇宙的意义就在于创造越来越多的个体。它是怎样做到的呢?很简单——拆分。总的来说,一旦每个原子和粒子都被孤立开来,那么个体数量将达到最大值。因此,我们可以将熵看作个体数量的衡量单位。正因如此,熵值不可能减小,因为宇宙存在的意义即增加个体数量,也就是增加熵。

生命这种物质状态之于熵就是催化剂的作用,它加快了熵的产生,这意味着什么?这意味着生命通过不断分散最终创造出最大数量的个体,即最大的熵值,帮助宇宙走向完成体。因此,生命是个体的催化剂,这个意义仅仅建立在物质基础上,它完胜非物质要素赋予生命的意义。

独一无二的人类

若广义生命的意义是促进熵和个体的增加,那要如何看待人类生命以及人类认为自己独一无二、与其他生物完全不同的观点呢?我在本书的开头已经提到过,造成非物质要素或者灵魂之说的最主要原因之一是人类觉得自己不仅比其他有机体更高级,而且认为自己从本质上与众不同。如果人类和其他生物都由同样的物质构成,人类生命的意义和其他生物生命的意义也都一样,我们是否仍能坚称自己比其他物种高级呢?人类著名的预见能力这一次是不是马失前蹄了呢?并没有,人类的预见性又一次做出了正确的判断。人类产生熵的方式和其他生物完全不同,因此人类有别于其他物种。几乎所有生物产生熵的目的都是继续生存,只有人类,他们非常乐于制造熵,但他们使熵增加的目的是取悦自己。

人类这一独特属性可以再次被归因于认知革命。认知革命使人类将愉悦感概念化并开始单纯地为了获得愉悦感而去努力追求它。为此,人类发展出了大量的娱乐活动,只为收获幸福或快乐。但这些活动也需消耗大量的能量,因此会产生大量的熵。故而,人类是唯一一个不仅为了存活而产生熵的物种,我们还会为了消遣和快乐创造熵。我们甚至发展出了一种熵的美学,即人类会因某个事物可以产生的熵的多少来决定对其喜爱的程度。为了更好地理解这件事,让我们一起看三个可以作为愉悦感放大器的特性:稀缺程度、有序性和力量(或功率)[13]。

自古以来,人类一直对稀缺事物迷恋不已,珠宝是很好的例子。假设你得在两个礼物中挑选一个:两条看上去几乎一模一样的手链。你先试了其中一条,你觉得它非常适合,你很满意。如果此时有人告诉你这条手链是白金镶钻的,你一定会更开心。相反,如果得知这条手链是由廉价金属和玻璃做成的,你的愉悦感一定会一落千丈。然而,

---

13 法语中"力量"与"功率"均借助一个词来表达:la puissance。

手链始终是手链，款式也相同，唯一的区别是其材质的稀缺程度。你可能会说，这不是稀缺程度的问题，而是价格的问题，你更希望收到白金镶钻的珠宝是因为它们的价值更高。

那不如看看第二个例子：你加入了一个观鸟协会。该协会组织会员用望远镜观察鸟类，然后在小本子上记录观察结果。从第一次外出活动便不难发现，协会中的新会员观测到的鸟类越稀有，他们就越开心。即使这些鸟不是最漂亮的，观察结果也不会给他们带来经济收益，但他们还是非常开心。所以，稀缺程度可以使愉悦感增加，这种愉悦感由某种与众不同的、异常珍贵的东西引起。稀缺物的共同特征是什么呢？若想得到它们，人们必须付出更大的努力、进行更长时间的找寻，抑或经历更复杂的提取过程。总而言之，稀缺物的获取过程将消耗更多的能量，因此会产生更多的熵。

有序性也是可能提高愉悦感的因素之一。让你在乱七八糟的房间和收拾得十分整洁的房间里进行选择，你肯定会更喜欢后者。即使是没有洁癖和强迫症的人也非常清楚，一旦房间乱到一定程度，人就会觉得不自在，会产生收拾屋子的迫切需求。请你不要误会，人们整理房间并非出于对卫生与清洁的需求，而是受到井然有序的外在表现的吸引。

在很多大城市中，历史悠久的图书馆都会被当作旅游景点，假设你现在就身处其中。一进门，你就会被成排成排整齐摆放的书籍吸引……现在我们换个场景，请你想象一下，还是在这个图书馆，但书架空了一半，书被杂乱地堆放在地上。效果就完全不一样了，不是吗？图书馆的形象立刻变得不那么吸引人了。但无论是图书馆还是房间、书的干净程度都没有变。有序和无序，或者说集中与分散的最大区别是什么呢？相信你已经知道答案了。有序性无法被建立，因此，在一处整理、集中物品必然会导致另一处的无序性和熵值更大程度的增加。

功率也是物体为我们带来愉悦感的另一要素。我们为了完成某项工作而建造机器时会关注产率和功率。前文中已经解释过，产率衡量的是为完成任务所需的总能量。能量越少，效率越高。相反，功率测量的是单位时间内的做功量，与消耗的能量无关，做的功越多，功率越大。以汽车为例。产率通过行驶100千米的耗油量体现出来，而功率则体现在从静止加速到100千米/时所需的时间上。通常情况下，功率大的机器产率偏低，反之亦然。这两个概念间有着天壤之别，因此，制造产率高的机器和制造功率高的机器所用的方式必然不同。法拉利、协和式飞机和克里奥（Clio）[14]、滑翔机没什么可比性，前者功率大，后者则产率更高。但不能否认，大部分都认为前者更高级。

功率（或力量）的魅力不仅局限在机械领域。让我们对比一下公牛和奶牛的照片，或者猫咪和老虎的照片，又或者鲨鱼和小金鱼的照片。同样，力量更大的动物会被认为更漂亮、更有吸引力。力量（或功率）对人类的吸引力不言自明，比如有些人非常热衷于观看F1赛车或摩托车竞速赛，有些人会去追逐正在起飞的飞机，抑或去非洲狩猎，追逐野兽。力量大（或功率大）的东西的共同点是什么呢？还是一样的答案——它们产出的熵值巨大。

---

14 克里奥，雷诺生产的家用型小汽车。

综上所述，人类更喜欢稀有、有序、力量大或功率大的东西。然而，被特质完全相反的东西吸引才更符合逻辑啊！随处可见的寻常物品或材料才能被更轻易地收入囊中啊！同理，如果待在杂乱无序的地方可以让人觉得舒服，人们还有什么烦恼呢？如果自然法则是倾向于无序，我们为什么还要费力整理和收拾呢？另外，比起被功率（或力量）大的东西吸引，产率高的东西应该能为人类带来更多的好处啊：它们的危险性更小，在消耗同等能量的情况下寿命更长，产生的污染也更少。

人类为什么会对高熵的东西生出一种无厘头的爱呢？正如新鲜感和稀缺度一样，有序和力量（或功率）之所以被选为快乐之源，大概率事件是因为它们能增加个体存活的机会。为了更好地理解这件事，还是得回到人类还是狩猎采集者的年代，那是人类进化史上最漫长的时期。当时的人类要搜寻并非唾手可得，甚至有时会出现短缺的食物。稀缺物对人类的吸引力提升了我们寻找替代性资源的能力；喜欢将资源聚集起来并安放在不同地方，这点则成了人类发展储存能力的辅助性条件。另外，人的力气越大，就能越快地储存食物，同时能降低被竞争者偷走食物的风险。

我们一直以来都以为是上帝创造了宇宙及世间万物，上帝按照自己的模样创造了人，并指定了人类的特殊地位。因此，上帝也创造了熵。鉴于上帝创世是出于爱，他应该也乐于见到熵的增加。这样说来，人确实是以上帝为模板被创造出来的，毕竟人类是唯一不只为了生存、更主要是因为喜欢而制造熵的物种。

独一无二是真，高级却未必

显然，人类有别于其他有机体。但我们真的"高级"吗？看到这个问题，所有人都会毫不犹豫地回答"对"，这可以算得上是所有人类信仰的支柱之一了。人类确实看上去比其他生物高级。单单艺术、技术、科学、哲学……就没有任何一种人类以外的生物可以做到。但是该结论的问题在于它立足于有失偏颇的人类中心主义。我们在对物种进行归类定级时，采用的衡量标准是人类行为的复杂性，是让人类脱颖而出的标准。据此，人类自然会被定义为最高等的动物。但是，只需修改几个变量，排位立刻就会改变。如果每个物种都可以自主地选择评判标准，那么所有物种都将是自己排行榜上的第一名。

你觉得这是无稽之谈吗？你认为无论标准如何，某些物种永远都是低级的吗？让我们以细菌为例。细菌由单个细胞构成，甚至连细胞核都没有。因此，细菌应该永远不可能比人类高级吧。这么想就大错特错了！一切都取决于你看问题的角度。比如，人类为了适应新的环境条件，需要经历成千上万年的基因修改；而细菌只需几天就可以完成。另外，如果咱们依照体型、寿命、抵抗侵犯的能力等标准给所有物种评个高下，人类永远都不可能名列前茅。假如真的按这些标准进行排名，植物通常会独占鳌头，特别是树木，它们通常是地球上寿命最长（超过5000年）、体型最高大（超过100米）、生命力最顽强的物种。此外，植物占生物总量的82%，随后是细菌（13%）和真菌（2%）。

动物垫底，仅占生物总量的 0.5%。而 70 多亿人类仅占 0.01%。

上述结论会让人类乱了阵脚，但只需要反驳"行为才是物种最重要的特点"就足以让人类重登"高级动物"的宝座。如果你在最高级的功能里是最优秀的，那么你的"高级"就毋庸置疑。拥有进行复杂行为的能力确实可以帮助你制定策略，以保证每天都有充足的食物资源，让你更从容地生活，更何况那些被你用来果腹的生物通常会藏起来和逃跑，让人头疼。但是，假设你的生存无须依赖其他生物，比如，你只需利用无处不在的分散型能源，如太阳能、一点气体如二氧化碳、少量的水和一些矿物质，就可以生存繁衍，这样一来，你就不需要用复杂行为来获取食物了，你所属的物种也很可能不会进化出这样的行为。

所有人都希望能直接利用分散型的可再生能源，但实现起来却非常复杂。虽然人类在科技上已经取得了傲人成就，但目前我们还是无法实现这一美好愿望。对人类来说这确实非常困难，但也不是没有实现的可能，毕竟能够做到这一点的物种已经存在了，这些"魔术师"就是——植物。它们就是利用太阳能、二氧化碳、少量的水和部分矿物质生存和发展的啊。植物根本无须觅食，因此它们的行为非常有限。说到这里，我们有必要思考一下"鸡生蛋还是蛋生鸡"的问题。换句话说，复杂行为到底是高级特点还是缺陷？按照我们的逻辑，"有缺陷"的物种，比如植物，不具备复杂行为，因而不得不使用类似太阳能这种分散的能量；而"高级"物种，比如人类，发展出了复杂行为，因此能够使用集中的能量。但逻辑颠倒过来也没问题，即高级物种能够完成高难度任务，如直接利用分散的能量；而低级物种才只会使用集中能量，因此后者不得不发展出复杂的行为，以弥补自身缺陷。若从这个角度出发，在物种高级与否的排行榜上，植物应该排在人类之前，而人类应该排在榜单的最底部。

所幸人类可以通过语言交流感觉、意识和思想，这才是我们作为高级动物的"标记"。但问题是，语言也是一种行为，因此，它也有可能是某种缺陷，而非"高级"的标志。另外，我们无法笃定地说植物没有感觉、意识和交流。也许它们的意识远比人类意识复杂得多，只不过是我们不知道而已。

人类的逻辑总是建立在自己的感官可以感知的事情上，而忽视了其他事。比如，我们以为啮齿类动物相对安静，是友好的"小哑巴"。殊不知，人家一直在"说话"：啮齿类动物相当聒噪，只不过它们叫声的频率过高，人类的耳朵识别不出。同理，植物之间也可以交流。只不过它们的交流要借助微小的能量变动，且间隔时间长，因此人类根本无法感知植物间的交流。

前文中已经提到，所有宗教都宣扬存在一种你我都无法企及的意识状态。人类坚信有一个维度是自己无法涉足的，那里生活着各种神明，各种高级的存在。这个维度应该是全人类中影响范围最广的信仰了吧。既然如此，让我们重新回顾一下各大宗教为接近这一"高级维度"所采用的方式，这一定很有趣。大部分宗教提倡尽量少消耗熵值低的能源，如动物等；提倡冥想，即保持静止状态，让思想放空，换句话说，就是停止一切活动。因此可以说，苦行的常见手段旨在让人尽可能地接近植物存活的方式。甚至可以说，那种让人们可望而不可即的精神维度其实就是植物的状态。若再进一步推论，人们也许会暗自琢磨——莫非树就是神吗？

这一假说肯定不会让人放弃信仰，反而会招来嘲讽的讥笑。因为人们相信你我皆由神明创造，是神明按照自己的样子创造了人类，而非植物。众人对此深信不疑，然而事实上它完全站不住脚。因为仔细观察即可看出，人类是由植物衍生而来的。

生命诞生于约 35 亿年前的太古宙时期，当时的生命形式是简单的单细胞生物，被称作原核生物或细菌。最初，这些生物可以直接利用 ATP——细胞的"通用燃料"——产生能量、保证熵的低值。和现在一样，当时的生物也无须合成 ATP，因为原始汤[15]中即包含 ATP。但一段时间之后，所有可用的 ATP 被消耗殆尽。因此生物必须学会使用其他体积更大但是分布同样广泛的分子——葡萄糖。从那以后，早期的生命形式开始从原始汤中摄取葡萄糖，之后将其分解，继而获得 ATP。当时的生物实在太过"贪吃"了，葡萄糖也被它们"吃"完了。葡萄糖的减少导致了非常严峻的问题，甚至可能使一切生命灭绝。但是有一种细菌创造了一个小小的奇迹，它学会了直接利用太阳能和二氧化碳合成葡萄糖，这样一来，它就能继续通过分解葡萄糖获取 ATP，继而获得能量了。至此，生物发明了光合作用，即通过阳光和二氧化碳合成

15　20 世纪 20 年代，科学家提出一种理论，认为在 45 亿年前，在地球的海洋中就产生了存在有机分子的"原始汤"，这些有机分子是闪电等能源对原始大气中的甲烷、氨和氢等的化学作用而形成的。

葡萄糖。这个过程最初通过一种很古老的机制实现,效率非常低。之后,突变导致合成蛋白质的方式发生改变:刚刚提到的细菌学会以水和二氧化碳为基础合成葡萄糖,同时释放氧气。这一过程比之前的更为高效。

这个改变的影响巨大:氧气含量大大提高导致地球大气发生了翻天覆地的变化。人类依靠氧气存活,对人类来说这自然是个好消息。但是,从化学角度看,这并非什么天上掉馅饼的好运气。氧分子极易发生反应,能够使其他分子跃迁到不稳定状态,并与后者发生反应。氧化这个词你看着眼熟吗?没错,氧气可以氧化、"破坏"其他物质。最为大众熟知的氧化现象当属铁的氧化,铁氧化后会出现铁锈。沉积于海底的铁锈可以让人们为这一产生氧气的新陈代谢过程做精准断代——它出现在距今约25亿年前。

氧气不仅会腐蚀铁,为获取ATP,它也会参与到葡萄糖的新陈代谢过程中。葡萄糖和氧气反应生成ATP的过程很高效,它产生的能量比没有氧气参与的葡萄糖生成ATP的过程多38倍。至此,一种依靠高效机制生成ATP的有机体发展成型。这种有机体拥有两个新陈代谢系统。第一个系统运用太阳能、二氧化碳和水来合成葡萄糖,该过程会将氧气作为废料排出。第二个系统利用氧气和葡萄糖生成ATP,该过程会释放二氧化碳。这种原始有机体几近完美,它们就是植物。利用光合作用,植物暴露于阳光下的部分以二氧化碳为基础生成葡萄糖并释放氧气。之后,葡萄糖被运送至植物体内的各个角落——包括那些没有暴露于阳光下的部分——借助氧气生成ATP同时释放二氧化碳。

无脊椎动物出现于距今5亿年前的寒武纪。从本质上说，动物其实是植物的"寄生物"。最早出现的"寄生物"是只摄食植物的食草动物。之后第二类"寄生物"产生，即食肉动物。食肉动物的出现对于植物来说——至少在初期阶段——算是一大幸事。为什么说动物是植物的寄生物呢？非常简单，因为动物与植物最大的区别在于，植物有两套新陈代谢系统，而动物只有一套。动物无法进行光合作用，也就是说，它们无法借助水、二氧化碳和太阳能合成葡萄糖。动物只会利用葡萄糖和氧气生产ATP。事实上，包括人类在内的所有动物都是"有瑕疵的植物"，我们都是丧失了一部分功能的植物。因此，动物需要依靠植物和植物生成的葡萄糖存活。

植物可以直接利用无处不在的分散的能量，用无机元素为自身提供成长所需。可以说植物才是生命的造物主，而其他动物包括人类，我们都是它的"消费者"和"寄生物"。

即使暂时不考虑道德因素，"其他生物的寄生物"这一身份已经开始给人类造成严重的困扰了。为了健康成长，寄生物不能将宿主全部消耗殆尽。如果它过分贪婪，很可能会面对再无宿主可以依附的局面，那时，寄生物的物种延续也将岌岌可危。这正是此时此刻人类面临的问题，我们正在消耗掉整个生物圈。因此，你我现在面临的局面和生命进化伊始出现的细菌面对的情况一样。起初它们将所有ATP消耗干净，后来又把葡萄糖消耗得一点不剩。要如何应对这种局面呢？单细胞生物学会了使用蕴含越来越分散能量的能源，以此来突破困局，我们或许也可以采取同样的方式。人类或许也可以像植物一样，使用太阳能和二氧化碳。

我们真的可以吗？被动地等待自发出现的生理突变来完成这个奇迹显得太过虚无缥缈了。为了让智人可以获得植物的特性，并且学会进行光合作用，需要的突变实在太多了。因此，守株待兔不可取。退一万步讲，即使这一切真的实现了，也得花上成百上千万年。相反，若能直接修改人类的遗传基因，我们就能将命运掌握在自己手中了。现在我们还未掌握能达成此事的技术，但是，在不久的将来，我们也许就能实现了呢。仅仅20年，人类就已经发展出了前人想都不敢想的能力。我们已经可以将一个物种的基因转移到另一个物种上，或者通过结合不同的基因片段人工合成蛋白质。借助这些技术，人类成功地修改了其他生物的遗传基因，使它们完成在自然状态下根本无法完成的事。在短时间内，这些技术还无法让我们将植物的光合作用能力转移到自己身上。然而，如果我们下定决心并为此投入必要的资源，理论上没有什么障碍能阻挡我们走向成功。但这要耗时多久呢？基于近年来基因工程取得的惊人进步，让某种动物拥有通过光合作用生成葡萄糖的能力也许只需要几十年就可以实现。

假如大家都认可为人类配备光合作用能力的创意，另一个问题很快会出现——这个创意值得我们为之付出努力吗？这句话看似矛盾，却合情合理。整个人类物种正身陷一个死胡同中，地球上的资源越来越少，而人口数量却在持续快速增长，资源马上将会枯竭。任何办法都要试一试。其实仔细想一想，这也许是解决问题最完善、最根本、最高效的生态方式了。该方法不需要我们再像现在一样绞尽脑汁去探索可以将分散能量集中的新技术，它使人类有能力直接使用分散的能量。

人类如果真的能如此进化，必将对我们的社会文化结构产生巨大影响。人类很可能将会向着日照更充足的地方迁徙，着装方式上也会彻底改变，因为需要让皮肤尽可能多地暴露于阳光下。人类文明如今围绕很多活动构建，到那时，这些活动会大量消失，特别是农业和畜牧业活动。在基础需求大大降低的情况下，战争应该会逐渐消失，除非是为了争夺享受阳光的地盘。这样一来我们将拥有更多的时间和资源来进行消遣娱乐活动、艺术创作、科技发展、医学研究等，人类将向着更有创造性、更和平的物种发展，人类智慧将得到更好、更善意的使用。

但上述美好可以持续多久呢？这种解决办法也是一把达摩克利斯之剑[16]，它带来的负面影响是：在很长一段时间后，人类行为的复杂程度会大大降低，人类的认知能力也会大打折扣。几万年以后会怎样呢？这个问题确实值得探讨。通常情况下，若某种特性对于物种延续不再必需，在后续的繁殖中就不会被选择，之后渐渐消失。照此逻辑，人类出众耀眼的复杂行为将渐渐消失，取而代之的将是一些最基础的简单行为，就像植物一样。

我们刚刚设想的进化方式还有另外一个吸引人的地方，它可以解

---

16 达摩克利斯之剑，喻指危险临头或随时都可能降临的灾难。西方成语，出自希腊神话传说。

释"费米悖论"[17]。根据这位著名的物理学家的观点，宇宙如此广袤，不可能没有其他有智慧的生命形式；但若它们真的存在，我们又不可能至今都还未与之相遇。然而事实就是如此。除非那些有智慧的物种经历的高级进化过程使它们的身体可以直接使用无处不在的分散型能量来维持生命，如太阳能。这种进化上的改变使它们丧失了复杂行为，继而变得静止不动。我们今日正在经历的能源危机也许正是所有智慧物种的必经之路。起初，行为发展的目的是学习更好地使用能量集中的能源。但这反过来会导致星球上的高级物种消耗越来越多的集中能量，它们的个体数量也会激增，直至到达能源枯竭的临界点，就像人类社会如今正在面对的一样。对于所有物种来说，最易想到的解决方式——也是唯一可以让物种存续下去的方式——应该就是改变自己的生物性状，学会直接使用蕴含分散能量的能源。比我们更高级的物种也许已经完成了这一系列的改变，它们也许已经丧失了那些越来越无实际意义的复杂行为。这也许就是我们无法与它们相遇的原因：它们变得像植物一样"宅"，所以像植物一样，它们也从不旅行。

综上所述，人类是否比其他生物高级，取决于我们使用的评判标准。"高级"仅仅是相对概念。因此，这样的讨论还有必要进行下去吗？这难道不是毫无意义的胡言乱语吗？我并不这样认为。这些讨论能让我们对人类比地球上其他生物更高级的说法生出些许质疑。这并非自

---

[17] 在1950年的一天，诺贝尔奖获得者、物理学家费米在和别人讨论飞碟及外星人的问题时，突然冒出一句："它们都在哪儿呢？"这句看似简单的问话，就是著名的"费米悖论"。

寻烦恼，也不是杞人忧天。质疑的目的在于让人类培养出其一直以来严重缺乏的品质——尊重。请尊重我们身边的一切生命形式。可以从尊重树木开始，告诉自己，纵使人类掌握了无与伦比的科技，也不能说我们比树木高级。如果人类的心胸与眼界能够宽广至此，我们不仅会减少伐木行为，甚至会逐渐意识到男人不比女人更高级，白人不比黑人更高级，异性恋不比同性恋更高级……真正意识到人类所谓的高级不过是一种幻象，可以为我们带来的改变和将来基因工程能够带来的一样多。

Ⅲ
过 度

肥胖症并非人类的宿命,而是认知革命的结果。人类不再依赖环境的选择,而是反过来主动改变环境,使环境更好地满足其需求。

1 标准、正常、恶习、疾病

历史上,认为生物性的身体和非物质要素的灵魂共存的二元论观点使研究人类行为变得异常复杂。我们引导自身行为的各项措施因二元论变得模棱两可,同时,改变措施亦会激起诸多争论。伦理学和医学直到21世纪前一直是界限明晰的两个领域,近期,随着行为生物学的不断发展,这两个学科开始相互碰撞,情况变得越发错综复杂。

情况原本十分简单:非物质要素——灵魂——指导我们的行为;在进入非物质世界之前,身体——作为生物性的实体——可以让人们在物质世界中自由活动。医学负责我们的身体,而伦理学——不论是宗教性的还是世俗的——负责我们的非物质要素。然而,这两个学科的目的几乎一致,即让身体或非物质要素处在正常状态中,一旦产生偏差,这两个学科就会介入。

在医学和伦理学上,相对于标准而言的偏离状态有着完全不同的含义。在医学领域,医生诊断疾病;而伦理学则会指出人们的恶习、罪孽或罪行。"疾病"是身体的偏离状态,而后者则为灵魂或非物质要素的偏离状态。因此，乍一看来，疾病与恶习好似硬币的两面，因为它们皆意味着构成人类的两个组成部分——一个物质的，一个非物质的——相对于正常状态发生了偏差。然而在现实中，社会在面对这两种偏差状态时的态度完全不同：人们会治疗病症，却会惩罚恶习和罪行。这样看来，这两者确实有天壤之别。若你得了病，人们会照顾你，甚至为了使你摆脱疾病的纠缠，整个社会都会投入大量金钱。如果你有某些恶习，或者犯了什么罪行，你会被社会唾弃，活着被关入监狱，死后被堕入地狱。造成这种差异的最根本原因是，人们并不认为自己是身体疾病的始作俑者，却要为我们的非物质要素犯下的错担负责任。这样想也很正常，因为身体被当作非物质要素的载体，并不能真正构成人的身份人格，而非物质要素才是真正的"我们"。

为什么人们会治疗身体上的疾病，却会惩罚非物质要素的"疾病"呢？这种让人捉摸不透同时又充满矛盾的差别对待从何而来呢？这就好比在交通事故之后，救援者拼尽全力修复受损的汽车，不惜一切代价"拯救"它，却置司机的生死于不顾。上述问题的答案，种种荒唐行为的原因，我们在有关自由的章节里已经研究过了。在犹太基督教文化中，对罪行和疾病正确或错误的区别对待，来自圣奥古斯丁和他提出的"自由意志"，即上帝赐予人的自主选择善恶的能力。这是一种人们费尽心力、凭空捏造的能力，其目的是保护上帝的至善和完美。然而正是上帝创造了无恶不作的人类。因为有了意志和自由意志，人类才成了自己行为的唯一责任人，上帝才得以从一切罪责中解脱出来。

身体和灵魂被严格区分的时候，事情还算明了。一方面，医学负责身体健康；另一方面，不论是宗教的还是世俗的道德法规和伦理学，都肩负着让灵魂或者非物质要素走上正途的责任。然而，有关生物学的知识越是进步，灵魂的罪行和身体的疾病之间的分界线就变得越模糊，最终甚至会混淆理应治疗的疾病和理应被惩罚的罪行。

21世纪的生物学发现使得人类对罪行和疾病的处理方法变得更加不确定了，因为最新的生物学发现证实所有人类行为都有其生物学原因。那么，罪行、人类的罪责到底属于什么范畴呢？这是否意味着，如今无论我们做什么，都可以不再为自己的行为负责了？毕竟我们仅仅是"生理疾病"的受害者。问题的答案显然是否定的。生物学不会为我们洗脱罪责，它不会让行为上的不足摇身一变成为不可避免的疾病。将非物质要素视作生物性的，也不会促使我们放弃意志、自由意志的概念，它只会引导我们重新思考恶行和疾病之间的界限。

为了更好地区分恶行和疾病，首先要界定两个经常混淆的概念——标准和正常。

标准与正常

"标准"与"正常"之间的区别可能比罪行与疾病之间的区别更模糊。原因何在？因为人们经常用"标准"来定义"正常"，因此会陷入某种错综复杂的论证循环中。换句话说，通常情况下，人们认为正常行为就是符合标准的行为，而不正常的行为就是不符合标准的行为。然而，实际上，"标准"和"正常"没有任何关系。理解这二者的区别对于清晰地界定恶行与疾病之间的区别格外重要。在这一章的后续部分我们将会看到，恶行和罪行是相对于"标准"的偏离状态，而疾病则是相对于"正常"的偏离状态。

"标准"为行为划定了不可逾越的界限。它从伦理上明确了什么是好的，什么是不好的，和医学上说的"正常"与"不正常"没有关系。不同社会中所谓的"标准"可以完全不同。各种不同文化都算"符合标准的文化"，没有任何一种文化不受"标准"的支配。

一般情况下人们认为"标准"的最强大捍卫者是宗教，很多宗教书籍中都包含大量的行为准则。这些准则可以是非常宽泛的要求，如"爱你的同类"；也可以是十分精确的命令，从固定饮食的戒律、着装要求到明确一周中的每一天必须要做什么样特定的活动，包罗万象，应有尽有。命令并不属于"正常"的范畴。所有宗教都承认，人类的本质促使其背离神的教诲，做出恶行、犯下罪孽。宗教戒律存在的意义便是引领我们避免某些对于人类来说是"正常的"，但会冒犯我们敬畏的神明的行为。

世俗社会并不比宗教社会的"标准化"程度低。世俗社会经常被一系列比较明确的"标准"支配，若想被社会群体接受就必须遵守这些标准。与宗教戒律一样，世俗社会中的主要标准也被写在书里——民法典或刑法典。甚至存在一些职业，其职责便是制定标准、调整标准、让人遵守标准、对违反标准的人制定相应的惩处措施并确保惩处措施的落实。以法国为例,国家财政预算中的很大一部分会划拨给以下机构和职业:制定和投票通过法律的机构、确保法律被遵守的警察和宪兵、根据惩戒制度决定相应惩罚的法官、审判员、律师等。如果"标准"仅是为了描述何为正常行为,那完全没有必要建立体量如此庞大的体系来建立、修改和捍卫标准。

如果"标准"无法定义"正常",那如何界定某种行为是否正常呢?从科学角度出发,正常就是当你的大脑正常运转时你的行为和你有能力做出的行为。按照同样的逻辑,代表某种疾病的症状即大脑无法正常完成运转时做出的行为。上述定义帮助我们更容易地判断一个看似"不正常"的行为,究竟是正常但不道德的(被某种标准禁止的),还是某种疾病的症状。

至少从近 5000 年以来,也就是从文字发明之后,人类大脑并没有经历真正意义上的演变。另外,全人类的大脑几乎都是一样的。因此,今日正常的行为,3000 年前也是正常的,在巴黎正常的行为在利雅得、纽约或者亚马孙丛林中的某个小村庄也是正常的。同理,一种不正常的行为,即一种因人脑机能异常导致的行为疾病在全球范围内从古至今也都应被定义为不正常行为。

因此,"正常行为"并不是指正确地行事,"病态行为"也不是去做不该做的事。"正常行为"是当大脑正常运转时你能实现的行为,"病态行为"则是大脑无法正常运转时你的行为。因此,正常行为是跨文化的,同时,在时间的长河中也应是稳定不变的。

如果加上时间和地理两个变量,很明显可以看出,"标准"并不能用来定义"正常"。"标准"会随着时间的推移做出巨大的调整，同时各个文化之间的"标准"也大相径庭。只需在时间轴上略做移动就可以看出，某些今时今日被看作罪行的行为，在并不算遥远的过去都曾被定义为正常行为；相反，某些今日被视作正常的行为，如同性恋，在距今咫尺之遥的过去曾被视作可耻卑劣的行径。我们在空间上移动一下也可以得出结论：今天，石刑在利雅得被看作正常的行为，在巴黎则会被看作野蛮的、不人道的惩罚；相反，某些行为，如通奸，在巴黎可能并不会引起太大的麻烦，但是在利雅得就很有可能被判死刑。

大脑的正常运转在几千年中都没有发生变化，巴黎人大脑的正常运转和利雅得人也无差异。然而，某些在一地被定义为恶行或犯罪的行为在另一地就是"正常"行为，这是因为这些行为基本符合当地社会根据文化约束和/或宗教戒律制定的"标准"。

综上所述，"正常"是跨文化的，"标准"和恶行的界定则是相对的，会随着时间和文化的不同而变化。

可能又会有人说我言过其实了，他们认为最根本的"标准"在历史发展中并没有发生巨大的变化，同时在各种文化里也大致相同。这种说法看起来确实有道理，也很让人安心：根本性的"标准"时刻提醒我们自己是谁，同时提醒我们人类的正常状态是什么。但是，这种说法的致命弱点就是它大错特错。

恶习：失常的"正常"行为

对于那些和我观点一样，认为"标准"并非用来描述正常行为，而通常与正常行为背道而驰的人而言，下面的段落就略显多余了。有些人认为，标准就是用来描述正常行为的。这些人很有必要读一读后续的段落，即使我的话在他们看来略带挑衅色彩。很抱歉，并不是我或者我的文字挑衅，人性中的"正常"本就骇人无比。

让我们从地理和历史的角度深入研究一些最具代表性的"不正常行为"，即那些从古至今被所有文化认为应该调控的行为。比如对物种和个体的保护。

让我们以一种与繁殖有关的行为为例，这种行为——迫使他人发生性行为，不仅被认为是不正常的，更被看作可憎的，应当被处以监禁的。强迫发生的性关系包含很多形式，其中最具代表性的两种是强奸和包办婚姻。实话实说，我并不觉得这二者有什么区别，但还是可以总结出几个细节上的微小差异：

一、为强迫进行性关系，参与的人数不同：通常情况下，在包办婚姻的案件中参与的人数较多；

二、强迫发生性关系的手段不同：在强奸案件中多数为身体暴力，而在包办婚姻中多使用心理暴力；

三、受害者在被迫发生性行为之前的准备时间不同：在包办婚姻中，该时间更长；

四、强加于被害人的性行为次数不同：在强奸案中通常为几次，但在包办婚姻中这个数字将无法计算。

强迫他人发生性关系在很多国家都被禁止。但是从医学上看该行为属于不正常行为吗？它是由大脑的错误运转导致的需要治疗的行为吗？你很快会明白，答案是否定的。这是一种不道德的行为，一种可怕的恶行或严重的犯罪行为，但它并非疾病。为了让这种说法更令人信服，我们可以调整时间和地理变量，重新考量强奸和包办婚姻。

首先，强奸和性侵于 1810 年被写入法国《刑法典》中的"伤风败俗"一章。其中的第 331 条提及强奸。强奸被定义为犯罪行为，作案人可被判入狱，最严重可至终身监禁。然而，只有借助暴力手段，将男性性器官放入女性性器官的行为才被定义为"强奸"。因此，男人无法被强奸。借助肛门、口部或手指完成的强迫性行为仅被定义为猥亵，至多处以罚款或 3 个月到 1 年的监禁。

1810 年之前，强奸也会被定罪，但其惩处并不针对强奸行为本身，而是针对该行为发生的背景。比如，在战争时期，强奸不仅可以被容忍，有时甚至会被当作对战胜方部队的犒赏。强奸一位已经成年的未婚女子也不会被逮捕。强奸犯和受害者的社会地位也非常重要：如果男主人性骚扰女佣，他仅需在女佣生下非婚生子女后对其做出金钱补偿。赔偿并非为了弥补强奸行为，而是因为这位未婚妈妈以后都将无法结婚。总之，在那个时候，如果发生性关系时没有使用身体暴力就无法将该行为定义为强奸。同时，人们认为如果女人真的执意反抗的话，男人根本无法强奸她。另外，被迫性行为之前的暴力行为并不算数。例如，男主人殴打女佣，并且威胁后者如果不屈服于他的性需求就会被扫地出门,最后女佣只有任其摆布。在这种情况下,女佣不会被认定遭到了强奸。直到1994年,《刑法典》中才将"威胁"视作迫使性行为发生的手段之一。同理,在奴隶制时期,用暴力手段强迫女奴发生性关系也不算犯法,相反,这是奴隶主的正当权利。

但也有些很有意思的例外:鸡奸和乱伦。这两种行为一直到18世纪都会被严惩,且行为中的施暴者和受害者(不论年龄)都会受到相同的惩处。如今,乱伦依旧被严厉禁止。但是,至少在法国,肛交已经被看作一种正常的性行为了。人们甚至能在专门的商店里买到各种不同的工具,以便相互或独自实施该行为。

可见,短短几百年,人类针对某些行为的忍耐度已经发生了翻天覆地的变化。然而,在这么短的时间内,人的大脑完全没有改变。17世纪的鸡奸者和强奸者的大脑与现代人的大脑运转得一样正常。

包办婚姻和强奸的历史非常相似——即使包办婚姻已经过时了,特别是在某些西方国家——它不过是由受害者的家庭成员共同组织的一场强奸行动而已。与古希腊罗马时期不同的是,天主教会在经历了11世纪的格列高利改革[18]后,尝试赋予婚姻双方自愿选择的权利。尽管如此,包办婚姻一直以来都是非常常见的现象,甚至在很多国家直到现在还是合法的、被允许的,特别是在亚洲、非洲、中东及东欧某些国家。另外,包办婚姻的形式也有很多变化。在有些地方,人们会询问即将结婚的新人的意见,但后者的意见并不会被纳入考量。在有

---

18 格列高利改革,是11世纪以教皇格列高利七世为代表的教会改革。标志着中世纪西欧基督教化过程的基本完成,教会作为独立存在已不再依附于世俗君主。

些国家,新人的意见完全无人过问,家长甚至会在孩子性成熟前就把婚事定下来。有时,新郎会从新娘父亲那里直接购买他未来的妻子。

总之,如果说强迫他人发生性行为从医学上说是一种不正常的行为的话,那么法国直到19世纪都一直深受这种危害巨大的"流行病"的困扰。19世纪以后,这种现象有幸在法国得以控制,但是在许多其他国家,这种"疾病"依旧在肆虐。

一定会有人指责我说性行为并不是区分"标准"和"正常"的典型例子,因为它的争议性太大,个体或者社会一直无法就此达成一致。如果换一些争议性更小的例子,例如保护生命和人类健全,也许标准就不那么多变了,它也许就可以用来描述"正常"了。

那我们就换一种同样骇人的、不正常的行为:谋杀。从古至今,杀人在几乎所有文化中都要遭到严惩。然而,仔细思考便不难发现,杀人一直都不是,并且时至今日也没有被看作一种不道德的或者病态的行为。问题的关键不是该行为本身,而是谋杀发生时的具体情况。

让我们看一些具体实例。在古代,奴隶主杀害奴隶的行为不会被认为是犯罪行为或病态行为。在古今历史上,大屠杀都被认为是巩固战争胜利的最行之有效的方法。比如,在攻占一座城池之后,为了解决民族争端或减小反对势力的影响进行的屠杀。直到20世纪,反人类罪的概念才被引入,目的是减少这类事件的发生。即便如此,在面对因政治或民族因素导致的屠杀和以个人名义犯下的杀人罪时,处理方式仍然大相径庭。政变之后,若当权者在3年之内杀死30多个反对派,几乎不会引起任何波澜。这种消息根本登不上报纸的头条。相反,同样是在 3 年内，如果一个普通人连续杀死 30 个与自己意见相左的人，他的行为一定会被大肆报道，他本人也会被看作心理变态的连环杀手。

一定会有人反驳我说伤害或杀死他人也有可能是出于保护某种"高级财产"，比如，为保卫国家的领土完整或保护某种理想的生活方式而进行的战争。按照这样的逻辑，满足个人娱乐需求的权利也是一种"高级财产"啊。我这样说是因为看着别人被残杀曾经是——并且一直是——一项非常吸引人的娱乐活动。在古罗马时期，人们非常热衷于看斗兽士被野兽吃掉或者角斗士拼得你死我活。这种经常会导致受伤甚至有时候会导致死亡的战斗传统，从古代一直延续至今。如果你觉得如今格斗运动已经变成了一项技术表演，暴力只是象征性的，那么我建议你观看一下"终极格斗大赛"（UFC）。这个比赛之所以能够在全世界范围内获得成功，主要是因为观众可以目睹运动员打得伤痕累累、满脸是血。另外，需要提醒大家注意的是，直到 1939 年，法国才停止公开执行死刑，主要原因是为了避免因前来观看的人数太多导致公共秩序混乱。直至今日，在 YouTube 网站上还可以看到欧根讷·魏特曼[19]被执行死刑的过程，他是法国最后一名被公开执行死刑的犯人。

刑讯是另一种可能会被看作病态和不正常的行为。最为大众所熟

---

19 欧根讷·魏特曼（1908—1939），德国籍罪犯。他最终在法国遭砍头处决。他是法国最后一名被公开执行死刑的犯人。在他之后，法国仍然使用断头台处决死囚，但过程改为非公开。

知的刑讯应该是宗教裁判所[20]为验证嫌疑人是否被魔鬼附身实行的刑罚。这些酷刑的实施方式非常专业，通常由一位经过培训的专业人士使用复杂的刑讯器具实施。不要认为刑讯专属于古代。在法国，"预备审问"——旧时"刑讯"的名称——于1780年8月24日由路易十六废除，在那之前，刑讯在法国已经越来越罕见了。在美国，使用酷刑获取关乎国家安全的信息曾经是特朗普总统的竞选宣言。为了了解国际上该问题的现状，只需看一看大赦国际[21]发表的最新报告即可，该报告中列举了如今还在使用刑讯的国家。

因此，刑讯本身也不是不正常行为。我不得不再重申一次，问题的关键要看我们是在对谁实施刑讯，而不是该行为本身。刑讯很长一段时间以来都是被接受的，并且时至今日，部分国家仍然认为如果实施刑讯的人员有专业资质，为了获取必要信息可以使用酷刑。相反，如果折磨和酷刑旨在满足个人意愿或个人需求，则被看作一种犯罪行为，施刑者也会被认定为可耻的虐待狂。

肯定又会有人反驳我说，社会在发展，它在向着越来越好的方向改变，如今不再被社会接受的行为就是落后的、不文明的。但问题在于，

20　宗教裁判所，或译"异端裁判所""宗教法庭"。中世纪天主教会为镇压反封建、反天主教的革命势力而设立的侦察和审判"异端"的机构。

21　大赦国际是1961年5月28日在伦敦成立的世界性民间人权组织。其宗旨是动员公众舆论，促使国际机构保障人权宣言中提出的言论与宗教信仰自由；致力于为释放由于信仰而被监禁的人，以及给他们的家庭发放救济等方面的工作；制止侵犯联合国宪章中列举的世界公民的基本权利。目前该组织已在世界上55个国家和地区设立了分部或联络小组。

某些时候,标准并不会朝着社会进步的方向线性发展。相反,标准在不停地原地打转,跟一个陀螺无甚区别。

以同性恋为例。同性恋一直在"正常""罪行"和"精神病"等身份中摇摆不定。在古希腊和罗马时期,同性恋是正常行为;20世纪上半叶,在英国它被视作一种罪行,20世纪90年代中期它被当作一种精神疾病;21世纪,在几乎所有西方国家,它又重新回归了"正常"的身份。人们甚至专门发明出了一种"性别理论",只为解释对性别身份的认知与由XY染色体决定的生理性别无关。因此,每个人都有一个与染色体相关的生理性别和一个与认知相关的社会性别。换句话说,一个拥有XY染色体的男性将自己视为女人也完全正常,因为社会性别并非由生理性别衍生而来,而是由另外一个系统决定的。不论使用哪种理论体系,总之,在越来越多的国家,同性伴侣亦可以结婚和领养子女。

我们到底是进步了还是倒退了?依我看咱们是在原地打转,在从白走向黑的道路上穿过各种带有微小差别的灰色地带。在这个过程中,大脑没有一丝一毫的改变。唯一值得注意的是,我们的决定由"标准"而非"正常"左右,人们对于各种存在方式的态度转变并非总有逻辑可循。

"正常"但不道德的行为肯定不止这些,但这并不是我们讨论的主题。我只想努力证明"标准"并不能定义正常行为,它仅代表社会对通常被认为不正常的行为的接受度,如强奸、杀人或酷刑。这些行为确实让人恨之入骨,但是很遗憾,它们都属"正常"行为,因为它们的接受度随着年代、背景和文化的不同而改变。虽然"标准"总是在变化并与正常行为对立，但这并不代表它的存在没有意义。恰恰相反，上述分析强调了标准的必要性和重要性，因为人类的正常行为本就是相当可怕的。

疾病：完全紊乱的正常行为

前文中已经讨论过，与标准相悖的行为通常是完全正常的行为，因为其实施者的大脑运转正常。那么，大脑发生"故障"时产生的病态行为的特征是什么呢？

大体上，行为类疾病可以被分成两大类：神经疾病和精神疾病。

二者有何区别？对于大多数人来说，它们之间的区别和身体疾病（器官和神经创伤）与非物质要素疾病（心理和精神疾病）的区别一样。这种陈旧过时的区分方法甚至还被某些精神疗法的医生沿用至今。和前文中多次提到的一样，这种根深蒂固的看法通常源自三个因素：一个强大的信仰、一点点对信仰的怀疑和常识。如果不了解 21 世纪初的生物学的真正作用机制，上述三个因素也许还能说得通。然而一旦了解了相关的生物学知识就不难得出，精神病症和神经系统疾病都会对大脑产生影响。二者的区别是由大脑不同种类的机能障碍造成的。

·介于过剩和不足之间的神经病学与精神病学

通常情况下,神经疾病是由于大脑未能完成它应该完成的任务导致的。神经病学专家主要致力于和一些导致大脑丧失掉一种或者多种功能的病症做斗争。以阿尔茨海默病为例,病人通常是由记忆衰退开始,之后丧失大部分的认知能力,最终丧失所有自主能力并无法再与其周遭环境建立联系。又如,另外一种尽人皆知的神经疾病——帕金森病,病人的运动控制能力会逐渐受到影响最终几乎消失。

精神疾病则完全不同,病患的大脑通常会过度工作,当然也存在例外情况。但通常情况下,精神病学专家的工作在于和过度表达的情感或正常行为做斗争。比如,焦虑症其实就是对于物种非常实用的行为——恐惧——的过度表达,且多数情况下恐惧来得毫无道理。同理,抑郁症可以被看作将个体吞噬的无法抑制的悲伤情绪。但恐惧和悲伤都不是病态的感情。在危险或受到恐吓时感到恐惧是非常有必要的,这种情感可以帮助我们逃离危险或与之做斗争。当我们失去了生命中非常重要的人或物时,会产生悲观、厌世的情绪,也会觉得很难体会到快乐和喜悦,然而这些都是告别的过程,能够帮助我们从不适宜的环境中走出来,重塑自我,迎接美好新生活。

除此之外,当涉及同样的功能时,精神病学专家和神经病学专家负责的往往也是彼此相对的机能紊乱。以记忆力为例。对于神经病学专家来说,他们需要对付的最主要敌人是记忆衰退,遗忘过去将人拘囿于错乱的当下。相反,对于精神病学专家来说,无法从某段记忆中抽身才是精神疾病的主要根源。丧失遗忘能力最有代表性的例子就是创伤性记忆侵蚀当下，导致病患无法正常生活。

神经病学专家和精神病学专家眼中的大脑机能紊乱如镜像一般，运动机能也能印证这件事。对于神经病学专家来说，运动能力丧失是他们的头号公敌，会造成如帕金森病一类的疾病。对于精神病学专家来说，情况完全相反，在很多疾病中常见的兴奋躁动状态才是他们要解决的问题，甚至是患有注意力缺陷多动障碍（ADHD）的孩童身上的多动症表现。

总而言之，神经病学专家通常与"不足"做斗争，而精神病学专家则是与"过量"做斗争。这使得神经病学专家的生活比后者更容易一些。因为，不足比过量更易显现。如果你原本写得一手美丽的花体字，但是突然有一天，你的字越写越小，你自己和你的家人及朋友很快就可以看出问题。同理，如果你开始忘记自己孩子的名字、无法认出自己的妻子、无法找到上班的路，你很快会意识到，应该是某种疾病在作祟。因此，当人们去拜访神经科医生时，通常情况下并非是为了知道自己是否患病，因为患者心里早已有了答案。他们只是想知道自己得的到底是什么病以及该怎么治。

而对于精神病学专家来说，情况略显复杂。当人们去咨询时，通常是为了知道自己是否真的得病了。然而，定义过量要比看出缺陷难得多。这大概也是为什么有许多精神病患者并未被识别出，许多人由于未曾就诊而过着非常糟糕的生活。不得不说，对于精神病患者来说，正常和疾病之间的区别有时很难界定。至亲去世时所有人会感到悲伤和失望，如何界定这种情绪属于正常的悼念范畴还是抑郁症的表现呢？在宴会上，我们可能很难开口和别人交流，怎样区分这究竟是出于腼腆还是社交恐惧症呢？这样的例子不一而足。

·当过量成为疾病……

一位优秀的精神病科医生的首要工作是搞清楚你是否有病。他是如何做的呢？总的来说，医生们会使用三个衡量标准：合理原因、行为的频率和侵扰程度。

很简单，建立"合理原因"旨在判断某种行为或感情是否与刺激源相符。假设你正面对一只很明显饥肠辘辘的狮子，此时你被极深的焦虑萦绕，惊恐万分。我们可以非常笃定地说，你的大脑运转一切正常，起码在你被猛兽攻击前是正常的。相反，如果你在碰到一只小兔子后也产生了上述反应，那你很有可能得了焦虑症。在这种情况下，去咨询精神病科医生将是非常明智的选择。让我们换一种情况，假设你的汽车被偷了，妻子跟你最好的朋友跑了，房子还失火了……那么你对此感到悲伤，甚至感到绝望、了无生趣，这些表现都没有什么可担心的或不正常的地方。然而，若你在睡醒后迟迟不想起床，仅是去上班这个想法就让你越来越无法忍受，并且你无法对自己的转变做出合理的解释，那么你很有可能处于抑郁症初期。

当然，上述例子都比较夸张，正常和病态的区别很容易识别。在生活中，我们每个人都有无数的理由担心、失望、觉得受到威胁，因为每个人都会失去珍惜的人或心爱的物品。这也是为什么当我们悲伤、焦虑或激动时，我们很难判定这到底是正常反应还是病态反应。咨询相关专家是唯一的解决方法，他们可以帮助我们搞清楚状况，明白这些情绪到底是大脑对现实情况的正常反应还是大脑机能紊乱导致的过度反应。

区别正常和疾病的第二个标准是行为的频率。当难以判断是否有合理原因时，频率就变得非常具有参考价值。比如，有些人会重复一些微不足道的行为，如经常洗手、反复确认门是否锁好了或者尽量避免踩到地砖的接缝等。拥有这些小习惯的人比我们想象的多得多。这些行为几乎没有道理可言，因此，只有当它们反复发生时，人们才会怀疑这是否就是大名鼎鼎的强迫症。焦虑症、抑郁症亦是如此。不论能否判定诱因，害怕、悲伤、无精打采等情绪本身都不能作为患病的参考，只有当它们变得异常频繁和密集时，人们才会想到这也许是某种病态表现。

任何一个称职的精神病科医生都不会将只是偶尔发生的、无合理原因的行为诊断为精神病。许多人会毫无缘由地害怕老鼠。按道理讲，这其实很荒唐，老鼠才应该在看到人类从它身边经过的时候感到胆战心惊呢！但是，畏惧老鼠的人几乎不会被当作精神病人甚至去接受治疗。毕竟，老鼠不是那么常见，怕老鼠的人大多数时间都过着平静、快乐的日子。

第三个标准是可疑行为对生活的侵扰程度。该行为不仅频繁，而且会影响或压缩生活中的其他活动，使后者逐渐变得困难甚至根本无法完成。例如，你因为某种悲痛万分或惊惶不安而无法起床、穿衣服、去上班，你只能待在家里；或者，每天上班之前你不是洗两三次手，而是会一直重复洗手的行为，直到天都黑了你也没能走出家门；又或者，当陌生人与你交谈时，你不仅会觉得浑身不自在或者惊慌失措，甚至拒绝出门，因为只要一想到别人走近你，你就喘不过气来。当某种行为对正常生活的侵扰程度达到无法抑制的地步时，便可以肯定这是一种精神疾病了。

这三个标准——缺少合理原因、行为过于频繁、侵扰日常生活中的其他活动——在不同个体的身上会以不同的方式进行组合，其严重程度也因人而异。这也是为什么，除极端的病例之外，人们通常都需要去咨询相关专家才能弄明白自己得了什么病，甚至仅仅是得没得病。

成瘾是疾病还是罪行

促使行为产生的器官——大脑——几千年来都没有发生真正意义上的改变，而且从本质上来说，所有人的大脑都是一样的。上述事实使得"正常行为"和"疾病"之间的红线清晰明了。如果某种行为被一种文化接受，而被另一种文化定义为恶习因此被唾弃，那么该行为很有可能是正常行为，除非接受该行为的文化中的所有人脑子都有问题。相反，行为疾病是跨文化、跨代际的，因为它是由大脑机能紊乱导致的偏离正常的现象，而所有人的大脑都一样。

按照这种思考方式，恶习和疾病的区分应该相当容易。然而不幸的是,和"标准"与"正常"一样,在社会中人们还是经常混淆这两个概念。有时候,混淆恶习与疾病不会导致严重的后果。但在个别情况下,混淆二者会形成心理社会毒瘤,不仅让当事人非常痛苦,也会让社会付出沉重的代价。

在无法界定的恶习和疾病中,成瘾应该是当之无愧的王者了。这个词意义宽泛,如今囊括了很多方面。通常情况下,成瘾指无法控制的摄取行为,最终会导致过量摄取对人体有害的物质。对于人类社会和医疗系统来说,它确实是灾难。让我们以两种过量的摄取行为为例:过量摄取合法及不合法的毒品和过量进食。如果我们将这两种行为的成本相加,就可以构成人类社会最重要的经济和社会负担。只需看看有多少人与这两件事相关,你就不会对上述结论感到震惊。在法国,约有 22% 的人患有肥胖症,约 60% 的人超重;30% 的法国人是烟民,20% 的人每天会抽 10 根以上的香烟;8.8% 的人长期饮酒,4.5% 的人对酒精有依赖性;约有 150 万法国人有吸食大麻的习惯,其中有 100 万人无法摆脱对大麻的依赖。如果将上述情况涉及的人数相加,其占总人口的百分比不容小觑。

成瘾问题已经十分严重,人们早该为此找到解决的良方,然而直至今日我们依旧束手无策。超重和肥胖问题日益严峻;个别国家的毒品消费量确实有所下降,但成瘾问题从总体上来说还在逐渐加剧。我们对此束手无策的原因大概是大家对成瘾的看法一直未能达成共识。在某些人看来,成瘾是社会问题,而对于另一些人来说,它属于个人缺陷,是恶习,是疾病,甚至是罪行。

然而，成瘾其实没那么复杂。前文中已经提到，我们对空气、水和食物的需求是永恒的，它们帮助我们将熵值保持在低位，让我们继续存活。而人脑最重要的功能之一是建立一个行为系统，其目的是管理和消除人类对这三种要素最根本的依赖感。既然大脑的任务是满足那些无法抵抗的依赖感，那么一旦它的运转出现问题，它也有可能搞错对象，对其他东西上瘾，这一点其实不难理解。

如今，我们已经清楚地知道，成瘾是大脑的疾病。然而，如同宗教一样，某些人文社会科学的专家仍然固执地唱反调。这让人十分不解，因为在所有精神疾病中，人们唯独明确了成瘾的生物学基础，而导致抑郁症、焦虑症或精神分裂症的脑部失常的生物学基础，我们至今还未找出。很少听到有人嘲笑恐怖症患者胆小，建议他们通过军训强健胆识。同理，人们很少指责抑郁症患者懒散、只想做社保体系的寄生虫，我们不会催促他们起来工作，告诉他们否则后果很严重。大家都心甘情愿地承认上述情况是疾病，这些人的大脑机能失调了，而我们应该尽力帮助这些可怜人走出困境。

相反，如果有人表示成瘾是一种生理疾病，反对之声就会排山倒海而来。所有宗教都认可成瘾是道德上的缺陷，是意志力缺乏导致的恶习，或者更简单地说，成瘾即犯罪。以我们更熟悉的天主教为例，天主教认为成瘾是当代的致死之罪，和堕胎一样严重。不得不说，这种观点和"成瘾是疾病"的说法相去甚远。在某些心理学和人文科学流派看来，成瘾应该是一种心理、文化、社会问题，因此，它肯定无法被生物学的相关知识解释。所有人都听说过"心理依赖"，从理论上说，心理依赖产生于身体依赖之前，并可能导致后者的发生。在他们看来，毒品仅会引发心理依赖。换句话说，是心理——非物质要素——导致了成瘾。认为成瘾是因非物质要素或者灵魂的弱点所致的观点，也许解释了当今社会对待毒品成瘾者的态度。人们认为，吸毒者作为毒品的奴隶，必然会为了获取毒品不惜一切代价，他们的结局唯有卖淫、偷窃、感染疾病或者死亡。毕竟，这些罪人缺乏意志力，注定要下地狱，为他们做什么都无济于事。他们在人世间受的这些罪算什么，这不过是他们下地狱前的热身而已。

30 年前，社会上不乏支持成瘾是非物质现象的声音，但如今已经听不到了。不仅是因为近几十年，人们成功地揭示了从纯消遣的吸食毒品过渡到对吸毒成瘾的生物学机制，更是因为所谓的心理依赖已经被证明是百分百生物性的了。21 世纪初的许多新发现已经给成瘾的唯灵论或非生物性解释判处了死刑。2004 年，我和我的研究团队一起在《科学》杂志上发表论文，证明成瘾现象不仅会出现在人类身上，在其他动物，如老鼠身上，也会出现。经过一个月"主动的消遣式"吸毒后，这些啮齿动物不仅会为了获取毒品而付出努力，个别个体还会表现出和人类一样的成瘾行为。成瘾动物在种群中所占比例约为20%，这与吸食同种毒品的人类的成瘾率相似。另外，本次试验使用的毒品是可卡因，在此之前，这种毒品一直被认为只会引起心理依赖。

这项发现为什么可以证明成瘾不是非物质要素的疾病呢？原因很简单，因为在唯灵论者看来，动物不具备非物质要素，也没有灵魂。因此，它们不可能得上述疾病。然而事实证明，老鼠最终也变成了瘾君子。因此，人们不得不再一次承认，成瘾并非人类灵魂的缺陷，而是一种生理疾病。

大众对成瘾根深蒂固的排斥感从何而来？目前，人类还未找到抑郁症的生物学基础，但大家却心甘情愿地接受它是一种生理疾病；相反，我们已经发现了成瘾的生物学基础，但为什么大家仍会驳斥它的生物性本质呢？原因也很简单，相比其他行为疾病，成瘾碰触了人类非物质要素的核心内容——自由。虽然大家还未意识到，但成瘾确实和自由有着根深蒂固的联系。

为了更好地理解这个问题，让我们一起想一想自由都有哪些敌人？首先浮现于脑海的应该是一系列来自外部的威胁，如规章制度和社会结构的限制等，更具体些说比如宗教教义或世俗法律、极权政治体制、奴隶制社会的种种限制等。法律法规和自由之间不止一种关系，因为它们完全取决于政治体系。和所有民主社会一样，在法国，法律旨在限制某些人的自由，以捍卫全体公民的自由。如果没有法律的力量，社会内部就很难实现平衡，因为某些人对自由的追求很可能会践踏其他人的自由。相反，在极权体制下，法律并不保障所有人的自由，它限制一些人的自由是为了保证另一部分人的自由。奴隶制就是最好的例证。在奴隶制社会中，为了满足个人的欲望和需求，一个人甚至可以将另一个人据为己有。

几乎所有人都一致认为个人自由的最大敌人是他人的自由。殊不知，我们自由的最大威胁其实来自我们的内心。有些人可能没看懂我在讲什么。事实上，所有人都认识这位藏于自身的自由的敌人，它与奴隶制和独裁制度一样祸患无穷，它就是成瘾。它是强迫我们进行某种行为的依赖感，对此我们毫无招架之力，它强迫我们不受控制地获得并使用某种物质。这种行为会渐渐取代其他活动，最终变成生活中让人欲罢不能的唯一行为。也就是说，我们丧失了进行选择的可能性……将成瘾比作某种形式的奴隶制非常准确，因为二者不论从个人还是社会的角度来说，都站在自由的对立面。

现代意义上的自由旨在捍卫人类获取幸福的权利，考虑到这一点，自由与成瘾间的关系变得更加扑朔迷离。现在，人类拥有大量美味的食物和丰富多彩的娱乐活动。我们可以不以繁殖为目的进行性行为、可以从事极限运动、购买虽无实用价值却能给我们带来快乐的商品，以及酒精、烟草等致瘾的东西，在某些国家甚至能够购买大麻。这些获得快乐的方式都会使我们走向过剩，甚至成瘾。换句话说，我们在进行这类活动时能体会到自由的感觉，但这些活动反过来很可能会剥夺我们得之不易的宝贵自由。事实上，成瘾不仅是藏在个体内的自由之敌，而且是追求自由的后果之一，是为获得自由所应承担的风险。

至此，人们为何如此抵触成瘾的生物性解释也就更容易理解了。上帝赐予人类灵魂一种非物质功能，这个功能的缺陷怎么可能是生物性的呢？这不大可能啊，否则自由也应该是生物性的了。但是，我们已经发现了，事实就是如此——追求自由是生物的行事原则。但对于坚信有非物质要素的人来说这种观点很难被接受，搞清楚他们为何觉得这难以接受非常重要。事实上，如果连成瘾和自由都是生物性的，那我们的灵魂和非物质要素里还包括什么呢？

人类社会无法解决成瘾问题的第二个原因是，我们又一次站在了受内源稳态和外源稳态支配的人的战场上。

在面对成瘾现象时，受内源稳态支配的人，即唯灵论者或保守主义者，必然会试图禁止一切可能会引发该恶习的活动和物质。这很符合逻辑，毕竟毒品是典型的快感来源，因此在追求内源稳态产生的幸福的人看来，它十分危险。问题在于，禁止毒品与大部分人的渴望相悖，毕竟绝大多数人还未准备好完全放弃外源稳态带来的快乐。没有人会为了预防酒瘾和肥胖就对索泰尔纳酒[22]和鹅肝说不。顺便说一句，美国早已广泛实行的禁酒令不仅没有奏效，反而助长了贩酒的黑市和犯罪行为，政府付出了巨大的努力也未能将其根除。更不要说来自压力集团，如葡萄酒和酒精饮料行业、博彩业、性产业、烟草产业等的强烈反对了，如果全面禁止酒精类产品，这些行业必将夸大其经济损失。

与第一种解决方法相反，第二种解决方法由受外源稳态支配的人，即进步主义者和唯物主义者提出，他们建议全面自由化。为获取快乐，成瘾这个代价无伤大雅。更何况，人类社会既然已经接受了很多有风险的活动（如很多的体育运动），为什么不能接受毒品呢？这种观点当然会遭到来自唯灵论者和保守主义者的强烈反对。前文已经提到，天主教会将成瘾看作犯罪，将它与堕胎相提并论，世俗社会中的保守主义运动也强烈反对毒品的使用。另外，欧洲社会的共识是，国家应该保护公民。因此，很难想象国家会允许公民接触有风险的活动和产

---

22 索泰尔纳酒，法国索泰尔纳地区产的甜白葡萄酒。

品，如毒品。

受外源稳态支配的人和受内源稳态支配的人的意识形态再次对立，人类社会也再一次被卷入该对立形成的巨大旋涡中，我们都在原地打转，无法得出任何合理的、逻辑的解决办法，只能见招拆招，或者说是胡乱应付。正因如此，酒精和烟草这些严重危害人类健康的"毒品"如今是合法的；卫生机构虽然一直声称在和肥胖症做斗争，但是面对正在将食品变为"毒品"的食品加工业，国家却无动于衷；赌博成瘾的危害妇孺皆知，但是博彩业如今是合法的，甚至国家也是其主要操纵机构之一，并通过税收从中获利。

因此，介于禁止和自由之间，人们选择了"预防"——奉劝大众不要消费或者合理消费市面上的产品。为宣传这些意识，我们付出了巨大努力，也投入了大量的金钱，但这些措施在很多国家收效甚微，其中就包括法国。这并不令人意外，因为不惜一切获得快感是人类的正常行为。

还有其他更好的办法吗？我们就只能继续忍受限制自由与接受成瘾之间的拉锯战吗？每当极端自由主义运动想要解禁某种毒品或者活动时，或者当保守主义运动想要禁止或限制某种到目前为止都合法的活动时，我们就只能进行毫无意义的争吵吗？怎样才能从这个死胡同中脱身呢？

有一个办法可以解决这个问题：我们可以再一次动用"折中稳态"的人的360度的视野，努力理解和接受成瘾的现状。这样一来，我们就可以深入分析并最终解决它了，而不是一味地在两种片面的观点——全盘禁止和全面自由化——中徘徊。

在后续章节中,我们将透过折中稳态的人的视角来看待过量摄食问题,即肥胖问题,以及毒瘾问题。其他方面的成瘾,如性、电子游戏、运动成瘾等,确实受到了越来越多的关注。但抛开话题热度不谈,人类社会如今面临的最主要问题应该是肥胖症和毒品成瘾问题。

2 肥胖：水土不服的大脑

发福乃智慧之果

如果说进食是人类的三大"原始瘾症"之一，那么该如何看待由食物成瘾导致的肥胖呢？肥胖症是在成瘾基础上的成瘾吗？当然不是。事实上，肥胖症并非一种新的依赖，而是一种变质了的原始瘾症。

人为什么会超重？因为他吃得太多了，或者更准确地说，因为他摄入的食物量超过了需求量。在很长一段时间里，在内源稳态理论的影响下，人们曾经误以为肥胖是饱腹感缺失导致的疾病，也就是说，帮助我们停止进食的调控系统出了问题。如今，肥胖似乎更应该归咎于外源稳态，因为该调节系统刺激我们摄取比需求更多的食物，并将过剩的食物以脂肪的形式储备起来。到了 21 世纪，外源稳态的主要功能似乎变成了使人发胖。但是，进化为何要选择一种可能会导致肥胖的生理系统呢？毕竟肥胖与很多疾病有关，如糖尿病或某些心血管疾病。答案很简单，因为进化并未做出选择，至少近期还没有。

我们已经了解到，外源稳态系统和内源稳态系统能够最终被选择是因为二者对进化都很重要。另外，它们都是在相当长的时间里，在经过各种环境条件考验后被选择的。人类在400万年里一直扮演着狩猎采集者的角色，对环境没有任何控制力。在那个资源极不稳定的环境中，同时拥有受内源稳态支配的个体（只在饥饿的时候进食）和受外源稳态支配的个体（每次看到食物都会进食）对于整个人类物种的摄食活动非常有利。

但是，这都是陈年旧事了，事情早已发生了变化。至少在所谓的开化地区，资源不稳定的问题已经解决了。为什么人类没有做出相应的适应和调整呢？难道一直以来被我们奉为圭臬的进化论失效了？当然不是。进化过程一直正常。所有物种都没有停止进化的脚步。但是，进化也需要时间，很长的时间，需要成千上万年才能做出合适的改变。

自30年前开始，随着西化程度的不断加深，肥胖症在全世界蔓延开来。这种看似"无解"的流行病并非饱腹感失灵的结果，人类的生理系统没有遭遇任何突发紊乱。大脑的"说教者"——前额叶皮质——也没有突然退化，导致我们无法抵御暴食罪的诱惑。什么都没有失灵。相反，人会变胖，恰恰是因为我们的身体运转正常。

超重的源头并不在我们自己身上，而是在外部，在我们所处的环境中。是环境变得不正常了，环境中的食物资源变得唾手可得，人类的生物性对此还未做好准备。但环境变得如此"病态"全是人类一手造成的。从传统意义上说，进化过程会选择对环境特征适应得最好的个体，更易存活的个体可以更多地进行繁殖，因此它们在整个物种中所占的比例越来越大。然而在约1.5万年前，人类扭转了和环境的关系，通过改变生存条件让环境适应自己的需求，特别是在发明了农业和畜牧业之后。自此，地球进入了某些科学家口中的"人类世"时期，才有了环境极其稳定的现代，但人类的部分生物性状尚且无法适应这种环境。

人类为了生产、储存、分配不急需的资源费时费力。在市中心，任何一条街上都有食品杂货店、面包店、三明治店、餐厅或者其他可以立即获得食物的店铺。乡下的情况如何呢？在法国5500万公顷（55万平方千米）的国土面积上，53.3%的土地是农业用地（生产动植物产品）；28.3%是林业用地（出产木材）；湖泊、城市用地、地面设施占12.7%；只有4.6%是未开发的农业用地。换句话说，法国为满足其人口随时出现的需求，已经改造了约95%的土地。外源稳态帮助人类提前为未来可能出现的需求做好准备，该调节的能力巨大，已然构成了西方文明的发展动力。

因此，肥胖症是一种非常特殊的疾病，因为相关生理系统并没有失常，反而运转得非常好。通常情况下，只有当身体发生"故障"时人才会生病。但是这一次，只因环境的改变，"正常状态"成了我们的劣势，进而引发病症。人们总是认为，在生物学上，正常状态是机体期望达到的绝对理想的状态。但这大错特错。在生物学上，"正常"与否应由环境决定。

以肺为例，它是一个非常优秀的器官，其生理功能异常高效。它可以提取氧气，排出二氧化碳，是一台近乎完美的"生物机器"。如果环境突然发生变化，比如不会游泳的人跌落水中，头部处于水面之下，那就完蛋了。因为肺部无法从水中提取氧气。然而，鱼却可以在水里自在地生活。所以溺水算肺部的疾病吗？所有人都会觉得这个问题很可笑吧。同理，认为肥胖症是外源稳态系统失常也一样可笑。外源稳态系统面对一个食物充足且丰富的环境会阵脚大乱，就好像我们的肺遇到水下环境一样。

因此，在面对肥胖症时，我们其实是在面对一种新型疾病：这种疾病发生时，整个身体都在正常运转，但我们确实生病了。肥胖这种疾病是由于环境的巨大变化导致的。超重和溺水完全不同，溺水是意外事故，是我们无意闯入本不应该涉足的环境；但是超重是我们赖以生存的环境发生了变化，更糟糕的是，是我们自己一手促成了这种变化。我们可以称这种新型疾病为"主动进化疾病"。主动进化疾病由进化中人与环境关系的颠倒所致。不再是环境改变人，让我们去适应它，而是我们改变环境，以便让环境更符合我们认知中的完美状态。但是，一旦目的达到，人体有可能再也无法适应这个被改造了的环境。

因此，几乎可以肯定地说，人类变胖是因为我们聪明过头了。

为什么不是人人都胖？

所有人都拥有外源稳态系统和内源稳态系统，但为什么不是所有人都胖呢？这是因为每个人的遗传基因和个人经历各不相同，由此导致基因的表达强度不同。因此，每个人到底是受内源稳态支配多一些还是受外源稳态支配多一些也不尽相同。

个体间的差异使环境拥有选择对整个物种最有利特征的可能性。例如，为了能够摘到树上大部分的果实，人至少需要长到 1.70 米，否则就会食不果腹。因此，只有身高达到这一高度的人可以继续存活。对于摄食行为来说，在食物供给情况稳定时，受内源稳态支配的人优势更大，在食物资源不稳定时，受外源稳态支配的人优势更大。而食物在稳定和不稳定之间的更迭用时非常短，可能就发生在一代或者几代人之间。环境无法在如此短暂的时间内做出选择。因此，同时拥有这两类个体的物种可以更好地面对食物充足和短缺之间的骤然变化，可以更好地适应各种环境并存活下去。但是，当食物资源过分充足且稳定时，比如今时今日，主要受外源稳态支配的人每天都会摄取超过其需求量的食物，因此他们更容易患肥胖症。

囤积脂肪是一个精密的生物程序

有些人可能会认为囤积能量资源是一个被动现象，即每当我们的摄食量超过当下的需求时，身体就要将过剩的食物储存起来，毕竟这些食物总得有个去处吧。但其实不然，外源稳态系统的生理作用之一就是主动刺激能量的储藏。外源稳态系统不仅会使我们过量进食，还能左右新陈代谢，让后者多储备能量。因此，储存能量是主动的过程，它由大量器官共同协作完成。这些器官包括：大脑、胃肠道、肝脏、胰腺、肌肉和脂肪组织。

负责这一协同工作的生理系统之一是内源性大麻素系统，该系统的主要受体是CB1。CB1就像交响乐团的指挥家一样，指挥着所有相关器官朝着囤积能量的方向共同努力。为了更好地了解它的作用，让我们逐一研究涉及的器官，从而了解外源稳态系统的功能，并且将其与内源性大麻素系统的活动进行对比。

在感觉器官和大脑中，外源稳态系统极大地加强了由食物带来的快乐，因此也就加大了食物对我们的吸引力。这样一来，它可以使我们在已经有饱腹感的情况下继续进食。换句话说，外源稳态系统通过抑制饱腹感提高食物的吸引力。为了增加食物的吸引力，内源性大麻素系统在视觉和嗅觉上同时起作用。比如，视网膜上有内源性大麻素分布，它的活化可以改善视觉对比度，尤其是提高夜间视力。在牙买加，为了能更好地在夜间捕鱼，渔民会使用大麻，因为大麻中最主要的活性成分——四氢大麻酚（THC）——可以激活CB1受体。在嗅觉系统上，内源性大麻素系统的活化也可以提高个体对食物的感知力，因此食物变得更有吸引力，最终导致人对食物的摄取量的增加。该系统还可以直接作用于味觉细胞，并提高人对糖的感知能力。

内源性大麻素系统各功能的协同作用使食物产生了色、香、味俱全的效果。同时它在大脑中也会继续作用。它可以加强由食物带来的快乐，同时通过影响多巴胺系统提高人的摄食欲望。正因如此，大麻最广为人知的效果之一就是刺激人对甜食的欲望。

内源性大麻素系统通过其在下丘脑上协同作用也可以增加人的进食量。下丘脑是内源稳态系统的指挥中心。内源性大麻素系统能够抑制饱食中枢，同时激活刺激进食的脑组织。它甚至可以改变部分神经元，使其产生刺激进食的神经递质，而非原本的饱腹感信号。还是在下丘脑中，该系统可以增加外围信号的影响力，如用以刺激进食的饥饿素。

在胃肠道中，外源稳态系统可以提高食物的吸收量。

在消化系统，摄食——特别是摄取富含脂肪的食物——可以提高内源性大麻素的含量。内源性大麻素可以促进食物的吸收，不仅是因为它可以减缓肠蠕动及胃排空，也是因为它对胃肠道有消炎作用。事实上，我们的胃肠道一直处于炎症状态，这会削弱其对食物的吸收。

在肝脏和胰腺中，外源稳态系统理论上可以让人更轻易地借助吸收的食物合成脂类。因为脂类是人体内可以大量储存的物质。

除了直接从食物中摄入脂类，肝脏还可以用吸收的糖类合成脂肪。为此，肝脏要借助可以将糖转化为脂肪酸的酶，而内源性大麻素可以提高这些酶的合成量。它也可以通过减少肌肉细胞对葡萄糖的吸收，提高到达肝脏的葡萄糖量，最终让肝脏最大限度地发挥作用。它还可以直接在胰腺上起作用，提高胰岛素的分泌。胰岛素是一种可以刺激肝脏合成脂类的激素。

换句话说，如果我们将脂类的合成比作汽车，内源性大麻素系统会提高其发动机的排量（肝脏中酶的含量）、确保油箱中始终有油（更多的葡萄糖）并保证油门始终被踩下（更多的胰岛素）。

在脂肪组织中，外源稳态系统理论上可以使脂肪更容易进入脂肪细胞。与想象中不同，脂类的储存并不是一个被动过程。该过程需要激活一种专门的传送器，以便打开"脂肪细胞的房门"。此时，内源性大麻素系统再一次起到了至关重要的作用。它帮脂类打开这扇门，使其最终进入脂肪细胞中并在此堆积。另外，它还可以增加脂肪细胞的数量并提高其储存能力。

最后，外源稳态系统可以减少能量的消耗，这在无意中增加了能量的储存量。内源性大麻素系统也可以通过很多方式达到此目的。首先，它可以抑制自主神经系统。该系统的作用是通过刺激生热作用（产生热量）增加能量的消耗。同时，它可以降低线粒体的活力。线粒体是位于细胞内部的细胞器，它通过分解糖类和脂类生成我们最重要的能量来源——ATP。

总之，脂肪堆积和变胖不是人的宿命，不是由脂肪组织中渐渐堆积的过剩的食物导致的，就好像在口袋里藏弹珠一样。相反，发福更应该被比作一门艺术。它是一部精心编排的芭蕾舞作品，在演出期间，不同器官团结协作，不仅是为了让身体将脂肪储存起来，更重要的是用吸收进来的食物合成脂肪。

不知节制很正常

当生理系统被反复多次刺激活化时，其功能会逐渐减弱。这种适应能力被称作"耐受性",负责调整摄食和食物资源使用的生理系统也拥有这一特点。比如,若机体内的胰岛素经常处于高位,那么机体对胰岛素的敏感性会逐渐降低,最终对其产生抗性。这种机制的"初衷"是好的,因为它让人们能够忍受极端刺激,短期来看,该机制必然有积极影响。然而,耐受性也经常是某些病态机制的诱因。

在能量的积累过程中,耐受性会影响饱食系统。具体来说,我们吃得越多、囤积的脂肪越多,饱食系统的运转效率就越低,因此人们就越难停止进食。比如,我们越胖,大脑对于瘦素的敏感性就越低,因此它会逐渐丧失抑制进食的能力。

如果刺激进食的系统变得和饱食系统一样具有耐受性,一切本应该重归平衡。但事实并非如此。在肥胖症患者体内,内源性大麻素系统并未展现出耐受性。相反,肥胖症的标志之一就是会导致血液中内源性大麻素的增加。瘦素的作用在逐渐减少,而内源性大麻素的作用并没有发生变化,甚至还在增加。因此,你越胖,生成的内源性大麻素越多,导致你吃得也越多,与此同时,内源性大麻素还会将你摄入的食物转化为脂类,并提高你储存脂肪的能力。这可真是个标准的恶性循环啊。

心宽体胖不可怕

一个非常有趣的现象是,肥胖或超重的人通常对于自己的身材无动于衷，他们通常不会受此困扰。与大家的刻板印象相反，这并非某种精神上的弱点，也不是欠缺意志力。这恰恰是外源稳态系统的另一个功效，更确切地说是内源性大麻素系统的功效，反映在个体身上即巨大的韧性，特别是面对所处环境的适应力。

心理韧性[23]是最近席卷心理学各个研究领域的新兴概念。在很长一段时间内，人们认为自己和自身生活经历之间保持着一种被动关系。比如，如果我很幸运，双亲和蔼，未受过侵犯也未经历过战争，那么我的心理状态很可能会相对平衡。但如果我的过去充满消极甚至创伤性经历，我就很有可能会有心理问题。

直至近日，人们才意识到，绝大部分人完全有能力战胜消极事件的影响，可以完全不让它们在自己身上留下痕迹。心理韧性赋予我们抵抗、遗忘痛苦经历的能力，它使我们无视厄运。如今，心理韧性被当作人类的王牌。

在当代社会中，心理韧性很容易被理解。如果你遭受过袭击，且再次受袭的概率微乎其微，那么遗忘此类精神创伤的能力必然对你有利无害。然而，我们的生理系统刚刚成型时，人类对环境还没有任何控制力。那时，威胁和袭击并不是偶发事件。在这种情况下，侥幸逃脱一段危险经历后，不敢重复该经历才是优势。因此，心理韧性的积极作用在当时并不易理解。

为了使这一矛盾更加明晰，我们需要将外源稳态系统的作用考虑

---

23 心理韧性，又译作心理弹性、抗压力、复原力等。

进来。该系统使身体处于过剩和紧张的状态，从而刺激身体储存资源。当人体机能陷入危险时，该系统内的某些机制会尝试保护个体。这应该不难理解。

内源性大麻素系统的某些功能看似和储藏能量无关，但实际上，它们会间接促使后者的实现。依照刚刚提出的理论，个中缘由也不难理解。内源性大麻素系统的活化可以减小痛苦，它和压力相对，能减少恐惧。这些功能乍一看和储存食物毫无关联。然而，仔细思考便可得知，一个受外源稳态系统支配的人，不仅看到食物就会吃，他还会主动寻找食物。

在人类对环境束手无策的时期，寻找食物无疑增加了暴露于危险中的概率，从而增加了痛苦和恐惧。因此，如果你压力更小，害怕和疼痛感觉更少，那么你肯定会更经常地前往新环境探索，以寻得食物。另外，如果食物不易消化，或者你的摄食量过大，将极有可能引发恶心或者炎症。先不提内源性大麻素的其他功能，其抑制恶心、呕吐和消炎的作用在此时就显得非常有用了。

和快乐一样，心理韧性最终被进化选择很可能是为了让我们能更容易地在体内囤积资源，尽管这会伴随某些危险。鉴于采集和狩猎获得的资源十分不稳定，当时的人类很难变胖，而遗忘危险经历的能力因此是绝对的优势。到了今天，对内源性大麻素系统的极端刺激不仅会导致肥胖的加剧，还会增强我们对这一状态的适应力，削弱减肥的动力。

若人类可以按需进食……

在了解了肥胖症及其进化过程后，有两点使我们震惊。第一，肥胖症的蔓延速度；第二，我们居然对此束手无策。然而，肥胖总的来说很好解决——你只要少吃就可以变瘦。另外，你也无须单打独斗，营养学家、书籍和博客推荐的各式各样的食谱能让你在饮食平衡的前提下轻松地减轻体重。现在甚至出现了一些专门将减肥餐送上门的公司，这样一来，你甚至不用去买菜，也无须下厨了。

尽管有一支好心的"精锐部队"帮我们与肥胖症做斗争，但最终的结果却不尽如人意，肥胖症仍在持续蔓延。因为所谓的保健营养措施——"低热量饮食+健身"的术语——并不奏效。当然，如果你能少吃多动一定可以瘦下来。但如果最终效果不理想，那一定是你没有严格地遵守相关规则。因此我们有必要弄清楚，为什么大部分肥胖的人连"管住嘴、迈开腿"这么简单的事情都做不到。

原因之一需参考受内源稳态支配的保守主义者提出的观点，他们认为肥胖是罪，是意志力的薄弱或缺失。有些人甚至建议社会不再为因肥胖导致的公共健康问题投入金钱，其中数糖尿病和心血管疾病最严重，而这些疾病的治疗费用高昂。如果你连少吃一点这么简单的事都不愿意做，那我们这些努力控制体重的人也没道理为你的药品和住院费付钱了。

这种看法显然是错误的，但它完美地符合受内源稳态支配的人的世界观。在这些人看来，肥胖简直不可理喻。受内源稳态系统支配的人只在饥饿时进食,摄食行为在身体状态回到平衡点时就会停止。对于他们来说,因贪吃而损害身体健康简直是谜一样的行为。然而,肥胖其实是一种疾病,一种外源稳态系统的疾病。

当然,这种疾病有点特殊,因为它并不像帕金森病或阿尔茨海默病那样是由某个生理系统的缺陷引起的。对于肥胖症患者来说,他们的大脑的运行完全正常,问题是它无法适应今日资源极端稳定的环境,因此肥胖者不应独自承担责任。

该怎样解决问题呢?我们需要换个角度来审视保健营养措施。结果出乎意料,这些措施都是围绕内源稳态理论构建的。难怪它们不奏效啦!大部分专家仍然相信肥胖症是由内源稳态系统失常(尤其是饱食系统的机能紊乱)所致。因此,如今风靡世界的饮食制度皆旨在改善有缺陷的内源稳态系统,而非骗过开足马力运转的外源稳态系统。主要受外源稳态系统影响的人又怎么可能遵守这样的制度呢?他们注定是会过度进食的啊!这些人无法遵从基于内源稳态建立的饮食制度,因为他们不是为了满足需求而吃,而是看到食物就吃。问题是现在,吃的东西俯拾皆是啊!

这可如何是好?拥有全局观的折中稳态的人会怎么做呢?他们会尽力制定一些适合外源稳态系统的营养保健措施,也就是说,这些措施更适合有需要的人的生物性状。大家都很清楚哪些因素会导致外源稳态系统活化,因此,我们可以设想一些旨在降低外源稳态系统活性,同时更容易引导肥胖者减少食物摄入的饮食制度。

这种新型营养保健措施的基本准则是什么?当然是让你少吃啊。

但是，它并不会强迫你减少热量摄入，其目的是让你产生控制摄食的主观意愿。为达到此目的，就需要解决三个基本问题：吃什么、怎么吃、和谁吃。

为降低外源稳态系统的活力，第一条规则是弱化食物的诱惑力。这一规则并不讨喜，毕竟没人愿意吃让人毫无食欲的食物。但这并不是问题的关键。我们应该努力避免通过三种化学添加剂来人为提高食欲的食物。这三种化学添加剂是糖、盐和脂类。食品加工业是使用这一伎俩的一把好手。所有被称作"垃圾食品"的产品中都含有过量的糖、盐和油脂，而这些食物通常会与肥胖症紧密相连。事实上，垃圾食品本身并不一定有害，但是它通过添加剂人为刺激了外源稳态系统，以此达到让我们过量摄入食物的目的。食品商总是刺激大众摄食更多的食品，这无可厚非，他们也确实发现了能够达到此目的的方法。

因此，我们应该尽量避免食用非家庭烹饪的食品，也就是所有加工食品。简单来说，就是不要购买加热即食的食品，不要购买任何工业酱料和已经调好味的肉等。只使用未经加工的产品，不一定非得是新鲜的，也可以使用冷冻产品，淘汰所有处理过的产品。

这就引出了另一个问题：那些非工业化的但是经过初级处理的食品（如手工制作的），可以吃吗？比如各种奶制品——奶酪、黄油、酸奶等，还有植物油衍生品。我知道这不容易做到，但是最好也不要食用。因为这些产品经历的加工过程使其内部脂肪浓缩。因此，我建议你在饮食中放弃所有浓缩乳制品，包括各种各样的奶酪、奶油和黄油，仅保留纯奶和植物油，因为这两种食物中的脂肪危害最小。

严格控制糖、盐、脂类的摄入尤为重要。因为这三种食品添加剂对外源稳态系统的刺激性最强，而它们几乎出现在所有人的餐桌上和所有的饮食文化中。餐桌上的糖，无论其性状、精制程度（白糖或红糖）、原料（甘蔗或甜菜），都是蔗糖。食用盐也是一样，不论它来自陆地还是海水，其本质都是一样的。黄油和植物油则是超浓缩的脂肪提取物。这三种添加剂从营养特征上来说并无问题，但由于它们可以给人带来快乐，因此将刺激摄食，这才是问题的关键。往土豆中添加油或者黄油会增加它的卡路里不假，但最重要的是，我们会因此吃得更多。使用这三种外源稳态系统"炸弹"的不只食品加工业，我们自己烹饪的时候也会使用这三种添加剂。

为了避免刺激外源稳态系统，主动减少摄入的食物量，最理想的状态是食用未经提炼的食物，如不额外添加糖、盐和油脂的纯肉、蔬菜和水果。我承认这很难做到。那么，具体怎么做呢？第一，应该完全杜绝糖，至少不再向食物中额外添加糖，因为大部分食物本身已经含糖了。因此，即使如是做了，你应该也不会特别思念糖的味道，当然，甜点的时候除外。完全放弃盐的使用应该会更困难一些。但是，我们可以先按照既有习惯向食物中酌情添加食盐，让食物可口一些，之后逐渐减少用量。你会渐渐意识到，你对盐的需求也在变小。需要特别提醒你注意的是，即使要加盐，也一定要在烹饪过程中加，餐桌上的盐罐一定要撤掉！说到脂肪，不论是普通食用油还是黄油都应该从餐桌上消失，因为它们会吸引人吃更多的面包。在烹饪过程中，也应该尽量减少食用油、黄油和人造奶油的用量。这比戒掉盐要容易一些，因为有很多方式可以让我们在不使用油的情况下保证食物的美味。有一个保住食物鲜味的方式是，把大火烹饪至变色的食物放入水中，文火慢熬至出锅。这样做和完全用油脂烹饪的食物味道相差不大，但油脂含量却大幅减少。

最后，一定要小心各种酱料的诱惑。酱料中通常包含大量的这三种添加剂，应该尽量减少使用，只在必要时添加，并且一定要把它们留在厨房里（不要摆到餐桌上）。

还有一点也很重要，即一餐的构成。因为多样性和新鲜感也能大大提高外源稳态系统的活力。传统法餐由头盘、主菜和甜点构成，这种安排比单独一道菜更能刺激进食。这一众所周知的现象在动物和人类身上均有所体现。如果你将三种不同的菜品无限量地依次提供给某人食用，而给另一个人只提供一种无限量的菜品，那么肯定是拥有多种菜品的人吃得更多。下面的例子在前文中已经出现过了，但它非常有说服力：一顿饭接近尾声的时候，即使你已经吃得相当饱了，但你总是能在肚子里找到一点儿缝隙，再塞点儿甜点进去。为什么呢？因为仅仅是看一眼甜点就足以活化你的外源稳态系统了，它会战胜饱腹感。法餐分三道的传统结构似乎是为迎合外源稳态系统故意打造的——三部分的诱人程度似乎在有意递增。从最没有吸引力的沙拉开始吃，之后是肉及配菜，最后是奶酪和甜点，而奶酪和甜点都是人为添加了大量的糖、盐、脂类的东西。如果颠倒过来，从甜点和奶酪开始一餐饭，然后吃肉，最后吃沙拉的话，那么沙拉就吃不下去了。

因此，针对外源稳态系统制定的减肥餐应该只包含一道菜。即使你的盘子里装了很多种食物，你最终的摄入量也一定会比三道菜的量少。同时，应该尽量避免将所有美味的食物搭配在一起，如香煎鸭胸肉搭配牛肝菌炒土豆和黄油四季豆。最理想的一餐饭应由非常诱人美味的食物搭配低卡路里的食物构成。

最好在厨房里把每个人的饭菜盛好，避免把一大盘菜摆在餐桌中间，供所有人反复取用。因为食物在视觉上的刺激会激活外源稳态系统，后者会刺激我们在食物出现时就进食，而并非等到饥饿感来袭才进食。

至此，我们一直在研究食物，那么该喝什么呢？水。避免在进餐过程中或餐前饮用苏打水。因为苏打水里含有大量的葡萄糖，身体会依照体内葡萄糖的含量计算我们吃了多少东西，继而合成所需的胰岛素。未精加工的食品中葡萄糖的含量很低，因此，如果向其中人为添加糖，就会导致身体估算错误。后者会认为你吃了很多东西，然后合成比实际需求更多的胰岛素。在进餐时或餐后食用苏打水或者添加糖的最主要问题不在于它们所含的热量，而在于它们会使身体分泌大量的胰岛素，这些胰岛素会将刚刚摄入的食物快速转化为脂肪，并将其储存在脂肪组织中。如果你非要喝苏打水，也别在吃饭的时候喝。同理，法国人习惯餐后饮用的咖啡、牛奶、茶等饮料，要么完全不加糖饮用，要么干脆别喝。

如果你现在已经清楚自己应该吃什么、喝什么了，那剩下的问题就是跟谁一起吃。问题的答案很简单，一个人吃。因为其他人的介入一定会让你吃得更多。这种行为的源头大概要追溯到远古时期，那时，人类种群内部会竞争同样的资源，自己不吃的东西很快会被别人吃掉。因此，进食时需要和其他人保持距离。如今，如果你正在严格地执行减肥计划，那么和别人一起吃饭必然会增加你的摄入量。更要命的是，如果你的朋友或者亲人往盘子里肆意添加你在减肥期间不可以吃的美味食物，那么我们的外源稳态系统随时都有可能抓狂，整个就餐过程也将会变成一种煎熬。

我也不建议一个人看着电视吃饭。因为电视也很可能以虚拟的形式将其他人类形象呈现在我们面前，这也会刺激外源稳态系统，导致我们食用更多的东西。

最后一个降低食欲的小窍门是改变就餐时间。事实上，摄食行为会遵循昼夜节律进行。自孩提时代开始，我们就已经习惯这种周期了。人体会在这个"不可避免"的就餐时刻到来之前做好一切准备，加大一切会刺激我们进食的生物信号。因此，对就餐时间略做修改就会减少你吃饭的动力，继而减少你将要摄取的食物量。最理想的做法是将就餐时间提前至少一小时。我知道这可能不是很方便，也不可能日日如此，但偶尔为之还是可以的。

如果你是一个受外源稳态系统支配的人，至此，你已经拥有一系列可以让你在不煎熬的前提下践行减肥计划的方式了。但所有策略显然都无法避免以下事实的发生：如果你不能减少每日摄取的卡路里，你仍将持续长胖。上述小技巧只能帮助你减小食欲，说到底也就是帮你少吃。

肥胖症——与众不同的疾病

总体来说，肥胖症是一种外源稳态系统的疾病。它并非由于该系统的失灵所致，因为肥胖者的大脑运转得很正常。它的致病原因是某一部分生物性状无法适应如今食物资源如此丰盛的环境。肥胖症并非人类的宿命，而是认知革命的结果。人类不再依赖环境的选择，而是反过来主动改变环境，使环境更好地满足其需求。如果再次使用"身体—灵魂"的二元论观点来看待这个问题，可以说肥胖并非身体强加于非物质要素的疾病。相反，它是非物质要素强加给身体的疾病。

要找到针对肥胖症的有效疗法非常困难，因为这不是修复生理缺陷的问题，而是要终止一个运转完全正常的调节系统，而且这个调节系统还同时为很多其他的事情服务。试图使用某种药理分子抑制内源性大麻素系统——外源稳态的基础组成部分——的作用非常困难，因为该系统对于机体的正常运转来说必不可少。如果按此构想操作，就会有大量人们不愿见到的副作用出现。然而，最新的研究还是为我们带来了一线希望：人们发现了一些可以选择性地抑制内源性大麻素系统的过度活化的分子。这种新的药物只针对病态的过剩起作用，并且不会影响机体的正常运转。

在找到某种有效疗法之前，我们唯一可以做的就是遵从折中稳态的人的建议，采取适应外源稳态系统运转的营养健康措施。这些措施会比当今社会中推崇的各种减肥方法更有效，因为后者其实是给不需要减肥的人——受内源稳态支配的人——设计的。用当事人能听懂的语言传递信息肯定会更高效。同理,只有借助更适合个体生理特征的方式,我们才能更有针对性地帮助主要受外源稳态支配的兄弟姐妹们控制饮食、逐渐减重,最重要的是停止发福。

3 毒瘾：病入膏肓的大脑

毒瘾——心理社会毒瘤

毒瘾到底是大脑灰质的疾病还是一种恶习？20世纪，人类行为就在两者之间周旋，到了21世纪，它仍持续引起诸多争议。毒瘾是极具代表性的例子。在谈及此问题时，我们再一次陷入了外源稳态与内源稳态的对立中。在前文中已经提到，天主教会将成瘾视作当代社会道德上的罪孽，保守主义宣扬禁止一切毒品。进步主义和极端自由主义运动则与之相反，他们为使更多的毒品变得合法化而奋斗。这两种对立观点导致了人类社会立法上的百家争鸣，根据国家和毒品的种类，各种情况都会出现。在一个地方，某种毒品的使用和交易可能会招致死刑；在另一个地方，同样的毒品可能是合法的。抛开立法层面不谈，即使在一些进步主义的国家，如法国，整个社会对毒瘾的看法也完全不同。一大部分人还是会将毒品成瘾看作缺乏意志力的表现，而个体应独自承担全部责任。

另外，几乎在全世界范围内，毒瘾都被看成比肥胖恶劣得多的行为。这并不是因为毒品比过量进食造成的危害大，事实甚至相反。真正的原因在于人们认为进食是为了满足生存需要，它确实偶尔会导致肥胖，但人类物种无法停止该行为。因此，超重是由一种必然需求衍生出的不好的结果，是人类物种延续不得不付出的代价。而毒瘾则完全是另外一回事。毒品不仅会造成伤害，同时它还是毫无意义的东西，从生理层面看没有任何作用。因此，吸毒是完全无意义的行为，它唯一的目的就是获得快感。毒品成瘾才是真正的灵魂堕落。

这一观点乍一看确实有道理，但实际上大错特错。人类社会从未排斥过毫无意义或者有风险的事。恰恰相反，我们甚至十分崇拜那些从事无意义的危险活动的名人，如滑雪、攀岩、跳伞、赛车爱好者。在面对一个摔断腿的滑雪运动员时，没有人会因为他唯一的目的是获取快感而不给他医治；从来没有人将一个遭遇事故的 F1 赛车手当作不堪的罪人，觉得他不配得到救助。

对毒品的排斥应该也不是因为它会使人产生依赖性。仔细思考一下便可得知，我们并没有禁止所有毒品，只是反对其中的一部分，而这一部分在其他的文化背景中可能是完全合法的，甚至是社会风俗的一部分。然而不幸的是，被允许使用的毒品既不是毒性最小的，也不是最不致瘾的，它们甚至可能是最危险的毒品。

因此，在面对毒瘾问题时，人类社会在 20 世纪采取了一种毫无逻辑可言的态度，这种态度甚至一直延续至今。这个态度的后果很严重，从我们庞大的社会支出便可略知一二。毒品是非常严重的问题，因此必须为它找到解决的良策。为此，我们需要再一次参考折中稳态的人的建议。让我们暂时抛开所有意识形态的差异，用"两只眼"全方位地审视毒品问题，而不应只用受外源稳态支配或者受内源稳态支配的"一只眼"。借助这种方法，成瘾问题一定可以露出它的真实面目。它不是恶习，而是一种疾病。它可能比恶习更严重，但至少我们可以理解它的成因并医治它。

为什么说人人都"吸毒"？

主要的毒品类型有五种，它们含有的物质大不一样：

一、烟草的衍生物，其最主要的活性成分是尼古丁；

二、酒精饮料，主要成分为酒精；

三、阿片类毒品，其中最有名的是海洛因和吗啡；

四、精神刺激类毒品，其中最为广泛使用的是可卡因和苯丙胺，后者中最常见的是摇头丸（MDMA）；

五、大麻素类物质，大麻及其衍生物，其最主要的活性成分是四氢大麻酚（THC），但是 K2 和 Spice[24] 内含有的合成大麻素比 THC 的强度高很多。

以上物质都可以以各种不同的结构和形式存在，它们可以影响人

24　K2 和 Spice 是以多种不同香料、药草，混合不同化学物质制成的各种口味的低成本化学合成毒品。

类大脑和身体的不同结构或功能。正是基于这一生物基础，每种毒品都有自己独特的功效。

以上五种物质被看作毒品，是因为它们有三个共同特点：一、它们都有使人放松、愉悦的功效，会吸引人们持续摄取；二、它们都会对人造成消极影响，因此人们会试图停止摄取；三、它们都有致瘾的功效，也就是说在某些人身上，这些物质会激发一种依赖性，使吸毒者无法自主选择是继续还是停止。上述三种作用在每种物质上体现的强度不一，后文中会详细分析其中的原因。

通过改变神经递质和受体，所有毒品都会对大脑产生影响。每种毒品针对的神经递质和受体都不一样，它们起作用的方式也不一样。根据其作用方式的种类不同，人们又将上述物质分为以下两大类：

一、烟草、阿片类毒品、大麻，它们可以取代神经递质对受体起作用，但其作用强度更大；

二、精神刺激毒品和酒精，它们通过增加神经递质数量或使受体更敏感从而加强神经递质的作用。

由于其作用对象和作用机制各不相同，每种毒品可以带来的愉悦感也不相同，可以是强烈的快乐也可以是其他难以描述的各种微妙功效。

·尼古丁、吗啡、大麻素可取代神经递质

尼古丁是烟草最主要的活性物质，它是神经递质乙酰胆碱的"复制品"，后者对于记忆力和清醒状态非常重要，也能将大脑冲动传导

至肌肉。如果没有乙酰胆碱,任何动作都无法完成。但你吸烟的时候,尼古丁会替代乙酰胆碱,激活它对应的受体,促使这种神经递质正常工作。正因如此,香烟会给人一种积极的感觉,这是一种令人愉悦的刺激,让人觉得所有事情都更容易完成了。这也是烟民们描述中的吸烟的提神和抗压作用。

阿片类毒品,如吗啡、海洛因和某些镇痛剂可以替代另一种人体内的物质——脑啡肽。脑啡肽主要负责快乐的产生和痛觉缺失,即身体为减少痛苦实施的一系列应对机制。阿片类毒品可以通过刺激脑啡肽受体代替这一物质。这类毒品可以带给快感系统强烈的刺激,从而产生一种类似于性高潮的恍惚感。这样一来,它们对人的诱惑应该就可以被理解了。

大麻中的主要活性物四氢大麻酚(THC)以及 K2/Spice 中所含的合成大麻素都可以代替一种体内分子——花生四烯乙醇胺(anandamide),其名称取自梵文"阿难陀"(ananda),意为"欢喜"。花生四烯乙醇胺是外源稳态系统的主要构成要素,它对于进食带来的快乐感非常重要。同时,它也有让人放松和缓解焦虑的功效,这些功效可以让人忘记消极事件,从而减少人们的恐惧和威胁感。因此,大麻和"香料"可以带给人舒适惬意的感受,并使人进入平静放松的状态中。

· 精神刺激类毒品和酒精可提高神经递质的活性

精神刺激类毒品会提高一组相当有名的神经递质的活跃度——多

巴胺、五羟色胺[25]和去甲肾上腺素。可卡因、摇头丸和苯丙胺都可以作用在这三种神经递质上,但每种毒品各有侧重:可卡因更喜欢多巴胺,摇头丸更倾向于在五羟色胺上起作用,苯丙胺则在去甲肾上腺素和多巴胺上的作用更明显。这些神经递质的作用不一,因此每种神经控制类毒品都有各自的特殊功效。但是这些毒品也有一些相同的作用。多巴胺、去甲肾上腺素和五羟色胺都可以提神、使注意力集中,同时可以增强记忆力。它们也可以提高身体的运动机能,为身体提供能量、减轻疲劳感。它们可以催生一种积极的情感状态,让人觉得身边的环境非常吸引人。这也是为什么苯丙胺和可卡因经常出现在深夜里的狂欢派对中。吸食苯丙胺和可卡因后,人们会觉得一切都很美好,可以一直跳舞到黎明。个别职业和部分学生也会吸食上述毒品中的某几种,特别是苯丙胺和可卡因,主要是为了能长时间工作和学习。

  酒精在另一种神经递质上起作用——氨基丁酸(GABA)。和可卡因不同,它不会提高这种神经递质的活跃度,但它会使其受体的敏感度增加,氨基丁酸受体的主要作用是抑制大脑活动。当人们饮酒时,氨基丁酸含量不会发生变化,但是它的功效会被放大。氨基丁酸活性增强会使人产生强烈的放松感,降低由外界束缚导致的压力感,减轻紧张和焦虑。因此,酒精自然而然地成了下班后的绝佳毒品。酒精使餐前趴[26]拥有了一种神奇的魔力——在忙碌了一天后喝一点开胃酒,整个世界仿佛都变美好了。

---

25 五羟色胺,又称血清素。

26 餐前趴,法国晚餐前的开胃酒时间,主人通常会准备些开胃酒和各种零食小点。

·相同的吸引力

上述物质虽然都可使人感到舒适，但功效不同，为什么人们要将它们都归为"毒品"这一大类呢？原因很简单，因为它们都有一种相同的生物性功效，正是这个功效让它们有了一个共同特点——致瘾性。为使人上瘾，毒品会大量刺激多巴胺的释放，这样一来毒品的吸引力会大大提高。各种不同毒品产生的不同欢愉感吸引我们继续摄入毒品。在多巴胺的作用下，所有事物都会变得亮晶晶、更加诱人，同时寻欢作乐的过程也变得更轻松。

前文中已经提到，多巴胺的增加不是毒品的专有属性。多巴胺也会指引大脑寻找一些天然的刺激，比如早上去买牛角面包。既然如此，为什么我们不会对面包成瘾却最终对毒品成瘾呢？首先，毒品刺激肯定比自然刺激产生的多巴胺多。另外，更重要的是，在自然刺激下释放的多巴胺会随时间的流逝慢慢减少。相反，毒品刺激产生的多巴胺不会因为重复刺激而减少，甚至与此相反，会逐步增加。为了更好地理解这一区别，需要提示大家，多巴胺在日常生活中的另一个重要作用是赋予新鲜刺激更大的吸引力。新手表、新汽车甚至是一支新钢笔都会对人产生强大的吸引力。然而，随着时间的流逝，你就不会再关注它们了，因为它们无法刺激你产生更多的多巴胺了。

毒品的优势是它不会因为习惯而丧失吸引力；相反，借助敏感化过程，由它刺激分泌的多巴胺量越来越大。因此，毒品更像一辆外形越来越潮的汽车。如果这种车真的存在的话，它应该可以即刻成为销量冠军，就像毒品那样。

为什么要远离毒品？

反复、过量摄入毒品会危害身体健康。需要注意的是，这并非专属于毒品的特点，而是一条普遍适用的规律。长时间地过度接触某种来自身体之外的元素，都会产生不良后果。让我们以三种日常生活中常见的状况为例：长期、过度摄入糖会导致糖尿病；长期、过量摄入红肉会有痛风的危险；阳光虽然是生命的基础，但长期、过量接触阳光会加速皮肤衰老甚至有患癌症的风险。

因此，所有毒品都有毒性的原因是由一个普遍机制和一个专属于每一种毒品的特殊机制共同导致的。

·用力过猛的毒品

前文中已经提到，所有毒品都可以通过替代某种神经递质或增加某种神经递质的数量来影响大脑活动。然而，毒品的作用方式与天然的神经递质的作用方式大不相同。神经递质在空间和时间上的分布都受大脑的严格调控，然而毒品对于人体来说是一种外来物质，因此大脑不知道该如何精准地控制它的位置、作用时长和功效强度。毒品作用的不受控是其毒性产生的主要原因之一。

在后文中，我将尝试给大家解释大脑调控神经递质的方式，以及毒品是如何躲过这些调控施加影响的。

通常情况下，人类身体的应激反应与外部世界的限制或突然出现在体内的变化相适应。比如，当一头雄狮突然出现在我们眼前时，我们大脑中负责防御和逃跑的系统就会被激活；当一个美味的蛋糕被摆上桌时，这些系统就不会被激活。但是，如果我们开始吃蛋糕，外源稳态系统将立刻开始工作，它会刺激一系列激素的产生，如胰岛素，以便让体内细胞吸收、分解摄入的糖和油脂。同理，我们吃完蛋糕之后通常不会脱衣服，但是在感到热的时候脱掉衣服却很正常。

身体的反应不仅与环境相适应，同时，反应的持续时长也会严格匹配任务。吃一小块儿马卡龙和吃掉三大块圣诞树干蛋糕[27]后，体内产生的胰岛素数量不同。同理，下雨和空投炸弹时我们躲避的速度也不同。另外，如果前文中提到的那头狮子突然改变主意不再追捕我们，我们也会停下逃跑的脚步，快速恢复到正常状态。

在完成任务的过程中，身体也会有选择性地在大脑内部或其他器官改变其活动。因为被大脑当作神经递质用以调控行为的化学分子同时也承担着其他多种多样的功能，如调节新陈代谢、免疫系统、血压或心率等。因此，身体中化学分子的功效不仅与其种类有关，还与其发生作用的位置——在大脑还是在其他器官——息息相关。正因如此，多巴胺的作用多样。根据它介入的脑部区域不同，它可以影响行为动机、运动机能、恶心的感觉甚至乳汁分泌。因此问题的关键是只增加与目标任务相关的身体结构中的神经递质。

综上所述，大脑和其他器官分泌以及使用的用以改变自身活动的天然物质，只会在遇到"对"的刺激时起作用，其分泌量的多少和作

---

27 法国人在圣诞前夜聚餐时会以树干形蛋糕作为甜点，树干的形状象征家族的传承。

用时间都按需而定，且只在相关结构或器官中起作用。因此可以说，大脑活动只有当应该进行时进行，只会在应该进行的地方进行。

然而，绝大多数的吸毒环境与会触发神经递质的正常环境不同，而毒品会模仿神经递质的功能。换句话说，毒品会在"错"的情况下对大脑和其他器官产生作用，因此引发"错"的反应。比如，吸食大麻后，我们可以气定神闲地看待自己惨不忍睹的考试成绩；在正常情况下，即使是非常美丽的东西，光靠看它一眼是很难引起性高潮的，但如果刚刚吸食过海洛因就不同了；如果我们平时不喜欢和某人聊天，因为他总是说车轱辘话，一旦吸食可卡因后，就连无聊的对话都会变得丰富有趣。

不论毒品的摄取方式是口服、随烟草吸食、鼻吸还是注射，一经摄取，它们会立刻随着血液循环到达大脑和其他身体器官。这种扩散方式导致人类无法控制它们的去向和数量。通常情况下，毒品会同时抵达身体的所有器官和大脑的所有组织，其数量也会比天然的神经递质的数量多。此外，毒品可以扰乱身体机能，它们的作用时间比天然分子长得多。由于我们的身体并不了解毒品，因此它无法像抑制自身分子那样及时使这些物质失活。

毒品对行为的危害通常被分为三类：

一、损害认知能力、行为动机和运动机制，危害人体的正常运转；

二、损害判断力，使人做出过分冒险或与现实情况不符的行为（没有保护措施的性行为、危险驾驶、使用暴力等），这些行为会在社会、司法、医学层面产生不好的影响；

三、会导致某些精神病症状，如焦虑、幻觉、狂躁或偏执妄想。

毒品的危害可以用具体数字衡量：交通事故致死的案件中有40%与毒品相关。在法国，每年有3500人死于交通事故，其中的1400个案例与酒精和/或大麻有关（700人死于酒驾，350人曾吸食大麻，而350人同时服用过两者），其他类型的毒品（单独摄取或与酒精一起摄取）直接导致70人死亡（占全部死亡人数的2%）。酒精和大麻占比如此之高，首先和这些毒品的广泛传播有关，同时也因为它们会降低人的警惕性和运动协调性，其影响远远超出了当事人的认知。

由于毒品对大脑的作用机制，它们对行为的影响有一些共同点，但根据毒品种类不同，其影响程度不同。另外，每种毒品都有自己特有的危害，接下来我们将一起探讨这个问题。

· 每种毒品的毒性各不相同

一、烟草

和其他毒品相比，烟草非常特别。它基本不会对成人烟民的行为产生任何不良影响。对于这一群体来说，烟草的主要活性物质——尼古丁——的影响甚至是积极的。问题只在有烟瘾的人突然戒断这种有害物质的时候才会出现，如注意力难以集中、攻击性强、饥饿感强烈、失落感（有时甚至是很强烈的失落感）。总之，戒烟后会出现一大串的消极影响，且最终很有可能导致戒烟者复吸。

然而尼古丁对于成年人的大脑并无毒性，在某些情况下，它甚至可以保护神经细胞。但尼古丁会杀死婴儿的神经元，因此怀孕期间必须停止吸烟,这是有科学依据的。

但是,习惯性吸烟对其他器官有害,会提高慢性支气管炎、癌症(特别是肺癌)和其他心血管疾病的风险。

烟草每年会夺走0.6%的烟民的生命。然而在法国,在11—75岁的4900万人口中,3800万人至少有过一次吸烟经历,1300万人称自己每天都会吸烟。因此,烟草每年会在法国造成将近8万人死亡(每天超过250人),在全世界则会造成600万例死亡,占年死亡人口的16%(所有死因包括在内)。

二、酒精

酒精对于行为的影响与其摄入量密切相关。如果摄入量非常小,它对身体的消极影响并不明显。但若每天都要喝上几杯,酒精毫无疑问就是危害最大的毒品了。

从人类行为的角度来看,酒精会快速损害判断力、影响社交互动,其影响程度随着摄入量的上升而加大。酒后,人会做出或者说出在清醒状态下不会做或者不会说的事。根据个人体质和饮酒时间的不同,人在酒后可能会变得异常话多或异常具有攻击性。随着酒一杯一杯地下肚,人的运动协调能力降低、清醒度下降,并逐步发展到木僵状态、意识丧失(俗称断片儿),甚至进入昏迷状态。

长时间过量摄入酒精则会使大脑严重退化,同时伴随神经元逐渐死亡,最终导致痴呆。每日过量饮酒也会导致肝脏严重受损。酒精的损害是逐步显现的,首先反映为某些肝脏活动增加,随之而来的是器官内的脂肪增加(脂肪肝),之后是肝脏内细胞的逐步死亡(肝硬化),

最终导致人的死亡。这一系列过程也可能会导致肝癌的发生。

相比烟草，酒精每年的致死数量略少，但是酒精对酗酒者的杀伤力要高于尼古丁对烟民的杀伤力。在法国，11—75岁的4900万人口中，有4670万称自己至少喝过一次酒，350万人每日饮酒。酒精每年会杀死1.4%有日常饮酒习惯的人，是烟民死亡率（0.6%）的两倍多。法国每年有将近5万人（约130人/日）死于酒精（全世界每年有300万人死于酒精），这个数字占全年所有死亡人数的8%。

三、精神刺激类毒品：可卡因、摇头丸和苯丙胺

摄入苯丙胺和可卡因会立刻引起行为紊乱，其后果相当严重，最先出现的后果是损害判断力，这也是最严重的后果。在摄取该类毒品后，所有事似乎都变容易了，对吸毒者来说似乎没有什么禁忌，他们甚至会觉得自己无所不能。这种"无所不能"的状态还伴随好动和情绪高涨，而后者是滋生危险行为的绝佳土壤，换句话说就是会让人干傻事。另外，长时间使用该类毒品的人可能会进入偏执妄想的状态，他们会觉得别人对他们有意见、想要伤害他们，这将有可能导致攻击行为的发生。另外，虽然比较罕见，但长期吸食此类毒品的人也有可能会患上精神病，需要接受紧急治疗。

经常以鼻吸的方式吸食可卡因大概率事件会导致鼻中隔病变。用公用烟嘴吸食霹雳可卡因（crack）[28]——一种可以通过烟雾吸食的可卡因——经常会引起手指和嘴唇的病变，而且这种吸食方式也很容易

28　霹雳可卡因又称快克可卡因。

导致病毒的传播，特别是丙型肝炎的传播。另外，吸食霹雳可卡因的患者也有可能出现癫痫抽搐和某些肺部并发症。

精神刺激类毒品也有可能杀死神经元。摇头丸可以直接杀死神经元，但更重要的是，这类毒品会导致神经元的间接死亡。可卡因和苯丙胺会加大对酒精的耐受性，但它们的镇静作用又不会被察觉，导致人们过量饮酒。因此，在可卡因使用者大脑中出现的损伤多数时候并非由毒品本身造成，酒精才是罪魁祸首。

精神刺激类毒品会引起血管收缩，从而导致习惯性吸毒者的血压上升。尤其是可卡因，它可以引起血管壁增厚，由此诱发一些心脏疾病并发症或中风。精神刺激类毒品的另一个有害影响是恶性高热，它是体温调节系统的短路现象，会引起体温持续升高，最终导致死亡。

尽管精神刺激类毒品会引发诸多人们不愿见到的严重后果，但是在法国它的致死数并不高：在11—75岁的人口中，470万人称自己至少使用过一次这类毒品，其中220万人吸食过可卡因，170万人服用过摇头丸，另有80万人服用过苯丙胺类毒品。45万法国人每年至少吸食一次可卡因，40万人每年至少服用一次摇头丸，13万人每年会使用一次苯丙胺（总计约100万人）。由于缺少习惯性吸毒人口的数据，我们很难估算该类毒品成瘾者的人数。在法国，每年约有43例死亡案例与精神刺激类毒品有关（其中28人死于可卡因，15人死于摇头丸和苯丙胺类毒品）。因此，这类毒品的致死人数仅是烟草致死人数的0.05%，是酒精致死人数的0.08%。

四、阿片类毒品：海洛因、海洛因的衍生替代品和止痛药

这类毒品也是一样，它们的不良影响取决于用量。但人们却不能像控制酒精摄入量那样精准地控制海洛因的用量。在食用阿片类毒品时，除了惬意的感觉，使用者还会有镇静、昏昏欲睡的感觉，有时会伴随头晕、恶心的症状，同时心率会降低。当阿片类毒品的摄入量已经可以让人感到快乐时，机体几乎无法正常运转。

如果继续加大用量，人会逐渐丧失意识，之后呼吸中枢将会被抑制。这一结果将令人非常不适，甚至有可能致死。该类毒品过量使用的情况并不罕见，因为致死剂量并不比能够给人带来快乐的剂量大很多。有时候只需改善市面上海洛因的纯度，或者搭配其他镇定类物质一起使用，如酒精或镇静剂，就会导致吸食过量。

通过血管注射阿片类毒品的吸食方式也有不良影响。交换使用注射器极易导致诸如乙型、丙型肝炎或艾滋病等疾病的感染和传播。

绝大多数阿片类毒品致死的案例是因为过量吸食导致呼吸停止而致，因为这类毒品暂时并未显示出对其他器官的危害。在法国，死于吸食阿片类毒品的人数远少于烟草和酒精，但是比精神刺激类毒品致死的人数多。在11—75岁的人口中，60万人至少尝试过一次海洛因，18万人有吸食海洛因的习惯。每年，约300名法国人死于阿片类毒品，其中有40人左右死于海洛因，200人左右死于其替代品（其中死于美沙酮的人数要远多于死于丁丙诺非的人数），另外还有约40人死于镇痛药或麻醉药等阿片类药物。因此，阿片类毒品每年会让0.12%的习惯性服用者丢掉性命，这比烟草在烟民中导致的死亡率（0.6%）低

4/5,比酒精导致的死亡率（1.4%）低 9/10。从总致死人数来看，阿片类毒品比烟草致死人数低 299/300，比酒精致死人数低 185/186。

五、大麻、合成大麻素 K2 和 Spice

大麻会导致记忆力减退、注意力不集中、无法完成任务，以及运动协调能力下降。在经常吸食大麻者的身上也可以观察到一种消沉状态，他们对于参与社会中的日常活动兴趣寥寥。吸食大麻也可能引起精神障碍，特别是抑郁、焦虑或精神病。另外，吸食大麻者因陷入某种极端焦虑或癫狂、妄想的精神状态而紧急就医的情况并不罕见。吸食 K2 和 Spice 合成大麻素后特别容易出现严重的精神问题，因为这两种毒品的最主要活性成分要比大麻的活性成分强得多。大麻引起的严重焦虑通常在出现几小时后得到缓解。癫狂或妄想症也可能在几小时或几天后消失，但更常见的情况是，这些症状将持续长达数周的时间，甚至最终发展成慢性精神分裂症。还有一种比较罕见的情况，大麻吸食者可能会在长达几天的时间里表现出非常严重的呕吐症状，甚至服用止吐剂也无法得到缓解。

大麻最主要的两个危害是致使记忆力减退和意志消沉。在不同年龄层的吸食者身上，这两种危害会导致不同的结果。对于青少年和年轻人来说，其人生正处在需要学习和自我培养的阶段，大麻对他们的危害也许将会是灾难性的。请你想象一下，假如某种毒品会使人忘记一切我们试图记忆的东西，并且会让人进入一种异常"佛系"的状态中，我们根本不明白为什么要为了达成某个目标而劳其心智、苦其筋骨。在这种情况下，成功应该不会如期而至吧。这一猜想被美国的研究团队证实了。他们的研究表明，日常吸食大麻的年轻人获得本科及以上学历的可能性比其他年轻人低 9/10，同时失业率比其他人高 3 倍。其他研究表明，若从青少年时期即养成吸食大麻的习惯，那么吸食者的智商将下降 10%。

40 多岁的大麻吸食者情况则完全不同。观察发现，这个年龄阶段的吸食者有很大一部分是在晚上，即下班后吸食大麻。白天，学习肯定不是他们的主要活动。在这个年龄阶段，人们更多的是靠经验办事。这些人的日常已经不再围绕着探索未知领域展开，而是集中在处理不如意和棘手的问题上。因此，对于这一年龄层的人来说，吸食大麻可以让他们忘记白天的糟心事，让心绪平和。对他们来说，大麻更像一种神奇的疗伤灵药，而不是什么危险的毒药。

这也许就是为什么国家的决策者们——通常已经超过 40 岁——会认为大麻并没有太大的危害性。确实，大麻在他们身上也许不会造成不良的影响。但遗憾的是，他们并不是大麻的主要消费群体，16—22 岁的年轻人才是大麻消费的主力军。处于该年龄阶段的年轻人中，有 50% 的人至少吸食过一次大麻，有近 10% 的人有吸食大麻的习惯。但法国的传统就是如此，年轻人一般不会受到关注，除非大家认为年轻人应该有所担当了。就吸食大麻这件事来说，他们真的应该快点成熟起来。

至于大麻对除了大脑以外的其他器官有何不良影响，人们还没有进行系统的研究，因此，目前还没有任何不良影响被证实。

从致死效果来看，大麻的危险性最低。在法国，11—75 岁的人口中有 1700 万人至少吸食过一次大麻，150 万人有吸食大麻的习惯，70 万人每日都要吸食大麻。每年，仅有 0.002% 的日常吸食者会因大麻丧命，这个比例比烟草低 299/300，比酒精低 699/700。在法国，平均每年有 15 个死亡案例与大麻有关（几乎所有人都是死于心脏疾病），这比酒精的致死人数低 2999/3000，比烟草低 4999/5000。

有人快乐，有人上瘾

在毒品的诸多危害中，最臭名昭著的当数"致瘾性"。

虽说所有毒品都能让人上瘾，但它们致人成瘾的方式各不相同。通过统计过去的一年中至少吸食过一次毒品并最终成瘾的人数，人们估算出了每种毒品的致瘾能力。所有毒品中的冠军是烟草，尤其是成瘾率超过 33% 的香烟；接着是不分伯仲的可卡因、海洛因以及酒精，它们的成瘾率在 20%~25%；大麻垫底，成瘾率为 10%。

和大家的固有认知不同，毒品的成瘾率和长期使用者戒断时的反应强度无关。正如我们所见，戒断反应在成瘾中扮演着非常重要的角色，但其具体表现根据毒品种类的不同而变化。戒断反应最强烈、最严重的应该是酒精，通常伴随幻想、癫痫、抽搐等症状，有时甚至会致人死亡。紧随其后的是海洛因和吗啡，这两种毒品的戒断反应大家应该并不陌生，戒断者的不适感非常强烈，同时伴有腹痛、出汗、呕吐等症状。其他毒品的戒断反应不如上述几种毒品明显，但也并非微不足道。尼古丁的戒断反应以认知能力的混乱为主，同时伴有强烈的攻击倾向和饥饿感。可卡因的戒断反应表现为强烈的抑郁。若突然停止吸食大麻，会引发严重的焦虑情绪，同时导致厌食和严重的睡眠问题。

总之，我们无法根据毒品的致瘾能力预估毒瘾的严重程度，但后者可以通过第一次戒断后的复吸率进行估算。所有毒品首次戒断后的复吸率都十分相似，约为 90%。

合法与非法

结合上文中提到的内容，让我们一起研究一下，为什么有一些毒品合法而另一些则是非法的。大家都期待立法者足够明智，让危害性较低的产品合法化，同时严令禁止危险性高的产品。然而事实并非如此。

从对身体的毒性来看，在频繁使用毒品的情况下，对人体伤害最大的是烟草和酒精，之后是可卡因、大麻，排在最末位的是海洛因。对此你感到意外？但这已经的的确确被证实了。

如果立法者不是以毒品对身体的危害为标准，那他们很有可能是立足于毒品的另一个危险——致瘾能力。然而，这也不是他们考虑的重点。在前文中已经提到，就成瘾率来说排名第一的是尼古丁，可卡因、酒精和海洛因的致瘾能力不分伯仲，排在末位的是大麻。

这样说来，立法者的标准简直是一个谜。合法和非法毒品的区分究竟从何而来？也许是源于某些历史原因吧。有些物质在社会中的地位实在过于根深蒂固，因此根本无法被完全禁止，然而对于另一些物质来说，就有被禁止的可能性。但事实也非如此。因为鸦片和可卡因在历史上十分常用，现在禁止它们的使用，社会中也未见太大阻力。经济利益也无法作为界定毒品合法与否的依据。不论毒品是否合法，它们都会牵扯众多产业，只消一眨眼的工夫，非法买卖就可以洗白成正常的经济活动。请你仔细想一想，这不正是大麻在美国经历的事情嘛！在短短两年内，一个涉及数十亿美元的产业链就成型了。

谜团依旧未被解开。如果你当面向立法者提问，为什么有些毒品可以被自由交易，而另一些则被严令禁止，他也无法给你一个合理的解释。

所以，这种划分是即兴随机的吗？我并不这样认为。

只需抛开所有固有偏见，仔细研究一下毒品的影响，很容易就可以发现其中的奥秘。你明白了吗？当然，你一定明白了！一种毒品合法与否的界定标准在于，它对人类行为的影响及其干预个体社会角色的能力。

因为毒品的另外一个重要特点就是它可以使个人随心所欲地改变其内在状态，而这种改变对于社会来说可能并无裨益。如果人可以不进行性行为就获得性高潮，那我们很可能会失去繁殖的欲望。如果寻找东西的过程就足够美好，人们就不在乎最终是否能找到目标物了。如此一来，我们很可能会毫无目的地原地打转。简言之，虽然抑制冲动很痛苦，但放任自流也不是我们喜闻乐见的。当我们面对一个充满吸引力的人时，毫不抑制冲动可能会导致我们将手伸向不该触碰的地方。放任冲动发生会使我们在急需脱身之计时忘记面前的威胁。

为了证明毒品对行为的影响及行为与社会的适配度之间的互动，才是判断毒品合法与否的标准，首先我们要根据毒品对行为的影响将其从危害最小的到最危险的进行排列。

让我们从对行为没有任何负面影响的毒品——烟草——说起。尼古丁让人清醒、减轻压力、降低食欲。它不会扰乱生命中的任何机制。相反，它甚至会提高我们这些为生活奋斗的人的"作战"实力。这种毒品之所以在相当长的时期内被社会接受，并非出于偶然。据我所知，没有任何一种有教义经典的宗教禁止烟草。直到1980—1990年，人们才逐渐意识到它的危害。之前，吸烟并不被看作一个问题，甚至完全相反。

毒品	长期吸食者（百万）	成瘾率	每年致死人数	长期吸食者的死亡率	致死人数占全年总死亡人数的比例	对行为的危害程度
烟草	13	33%	79000	0.61%	16%	--
酒精	3.5	20%~25%	49000	1.4%	8%	+
大麻	0.7	10%	15	0.002%	0.003%	++
精神刺激类毒品	?	20%~25%	43	?	0.008%	+++
阿片类毒品	0.18	20%~25%	263	0.12%	0.05%	++++

注：调查人口（11—75岁）：4900万；年平均死亡人数：494000（以法国为例）。

合法毒品：烟草、酒精；

大麻：介于合法与非法之间；

非法毒品：精神刺激类毒品和阿片类毒品。

接下来我们聊聊位于列表第二位的酒精。你有可能会对此感到意外，因为它对于人类行为的不良影响人尽皆知。它有别于其他毒品的地方在于，人们可以清晰地界定酒精中毒的量，也就是说，人们可以做到饮酒但不喝醉。因此，我们要研究少量到中等量饮酒会造成的后果，因为这是最常见的摄入量。在这个区间内，酒的主要功能是缓解焦虑、帮助社交。通过缓解白日里积累的压力，酒精可以帮助生活"小斗士"忍受不公平的社会带来的制约。但是，如果超过了一定的饮酒量，一切就都变了，这个人就什么都做不好了。这就是为什么作为第二种合法毒品，酒精的历史比烟草的历史更具争议性。某些宗教会禁止饮酒，有些国家，例如美国，也曾实施禁酒令[29]。

表中排在第三位的是大麻。它和酒精的影响类似，可以帮助人们更好地忍受社会的制约，但是大麻有个弱点，它会使人变得过于无拘无束。就是这样一个小区别使大麻的效果从"升级"的抗压能力变成了"为什么要自讨苦吃呢？"的想法。换句话说，人们在面对约束时变得无所谓了，这种状态对个人来说当然是幸福的，但对于一个生产型社会来说，这个想法就过于"佛系"了。大麻是第一个开始降低行为与社会的适配度的毒品，也就是说，大麻会降低主体的生产力。虽

---

[29] 禁酒令，美国禁止酒精饮料的酿制、转运和销售的宪法修正案。工业资本家认为工人饮酒影响劳动纪律和生产效率，于是在他们施加压力的情况下，国会于1919年颁布了宪法第十八条修正案："自本条批准一年以后，凡在合众国及其管辖土地境内，酒类饮料的制造、售卖或转运，均应禁止。其输出或输入于合众国及其管辖的领地，亦应禁止。"

然目前大麻已经不再被归为硬毒品，但它仍然是首个非法毒品。直至今日，法国社会还就大麻合法化问题争执不休。

精神刺激类毒品——可卡因在表单中位列第四，从它开始，我们进入了另一个阶段。你觉得不可思议吗？使用了可卡因和苯丙胺后，人们可以不知疲倦地连轴转。这一功效对于生产型社会来说乍一看确实有利可图。只不过有一个小问题，在可卡因的影响下，努力生活的"小斗士"不仅会变成一个不知疲倦的斯达汉诺夫[30]式的工作狂，同时他会开始将自己视作"将军"。在这类毒品的作用下，我们会觉得万事皆有可能，所有事都轻而易举，妨碍我们行动的人会立刻被我们当作需要提防的敌人。换句话说，可卡因会扰乱社会关系和社会等级。该影响过于危险，因此可卡因无法被社会接受。另外，这种毒品会将寻找过程变得惬意，这样一来，目标就不重要了。因此，在吸食过可卡因后，人们经常会做一些原地打转、毫无意义的事情，这一点与一个结果导向的社会格格不入。

排在最后一位的是阿片类毒品。它对人类行为的危害性最高，因为此类毒品会引起非常强烈甚至过于强烈的欣快感。如果一口烟、一次鼻吸或者一次注射就可以给人带来极致的欢愉感，你怎能妄想一个人继续在社会中扮演生产者的角色呢？毕竟生产者辛苦劳碌的目的就

---

30 斯达汉诺夫，苏联顿巴斯矿的年轻矿工，在1935年8月30日夜间作业时，用风镐挖煤102吨，超过了原有劳动定额的13倍，创造了世界采煤的新纪录。随后，苏联掀起了以其名字命名的斯达汉诺夫运动，即苏联第二个五年计划期间开展的社会主义劳动竞赛运动。

是获得幸福感啊。无须努力寻找就可以得到的欣快感与人类社会的准则格格不入，因此所有文化背景都认为阿片类毒品必须被禁止。

很有意思不是吗？当我们按毒品对行为的影响进行排序时，我们不仅得到了合法毒品和非法毒品的划分标准，这个排序方式也和大众认知中毒品的危险程度排位一致。这样看来，大众智慧其实并不盲目，只是人们经常对自己坚信的事情背后的真正原因不甚了解罢了。

因此，对于毒品来说，以下事实已确凿无疑：我们对某些毒品闻风丧胆，对其严令禁止，并不是因为它们的毒性巨大或者它们非常容易致瘾，而是因为它们对我们正常行事、保持原有的生产率有消极影响。

如何成瘾？

通过上文的描述，我们首先可以得出的结论是：有相当一部分人在摄取毒品后不会上瘾。这条结论无须过多解释，想一想合法毒品便可得知。在法国，最有代表性的例子就是酒精，几乎所有法国人一生中至少尝过一次酒精的滋味。

因此，不考虑任何道德因素，摄取毒品是人类物种的正常行为。该行为也可以被归为一系列以获取快乐为唯一目的、受外源稳态系统刺激的行为。前文中已经提到，纯粹以娱乐为目的的活动数不胜数，有些活动甚至可以导致一系列产业部门的兴起。例如体育活动，不论是亲身体验还是观看比赛；还有音乐，不管是演奏音乐、听音乐还是伴随音乐跳舞，娱乐都是唯一的目的。另外，也有很多影视娱乐形式，其目的就是在观看者心中引起强烈的感情。最后，不得不提美食业和性产业，这二者存在的目的远不能被简化为满足人类的摄食需求和繁殖需求……吸食毒品也算娱乐活动中的一种，而毒品最值得一提的好处是其优越的碳足迹[31]。吸食毒品可以和其他娱乐活动达到同样的目的，但它导致的熵增最小。只需要一口烟、一次鼻吸或者一小口酒，就可以获得和滑雪、观看足球比赛和悬疑片一样的感觉，甚至感觉更强烈，而完全不需要爬升滑道、建造场地或者制片的过程。

吸食毒品不是行为异常，是吸食方式使这种行为变得病态。真正成瘾需要经历三个连续但相互独立的阶段。说它们连续是因为只有在一个阶段完成后才能进入下一阶段。说它们相互独立是因为完成了一个阶段并不意味着会自动进入下一阶段。

第一阶段是偶发性吸食行为。此时，摄入毒品是娱乐性的，而非病态的。如果算上合法毒品，这一步将涉及80%的人口。对自律的人来说，使用毒品只占他们所有行为中很小的一部分。如果只是偶尔吸食毒品的话，想要戒除并不困难。我们经常听到的"谁吸谁上瘾"的说法其实是错误的，并非所有人都会对毒品产生依赖。相反，所有人都吸食"毒品"。

某些人不会止步于此。第二阶段以某种毒品频繁持续的使用为标志。至此，人们进入通常被称为"滥用毒品"的阶段，这个阶段以吸

---

31 碳足迹，通常也被称为"碳耗用量"。是指一种用于测量机构或个人因每日消耗能源而产生的二氧化碳排放对环境影响的指标。

食频率和用量的提升为特征。同时，戒断在这一阶段变得异常困难。吸毒经常会演变成每日行为，这时，问题会渐渐浮现出来。然而，滥用毒品还是一个比较轻微的病态行为，这是因为，尽管此时毒品用量较大，也会产生一些问题，但是个人行为还是受控的，并且通常情况下，这个人仍可以很好地融入社会。

不久以后，在某些滥用毒品的人身上会出现毒品成瘾的第三阶段，也是最后一个阶段。这是最严重的成瘾表现——个体无法再控制毒品的使用。寻找和吸食毒品成了他最主要的活动，并取代其他活动占据了他几乎全部的生活。停止使用毒品对他来说是非常困难甚至根本无法完成的。至此，个体的社会活动被彻底扰乱。另外，即使是经过长期的戒断治疗，复吸几乎也是板上钉钉的事。因此，我们一般是到了第三阶段，即失控的阶段，才能看到成瘾的危害。

因此，从毒品的正常使用到病态使用首先以量变为标志，之后是行为上的质变。在成瘾的初级阶段，毒品使用量上升，但是个人行为的总体框架没有改变，个体仍有可能维持正常生活。在毒品成瘾的最终阶段，个体行为发生了翻天覆地的变化，吸毒成为其最主要的活动甚至是唯一活动。

· **医生如何诊断成瘾？**

医生对于上述三个阶段了如指掌，而且精神疾病指导手册对此也有详细介绍。针对不同病症，手册列举了一系列的行为特征，一旦行为达到一定频率，医生便可根据手册做出诊断。关于成瘾，在这些手册中通常有一部分专门介绍毒瘾，并且各种毒品也有专门的说明性章节。

最常用的行业手册应该是由美国精神医学学会出版的《精神疾病诊断与统计手册》（DSM，*Diagnostic and Statistical Manal*），该书中列举了衡量疾病严重程度的 11 个标准。

我们能够利用这些标准中的 3 项评估由长期习惯性的吸毒行为导致的初期行为问题，进而界定毒瘾阶段：

一、反复使用某种毒品导致无法在工作、学校或家庭中履行应尽的主要义务；

二、无视因吸毒行为导致或激化的、反复出现或持续存在的人际关系问题或社会问题，继续使用该毒品；

三、在可能危害身体健康的情况下反复使用吸食毒品。

另外，我们能够通过本手册中的 6 个标准评估因吸毒导致的行为变化，进而界定行为失控程度：

一、毒品的使用超过预计用量或预计时长；

二、有减少或控制用量的欲望，然而尝试无果；

三、个体对毒品有强烈的渴望；

四、个体为获取和使用毒品，以及从毒品的影响中恢复过来花费了大量的时间和精力；

五、因吸毒而放弃或减少重要的社交、职业或娱乐活动；

六、个体清楚自己存在某些反复、持续出现的心理或生理问题，并且这些问题极可能由毒品造成或激化，即便如此，个体仍坚持吸食毒品。

最后的两条标准与生理适应性相关。若个体是以治疗为目的使用某些药物，这两条标准可以跳过：

一、出现耐受性；

二、出现戒断症状。

目前，人们根据在个体上观测到的标准数量界定疾病的严重程度：若个体身上出现0—1条症状，则是健康的；若出现2—3条症状，则为轻度病患；4—5条为中度病患；6条及以上为重症病患。

了解到《精神疾病诊断与统计手册》中的标准后，可以肯定的是，对于医生来说，通常被称作"生理依赖"的适应性（耐受性和戒断反应）并不意味着成瘾，因为这两种现象都不是判断滥用毒品的必要标准。另外，摄入毒品本身并非疾病，毒品合法与否也并不是诊断的标准。因使用毒品导致的行为混乱严重程度不一，其中最轻的是过量使用，最严重的则是丧失对吸食行为的控制。

· 非专业人士如何判断是否成瘾？

让我们暂别医学界，转向非专业人士对成瘾的定义。此时，事情变得矛盾且复杂。事实上，只需汇总目前流行的定义方法，我们就会看到五花八门，甚至相互对立的定义方式。人们会被搞得晕头转向，丧失继续研究下去的兴趣。然而，最常见的"成瘾"概念，如需求、欲望、欣快感等，其实都不无道理。问题在于，90%的所谓"定义"实际上只是对成瘾的描述。

我知道，所有人都会忽视"定义"与"描述"的区别，这是再正常不过的事。这两个概念的混淆是人类社会最大的缺陷。有时，这个问题甚至是专家们无休无止的争论的导火索。请仔细回忆一下，在看电视辩论的时候，你是否觉得辩论双方之所以无法达成一致，有时候是因为他们在谈论完全不同的事，只不过这些事的名字相同而已。你肯定要问，这怎么可能呢？很简单，因为他们使用的是"描述"而不是"定义"。

"定义"是一个事物所有属性的集合，根据这些属性，即使我们从来没有见过的东西，我们也可以准确识别它。因此"定义"是独一无二的，两个完全不同的东西不可能共享一个定义。如果有两个不同的东西共享一个所谓的"定义"，那这肯定不是"定义"而是"描述"。"描述"是事物一系列不甚完整的属性列表，很多不同的人或事物可以有相同的属性，不同的人或事物完全可以被以相同的方式"描述"。"描述"另一个令人恼火的缺点是它只能给出片面的看法，而每个人都可以自由选择现象的某些属性，以便更好地反映个人看法、文化或意识形态立场。换句话说，用"描述"代替"定义"是让片面的、错误的观点看起来跟事实一样的最有效的方法。毒品成瘾也没能逃过这个命运，它甚至是最主要的"受害者"。

为了更好地体会用"描述"代替"定义"的弊端，让我们以一个日常生活中会出现的场景为例。你的表哥是巴黎人，现在在波尔多旅游，你让他买一个"chocolatine"[32]。当他问你什么是什么的时候，

---

[32] 巧克力面包，法语中有两个词可以命名巧克力面包：chocolatine 和 pain au chocolat，前者常见于法国的西南地区和原奥克语使用区，后者常见于其他地区。

你跟他说是一种长方形、巧克力味的甜点,小孩子都很喜欢吃。依照这样形容,你表哥很可能会带一盒LU牌[33]经典款饼干回来。这很正常,因为你只给他"描述"了什么是chocolatine,而没有告诉他这个词的"定义"。它的定义应该是:"一种成卷的、形状略扁的酥皮面包。近似长方形,颜色介于金色和栗色之间,内夹两块巧克力,从面包卷的两侧看,可以看到两个巧克力方块。"这下你应该明白了,波尔多人口中的"chocolatine"其实就是巴黎人口中的"pain au chocolat"(巧克力面包)。一旦给出了精确的"定义",你表哥——如果他各方面都正常的话——一定会给你买回chocolatine的,即便巴黎人一直将这个东西称作"pain au chocolat"。

所以,放弃大众习惯上使用的对成瘾的"描述"转而使用这一瘾症简单的"定义",在我看来尤为重要。但要如何做呢?让我们分两步完成这件事:先筛选描述,然后从中提取能定义这一疾病的独一无二的特征。

整理概念:"需求、欲望、欣快感"无法定义成瘾

我们一想到"成瘾",立刻会有三个词浮现于脑际:需求、欲望和欣快感。然而,仔细思考便可得知,这三样都不是毒品成瘾的要素,因此,它们也无法定义成瘾。

需求。人体的需求程度取决于我们所依赖的元素。我们可以对某些生存必需品上瘾,比如食物;也可以对身体不太需要的东西上瘾,

---

[33] LU,创立于1846年的饼干品牌,几乎每个法国小孩都是吃LU牌饼干长大的。

比如可卡因。

用维生素 C 来说明成瘾和需求的区别是非常恰当的例子。如果食物中缺少足量的维生素 C，你很有可能会患上维生素 C 缺乏病。这种疾病以牙齿脱落和出血为征兆，最终可能导致死亡。几个世纪以前，在漫长的海上航行中，富含维生素 C 的水果和蔬菜极度匮乏，因此，维生素 C 缺乏病对于船员们来说是一种灾难性疾病。然而，人体内不会发出任何信号提示我们需每日补充维生素 C。平时，人们对于富含维 C 的食物也不会生出特别偏好，甚至当缺乏这种元素时，我们也不会产生吃富含维 C 的食物的强烈意愿。总之，虽然维生素 C 对于我们的生命延续不可或缺，我们确实对它有"需求"，但我们不会对它"成瘾"。

欲望。成瘾和欲望的强弱也没有关系。假如你在看电视的时候突然特别想吃爆米花。热腾腾的气息和盐的味道让你想起童年。光是想到这儿，你就口水四溢了。你记得在储物柜里有爆米花，然而，当你打开柜子之后发现并没有！你开始翻箱倒柜，欲望给你的希望插上翅膀，但是没办法，确实没有爆米花了。在你寻找爆米花期间，目光无意间扫到一袋薯片。你抓起袋子，低下头，朝里面看了一眼，之后你一边坐回电视机前，一边慢慢嚼起薯片来。只一瞬间的工夫，你就将爆米花抛到了脑后，它甚至不会出现在你转天的购物清单中。但是，刚刚对爆米花的强烈欲望变成了什么呢？如何解释这 180 度的大转弯呢？是记忆力出问题了吗？肯定不是。这只能证明你没有对爆米花成瘾。如果你在打开桌上的烟盒后发现里面只剩最后一支烟了，你肯定会毫不犹豫地跋涉 15 千米去买烟，即使你刚刚度过了漫长劳碌的一天，即使当时你没有特别强烈的抽烟欲望。

欣快感。 如果说需求和欲望都与成瘾无关，那欣快感一定与之相关。换句话说，人会对能给我们带来很大满足感的东西上瘾，而不会对无法提供满足感的东西上瘾。然而，不幸的是这与事实不符。为证明欣快感与依赖性之间的区别，烟草应该是最好的例子。说实话，这种植物的叶子，晒干之后并不好看，却成了吸引力最大的毒品。然而，吸烟其实无法给人带来传统意义上的愉悦感。吸烟时的感受甚至很难定义。

其中的道理和下面的例子类似：如果对比巧克力和法棍面包给人带来的欣快感，那么肯定是前者更大（如果你不喜欢巧克力，可以把它换成涂了奶油的草莓或者任何你喜欢的东西）。不论你最终选择什么样的食物，都很少见到村子里的居民为了巧克力或者奶油闯进别人家里打劫吧。然而，如果有一天，他们没有做面包的小麦了，即使是最温和的人也会为了这种不够美味但不可或缺的东西和人大打出手。

成瘾 ≈ 无法抑制的行为

因此，成瘾并非某种极端欲望的体现，不是由某种强烈的欣快感激发，也不以获取某种不可或缺的元素为目的。这样看来，问题略显复杂啊。如果说需求、欲望、欣快感都无法定义成瘾，那怎样确定我们到底上瘾了没有呢？请你放心，删除这三个概念并不会让事情变复杂；相反，事情会因此豁然开朗。比起参考一个满是错误方向的路牌，无路牌可参考反而更容易找对方向。

具体怎么做呢？和其他类似情况一样，成功的秘诀是仔细观察行为。有一条谚语说得好："人总是会撒谎，但他们的行为不会。"首先，暂时忘记我们找出的种种成瘾的理由，"为什么"对我们并无助益。让我们将偏见、意识形态和或多或少被引导的不同解读、成瘾的原因抛到一边吧！否则，我们很可能会从欲望和欣快感出发，得出"毒品是魔鬼，它让我们误入歧途、玷污我们的灵魂"的结论。

与其尝试将成瘾理论化，不如试着观察成瘾者的行为，在不和他们交谈，也不向他们提问的条件下，识别成瘾的真面目。描述成瘾时应尽量避免使用类似"依赖性开始于将欲望转变为行动的那一刻"的句子。这种句子看上去很美，听起来也很合理，似乎正确描述了成瘾。然而，欲望不是行为的一部分，它只是行为的众多解读之一。人们看不到欲望，但可以观察到与之匹配的行为。我们要么将自己的体内状态和行为做关联，要么是询问他人后得出的结论。对行为的解读可信度很低，因为在大多数情况下，我们在行动时其实意识不到我们这样或那样行事的动机。行为开始之后，大脑皮层会对该行为的动机给予解释，但大脑有时也会搞错。

一旦我们将注意力集中在成瘾者的行为上，而不是试图阐释它们，我们很快就可以发现从正常摄取毒品到病态摄取毒品的过渡。因为在这个过程中，旨在获得毒品的行为变得越来越具有侵入性、越来越不易克制。说它具有侵入性是因为个体的毒品摄入量会越来越大，与此同时，他从事的其他活动越来越少。说它不易克制是因为吸毒者无法长时间中止获取毒品的行为，毒品本身的危害无法阻止他吸毒，生理上能够克服的外部制约也无法阻止他吸毒。

至此，界定毒品摄取行为到底是正常的还是成瘾的标准浮出水面。为此，只需观察行为是否已经变得具有侵入性且不可抑制。饮酒可以是一种你能够轻易克制的偶发行为（正常行为）；或者变得越来越频繁，越来越难以戒断（滥用）；又或者你的全部生活都围绕着饮酒这一最主要行为展开，你根本无法停止（成瘾）。看上去行得通！试试看，你越是将这一定义付诸实践，就越能感受到它的高效。

导致成瘾的脑部变化

· 毒品脆弱性的漫漫征途

20—21世纪，科学界对导致毒品成瘾的脑部机制的解释经历了巨大的发展。

20世纪，占主导地位的科学理论的关注点都在毒品这一物质上。这些理论认为，因长期摄取有毒物质导致的脑部变化是成瘾的主要原因。这种说法其实涉及一系列的相关理论，因为毒品对脑部产生的影响多种多样，不同作者会侧重于研究脑部的不同变化。比如，以耐受性、敏感化、条件反射、戒断反应或者冲动为基础的大脑变化，依次被认为是毒品成瘾的决定性因素。根据上述理论，不论决定性的生物事件是什么，一个人只要长期摄入毒品就会因上述原因之一导致的脑部变化而染上毒瘾。

在世纪之交的时候,一种截然不同的解释方法问世,它更侧重于某些个体面对毒品时的脆弱性研究。1989 年我在博士后期间与米歇尔·勒·莫阿尔(Michel Le Moal)在《科学》杂志上共同发表的文章是早期有关该主题的文章之一。我们在文章中提到的观点与先前的理论截然不同,我们认为,毒品成瘾不是摄取毒品后不可避免的结果,它只是在对毒品脆弱的个体身上观察到的病理性反应。这一结论引起了当时绝大多数研究团体的强烈反对。

我们花费了近 20 年的时间才最终让大家接受脆弱性的存在。这一过程用时之久令人不解,毕竟脆弱性的存在不过是证实了所有临床医生和流行病学专家已经知道的事——只有一小部分毒品使用者会最终发展成瘾君子。那么为什么大家对上述研究成果如此排斥呢?归根结底也许是因为在当时,科学界关于人类行为的主导性理论均属于行为主义心理学领域。行为主义心理学主要由美国和英国的行为主义学派捍卫,根据这一学科的理论,个体之间的差异仅由学习过程导致。在接触毒品之前,你大脑的特点以及你对毒品的脆弱性都不重要,因为只要条件合适,任何人都可以通过学习胡作非为,包括变成瘾君子。根据这一逻辑,流行病学观察反映的就不是生物脆弱性了,而是社会条件。生活环境的改变、毒品的唾手可得、社会压力的增加等原因都会导致某些人成瘾。

上述这个武断的错误观点完全忽视了人类的大脑,最终被围绕动物行为的研究判了死刑。相关研究已经清楚地证实了主动吸食毒品和毒品成瘾并非人类物种的特有现象,在其他动物身上也可以观察到类似行为。毒品成瘾在人类和动物身上的相似性远不止于此。和人类一样，只有一部分动物会出现过量摄入毒品的行为，继而发展成行为失控。成瘾的小鼠和没有成瘾的小鼠获取毒品的难易程度一样，在摄取初期，两类小鼠的毒品用量也一样。这样一来，可能会导致个体差异的社会条件就被排除了，个体脆弱性只能被生物学上的差异解释了。接下来的工作就是要找出这些差异……

从1990年到2010年，针对个体脆弱性的研究逐渐揭示了至少两种相互独立的生理基础。第一种会导致滥用毒品，第二种则会导致行为失控。

多巴胺能系统过分活跃和前额叶皮质功能低下是导致从偶尔使用毒品过渡到滥用毒品的主要因素。这些改变使得某些个体在接触毒品后释放大量的多巴胺，使毒品看起来格外诱人，增加个体的吸食欲望。多巴胺的极度敏感性是先天的，它极有可能由某种特殊的基因结构或某种特殊的生活经历所致。在有关压力的章节中，大家已经了解糖皮质激素是如何通过刺激多巴胺能系统致使某些人在面对毒品时更脆弱的。

行为失控则由其他因素导致。长期摄入毒品后，某些脆弱人群体内会出现突触可塑性缺陷，这是导致行为失控的主要原因。突触可塑性是指神经元之间加强或减弱其连接强度的能力。这是一项非常重要的功能，因为它可以使人从一个行为过渡到另一个行为。当我们将动物暴露在存在可卡因的环境中时，起初，所有个体都会丧失突触可塑性。然而，在继续摄入毒品的过程中，绝大多数个体成功将突触可塑性恢复到了正常状态，因此它们的行为不会失控。相反，成瘾的动物不具备这种适应能力。它们的行为开始变得单一，仅仅围绕吸毒这一个活动展开，直到难以抑制。

因此，较为脆弱的个体并不是对毒品有额外的病理反应，而是缺少正常的应对反应。在他们身上缺少针对毒品的"生理弹性"，多亏了它，绝大多数个体可以战胜毒品的不良影响，恢复正常的突触可塑性。

如今，所有人都认同毒品成瘾是对毒品有脆弱性的人与毒品这种药理性物质相遇后的结果。顺便提一句，美国的行为主义专家几乎不再研究成瘾问题，而英国的行为主义专家转而研究个体差异问题。

·可塑性和意志的丧失

行为失控是由突触可塑性的缺失所致，这一研究发现与先前所谓"意志薄弱"的猜想相去甚远。过去，行为失控主要被看作一种冲动行为，是自制力欠缺的表现，特别是无法控制毒品的摄入。换句话说，毒品成瘾曾被认为是某种抑制行为"回路"的疾病。上述观点是"意志力缺乏是原罪的起源"的生物学解释。在唯灵论者看来，灵魂或者非物质要素无法抵抗毒品的诱惑是因为缺乏意志力。从医学角度看，毒品成瘾是由大脑皮层中的某些区域失常所致。

将突触可塑性与行为失控相关联证实了意志力——不论是精神层面的还是生理层面的——与成瘾无关。成瘾者不再被认为是面对毒品无法克制自己行为的人，而是无法从吸毒行为中脱身的犯人。因此，成瘾者的行为并不是冲动所致,而是被"固化"在了吸毒这一行为里。

为了更好地理解"行为固化"这一概念,请你将大脑想象成一个蓄满水的水池,将不同行为想象成形状、大小各异的液压缸。当大脑正常运转时,液压缸的升降是很轻松可以完成的事,因此,根据情况变换行为也是轻而易举的事。但是,如果蓄水池里的水冻住了,固化了(因吸食毒品导致突触可塑性丧失),当时浸在水下的液压缸(吸食毒品的行为)就会被冻在冰块里。此时,个体就会沉浸在某种行为中无法自拔,无法变换行为。借助外在帮助和个人努力,同时经历一定的痛苦(这是所有戒毒治疗的初期阶段都会经历的事),个体可以一点一点将液压缸从冰块里抽出来。然而,被抽出的液压缸留下的空洞再也不可能被代表另一行为的液压缸填补。当一个行为"固化"后,人们应该学会带着它留下的空虚感继续生存下去。有时候,尝试填补空虚的欲望也有可能过于强烈,只能用那个唯一合适的液压缸来填补,也就是吸毒(即使在彻底戒毒之后,复吸的可能性仍旧非常大)。当然,冰也有可能会化开,行为也有可能找回它原本的可塑性。然而不幸的是,这种事只在极少数人身上发生。毒瘾这种慢性病的复发率高达 90%。

毒品成瘾是行为疾病

发现个体的脆弱性差异彻底改变了毒品成瘾在医学界的地位。事实上，当对成瘾的认知主要受以毒品为研究对象的理论引领时，毒瘾这一行为疾病一直被当作医源性疾病（iatrogenic disease），即由医生（"iatrogenic"的前缀"iatro-"源自希腊语"iatros"，意为医生）导致的疾病。这一概念经常被用来描述在治疗过程中由急性或长期用药造成的问题。通常来说，写在药品说明上的副作用都属于医源性疾病。

在以毒品为研究核心的理论中，将毒瘾归为医源性疾病似乎有两大原因。首先，毒品是药理性化合物，和药品一样，它们的使用以某种功效为目的，但同时伴随强大的副作用——成瘾；其次，大多数毒品起初是因其药用属性被使用的，比如可卡因可被用作局部麻醉药，吗啡可被用作镇痛药。相反，大麻最初被认定为毒品，如今，在某些情况下会被用于治疗。

成瘾是因个体脆弱性所致这一事实引领我们将毒品成瘾归为精神类疾病。事实上，大部分的精神疾病是由刺激引发的，而这些刺激对于大部分人来说无害，但对于脆弱人群却可致病。对此，最典型的例子是抑郁症、焦虑症和创伤后应激障碍。在法国，引发应激性抑郁症的主要刺激是离婚和迁居，但这些事件对于绝大多数人来说不会引起任何后遗症。同理，有些人的焦虑症是由蜘蛛、蛇或者乘坐飞机等刺激引起的，即使这些经历会令人不适，但它们在大多数人身上不会引起病态的应激反应。我们当中 80% 的人可以很好地应对并消化最具创伤性的经历，只有极少数人会得创伤后应激障碍。

既然大家已经了解摄入毒品本身无法导致成瘾，毒瘾只会找上脆弱人群，也就没有理由再将毒品成瘾与精神疾病区分开来了。更何况，毒瘾是我们唯一开始了解其生物机制的行为疾病。

如何战胜毒瘾

·使社会措施适应现实

20世纪的医学界认为毒瘾是由长期使用毒品导致的疾病，属于医源性疾病，部分人甚至把毒瘾看作意志力缺乏的后果。总之，这是保守主义当时所支持的科学观点。

诚然，将毒瘾看作医源性疾病的观点让我们提出了许多与毒品抗争的理性主张。具体来说，首先，将研究重点放在吸毒导致的大脑变化上。其次，借助惩戒或预防措施减少大众暴露于毒品的可能性。一般情况下，当一种药品显现出强烈的副作用时，最合适的应对方法是停止贩售，向大众普及其危险，并全面禁止其使用。因此在我看来，不论是对贩毒者还是对吸毒者，采取惩戒措施都无可厚非。

上述主张与20世纪人类社会为与毒瘾做斗争采取的具体措施完全吻合，直至今日，绝大多数国家还在推行此类政策。大量公共财产被用于各种惩戒和预防措施，或研究长期吸毒对大脑产生的生理影响。总之，在大多数国家，毒品成瘾者不会被当成精神病人，而会被看作因缺乏意志力而出现成瘾行为的人。综上所述，人们对待毒品成瘾者和对待其他精神病患（如抑郁症患者或精神分裂症患者）的态度大相径庭就变得符合逻辑了。对于后者来说，即使病患犯下重罪也不会被送进监狱，而是会被送进精神病院接受治疗。但同样的情况若发生在毒品成瘾者身上，等待他们的就只有漫长的牢狱生活。

21世纪初的研究显示，毒品成瘾是因个体对毒品作用的脆弱性所致，与其他精神疾病并无本质上的区别，该发现本应改变现有局面。这一新主张提议将研究重点放在识别个体脆弱性的生物基础上，从而逆转这一生物性状，治疗依赖性。从社会和政治角度来看，相关卫生措施和科研上的努力理应被鼓励。我们未曾尝试禁止离婚、迁居和战争，也从未尝试消灭蜘蛛、蛇或飞机，尽管这些尝试显然能够减少抑郁症、焦虑症和创伤后应激障碍的发病概率。如果将这些措施作为与相关精神疾病做斗争的主要方式，肯定会贻笑大方。然而，在应对毒瘾时，我们采取的恰恰是类似的可笑举措。

基于21世纪的新认知，我们着实应该从根本上改变应对毒瘾的社会措施。大家会把抑郁症患者看作懒人或消极怠工的人吗？我们会将创伤性应激障碍的病患当作胆小鬼吗？肯定不会。他们被纳入了国家卫生健康系统，他们可以享受病假补贴，医药费也由医保报销。他们几乎不会被投入监狱。为什么？因为大众默认这些人正在遭受"真正的"病痛的折磨，这不是他们的错。但毒品成瘾者也是病人，他们也应该得到相同的待遇。

在许多国家，比如法国，人们会为毒品成瘾者提供治疗，但是社会对于这些人的看法和评价却非常负面。受内源稳态支配的保守主义者坚持认为，虽然毒品成瘾本身并非一种原罪，但它也是带有原罪色彩的疾病。毕竟，第一次吸毒的人肯定知道他们有上瘾的风险。换句话说，毒品成瘾并不是真正意义上的疾病，因为它源自一种冒险行为。

回应这一观点的正确做法是考虑以下问题：如果致病的行为或多或少带有一定危险性，人们是否会拒绝将疾病看作"真正的"疾病。答案显然是否定的。因为绝大部分疾病源于有风险的行为。许多非常严重的疾病，如新陈代谢疾病、心血管疾病、某些传染病和损伤性疾病可以通过改变生活方式加以避免。另外，某些消遣性毒品，如酒精，在法国社会甚至是被鼓励的，这一点又如何解释呢？因此，针对这一话题的讨论本身没有建立在理性之上，这本就是一个两极分化严重的议题，继续纠结于此对找到解决办法无益。

·将毒瘾与其他疾病一视同仁

既然我们对毒瘾的真正属性已经有了比较清晰的认识，那我们能不能从毫无意义的争论中跳出来，去寻找解决毒瘾的办法呢？其实答案就在我们眼前——只需用折中稳态的人的眼光来重新审视这个问题即可。毒瘾毫无疑问是一种疾病。社会只需用应对其他疾病的方式应对这一疾病即可，当然，要采取有效的措施。

第一项合理措施是竭尽全力寻找医治毒瘾的方法，因为目前我们还没有找到合适的疗法。此时此刻，至少在欧洲，相关投入简直微不足道。以法国为例，为与毒瘾做斗争，我们已经花费了将近15亿欧元，然而其中只有1800万欧元用于科学研究。换句话说，专门用于应对成瘾的国家投入仅占总投入的1.2%。在欧盟范围内，目前还没有任何一个专门研究成瘾的招标项目。当我看到法国的科研人员每年用这区区1800万欧元做出的研究成果时,我根本无法想象,如果国家能加大毒品研究的投入——让我们疯狂一点儿,假设占总投入的20%吧——这些科研人员该能做出多少伟大的发现。如果每年能有3亿欧元的资助,我们很有可能已经找到针对毒瘾的有效疗法了。因为在现有的有关个体脆弱性的生物性知识指引下,新的研究极有可能会成功。比如,我们可以尝试纠正脆弱人群在面对毒品时的病态反应;或者我们可以观察对毒品有抵抗力的个体体内到底发生了什么,继而找出将这种抵抗力转移到脆弱人群身上的方法。我的研究团队已经发现了一种由大脑分泌的激素,在遇到过量大麻时,它可以有效抑制大麻的作用。之后,我们对这种激素进行了修改,将它变得更稳定,更易吸收。如今,这种药品已经完成了人体试验,很有可能成为针对大麻成瘾的首个疗法。因此,可能性是无限的,解决方案触手可及,我们所需要的仅仅是实现目标的资金。

第二个举措在于调整干预时间。因为如今在面对毒瘾问题时,我们介入得不是太早就是太晚。在法国,用于对抗毒瘾的资金中有三分之一过早地花了出去,因为它们旨在劝诫法国人不要沾染毒品。这些预防性措施主要是为了告诉人们(特别是年轻人)某些物质有害健康。这种措施成本高,却不太奏效。至少在法国,预防措施对于毒品消费的影响几乎可以忽略不计。还有三分之一的资金被用于医疗,但是这笔钱又投入得过迟了。因为通常情况下,成瘾者只有在症状十分严重的时候才会得到救治,因此治疗起来非常棘手。这就好比病患非要等到癌细胞扩散了再去医治一样。众所周知，救治实施得越晚，病患被治愈的概率越小。另外，肿瘤学之所以能够取得长足进步，靠的不仅是新型、高效药物的发现，也要归功于肿瘤早期检测。

对于毒瘾我们也应该采取同样的方式，即将所有预防该行为的努力集中在从正常行为朝病态行为发展的早期检测上。不要一味地向毒品使用者灌输"拒绝毒品"的信息，应该教会他们如何尽快发现自己对毒品的使用正在向病态行为发展。我们不会禁止人们食用甜点，但是我们会通过血糖监测来提防糖尿病的出现。同理，医疗系统现在的关注点都在最严重的成瘾病例身上，其实人们应该转而重视轻症患者，关注更易医治、开始滥用毒品的早期患者。换句话说，将努力从预防吸毒转移到成瘾监测上，让医疗系统尽可能早地介入治疗。如此一来，毒瘾的解决方法就指日可待了。

现在只剩最敏感的问题，即如何使用我们在惩戒措施中投入的资金，这也是保守主义者和进步主义者最大的分歧所在。我们要继续把剩下的超过三分之一的资金用于打击毒品交易、审判和收监毒贩或吸毒者吗？大家可能会不假思索地对上述问题给出肯定回答。毕竟如此一来，非法毒品的销量会减少，因此造成的损失也会减少。

然而，在几乎所有社会形态中，惩戒措施都只针对一部分毒品而不是全部。这个问题会立刻变得有趣起来。如果我们仔细观察如今仍然被禁止的毒品，很快可以发现，在包括法国在内的绝大多数西方国家，将这些毒品合法化就是芝麻大的小事，其影响远比我们想象中的小。以欧洲各国、美国、澳大利亚、加拿大为例，在前文中提及的五大类毒品中有两类是合法的（烟草和酒精），大麻要么已经被合法化了，要么被社会广泛接受，与合法化无异。那么，尚未被合法化的就只剩精神刺激类毒品和阿片类毒品了。如今，这两类毒品的消费远不及前三种，有人说这是因为后两种毒品是被禁止的。如果放开对后两种毒品的管制，会有什么风险呢？

我们能够想到的首要危害应该是瘾君子（所有毒品包含在内）人数的上升。但这一可能性不高。根据现有数据推测，这一数字应该会维持稳定，但是吸食各类毒品的人数可能会略有波动。以美国为例，抽烟和吸食大麻的人数变化曲线出现了交叉：烟民越来越少，而吸食大麻的人则越来越多。然而，相比酒精和尼古丁，那些至今仍被认定"非法"的毒品的毒性其实小得多，而且它们的致死率也远小于前者。如果将海洛因和精神刺激类毒品合法化，一部分原本对酒精和香烟有瘾的人可能会转移到吸食这些毒品上来，如此一来，社会在打击毒品上的支出很可能会减少。

现在，非法毒品其实不难获取，并且非法毒品的交易额惊人，却无法纳入实体经济的范畴。看到这些，我们不禁怀疑：为什么不能将所有毒品合法化呢？我认为，无法轻易地做决定是因为目前人们还没有找到针对成瘾的有效疗法。因此，政府从心理层面不愿冒险将民众暴露于一种无药可医的严重疾病。假设我们可以治愈毒瘾，那么将所有毒品合法化就变得合理了。毕竟这么做应该可以减少毒品犯罪率，甚至很有可能还会促进经济增长。

综上所述，为了与毒瘾做斗争，人类社会再一次陷入了外源稳态和内源稳态的矛盾中，我们目前的所作所为完全没有切中要害。然而，该问题的解决方法显而易见——毒瘾是一种疾病，我们应该停止与之"斗争"，而是努力治愈它。你我都是折中稳态的人，我们只需用两只眼睛和全方位的视角来审视现实即可。是时候让这种观点为世人所知了！

结　语

一切皆未变，一切皆不同。

有些人可能会问我为什么会写这本书。让一个灵魂放弃其非物质的本质，进入一具弊端为所有人所知、终会消逝的肉体的根本动机是什么？

这既非源自受虐心理也非某种以自我毁灭为目的的虚无主义作祟。这本书其实是我闲暇时的观察心得，我由衷地建议大家换种视角：假装自己是一个刚刚登陆地球的外星人，重新审视周围的世界。抛开一切意识形态的束缚、抛开一切刻板印象，以局外人的视角重新审视人类物种，用更客观的视角看待事物。

人类的"演出"着实让人寒心。哪种生物会为了将自己"神圣的"思想强加于人或为了铲除难以察觉的差异，而不停地发动战争或屠杀呢？哪种生物会不停地摧残自己赖以生存的星球呢？哪种生物会花更多的钱在研发战斗机上，而不是寻找新能源或研究古老疾病的疗法上呢？

更不要提谁都不满意的各种解决方法之间的矛盾和纠葛了。"多亏了"20世纪的民主，"现代人"才敢声称所有观点——即便是截然相反的——都是平等的、值得尊重的。这话听起来就好像现实不存在一样，仿佛但凡人类能想到的事情就都会成真。思想上的百家争鸣乍一看是人类宝贵的王牌，但事实上，这代人在任何事情上都无法达成一致，社会也因此裹足不前。

不幸的是，你我终归不是外星人，我们无法采取与人类正面交锋时唯一可以采取的策略——落荒而逃。我们必须待在这里，唯一可以做的就是去探究人类种种荒诞行径背后的原因。

几千年来，人类一直自诩为独一无二的物种，声称自己有别于其他仅仅由物质构成的物种。人类之所以特殊，是因为他们是唯一同时拥有非物质的灵魂和物质的身体的物种。这种想法固然美好，它让我们看起来高贵无比。但是，仔细思考便可得知，这种观点并非只有优点。物质的身体和非物质的灵魂在很多方面不可共存，它们总是将人类朝着两个相反的方向撕扯。这就是最古老的"人格双重性"案例。此外，非物质的灵魂对物质并不尊重。这很正常，毕竟物质终会消亡，而灵魂是永恒的。大屠杀、破坏地球等皆是不足挂齿的小事，因为你我不过是人世间的过客。非物质要素不受物质规律的限制，因为它不可预测，甚至不可知。因此它可以肆意妄言并为自己辩护，哪怕是最恶劣的极端主义。

我们会不会从一开始就错了？毕竟无人见过非物质要素，也无人可以证明灵魂的存在。所谓的"非物质要素"或者"灵魂"是否只是传说？直到20世纪末，我们都没有提出非物质要素假说的替代方案。人类对自己身体和生物属性的认知与其感知到的本性相悖。更不要说宗教和精神分析了，对它们而言非物质属性不过是常识问题。随后，21世纪来了，一切都变了：人们发现生物性与我们曾经认为的大不一样，人体的运转机制与我们曾经归属于非物质要素的特点是吻合的。一种全新的观点出现了。这种观点不会将人类的本质简化为物质，而是运用物质来解释人类本质，帮助人类认识、了解自己。

生物性让理解人类的摇摆不定、唯物论和唯灵论成为可能，它赋予生命以意义。它甚至让我们改变了对政治领导人、知识分子、苦行者和先知的看法，这些人几千年以来一直在引领我们走向极端。对我们来说，他们不再是高级的人，不再是我们要效仿的模范；相反，他们是一种不平衡的生理系统产生的结果。在人类拥有的两种欢愉感中，他们只能感受到一种：要么是平衡带来的"幸福"，要么是过剩带来的"快乐"。为了物种的存续，史前人类的大脑需要这些极端人物的引领；未来，他们对人类的价值也不会消失。然而，这些人是否最有资格引领全人类向未来进发却有待商榷。

以上就是被人类具化了的非物质要素和灵魂，以及随之而来的有关人类的新看法。但这些新认知有什么实际意义吗？还是这不过是第N+1个最终不会造成实质性改变的新理论？关于人类的新看法将促使我们修改社会规则，同时引导我们做出新的技术选择。因此，它非常有用。它会促使我们想象出新的饮食制度，甚至让我们改变交友范围，放弃从前的偶像,转而发现新朋友。

这其中最完美的相遇应该是和折中稳态的人的邂逅。他是一个集"平衡"和"过度"于一身,在"幸福"和"快乐"间自如切换的人。凭借其立体视角,折中稳态的人可以看到事实的全部,在面对看似无解的困局时,他能够启发我们找到新的解决办法。人们常说,中间什么都没有。确实,折中稳态的人没什么存在感。但也许答案就是在这个中间位置呢。我们一直没有找到答案,是因为我们从来没有关注过中间点。

最后,如果不给灵魂一个说法好像不合适。我们至少得提它一下啊!毕竟它与我们共存了几千年。这本书并不否认灵魂的存在,而是给"灵魂"贴上了"过时"的标签。没有人见过灵魂,它也不再是必需品,它存在的可能性一下子变得非常渺茫,跟中乐透差不多。抱着中大奖的心态买彩票无可厚非。然而,如果你在确认中奖之前就开始买城堡、法拉利、豪华游艇,人们就会说你疯了。很不幸,这正是我们此时此刻正在做的事。因为相信不死的灵魂,所以我们破坏、滥杀,甚至自我毁灭。因此,我们应该让灵魂重新回到属于它的位置。就像所有非必需品一样,我们应该把它收纳到柜子里,或者放到抽屉的最底部。这样一来,随着时间的流逝,也许我们最终会将它遗忘。到那时,我们才能从非物质的海市蜃楼解脱出来,达成一致,活在当下,开始接受和尊重生命,而不是去摧毁它。

生物概念便览

致渴望挑战迂回曲折的科学之河的勇士们

适应性/耐受性：这两个词通常被当作同义词使用，用于定义机体和大脑适应重复性刺激、减少回应的能力。这个过程其实是一个简单的学习过程，它可以让人类忽略不重要的外部刺激。对毒品的耐受性体现为，使用者为获得同样的效果，需要摄入越来越多的有毒物质。

DNA（脱氧核糖核酸）：由四种基础分子——核苷酸——构成的长链大分子。每个核苷酸包含一个五碳糖（脱氧核糖），其一端与磷酸相连，另一端则与一种碱基相连。碱基有四种：腺嘌呤（A）、胞嘧啶（C）、鸟嘌呤（G）和胸腺嘧啶（T）。核苷酸通过磷酸基团在脱氧核糖间搭建起的桥梁连接起来。磷酸"桥梁"将几百万到几十亿个核苷酸连成长链，称为 DNA 的单链。DNA 位于细胞核内，是一种由两条盘绕的长链构成的双螺旋结构。DNA 中约有 40% 提供了人类的2.5 万个基因；剩余 60% 的 DNA 的功能人们还无法解释清楚，这部分

DNA 多由类似病毒基因的序列构成，它们也都可以进行复制。基因中，核苷酸排列顺序决定了遗传密码，后者会用于蛋白质的合成。更确切地说，每一个核苷酸三联体，如 ATG，都对应着合成蛋白质所需的 22 个氨基酸中的一个。人们常说的"基因突变"其实就是该结构中的一个核苷酸被另一个核苷酸替换了，这会导致三联体密码子发生改变，继而改变相关蛋白质的氨基酸。该变化有时无法产生重大影响，但有时会导致蛋白质的功能被完全改变。另外，有些突变会导致产生不对应任何氨基酸的三联体，在此基础上合成截断型的蛋白质，该蛋白质不具备任何功能。

肾上腺素： 由肾上腺髓质分泌的主要激素。肾上腺髓质还会分泌另一种激素——去甲肾上腺素。肾上腺素是去甲肾上腺素的衍生物，因此与后者结构相似。这两种激素均属于儿茶酚胺，儿茶酚胺是多种分子的统称，其中还包括多巴胺。释放肾上腺素是应对压力的最主要方式，其上升会改变心率、血压，使支气管扩张，让机体做好随时进攻或逃跑的准备。在自主神经系统的神经元内部，肾上腺素和神经递质作用一样，它可以在我们的意识范围之外自主调节某些器官的作用，如心脏、肺或眼睛。

应变稳态： 机体在长时间暴露于强烈刺激后对自稳态平衡点进行的调节。该调节旨在让机体将过度刺激的状态当作正常状态。因此，强烈刺激的时段结束后，机体恢复到它先前的状态，这个曾经被看作正常的状态此时会被机体当作非正常状态。应变稳态调节的经典案例是突然停止某种药物治疗后的戒断综合征，或是在长时间的高压状态后去度假时产生的假期综合征。

花生四烯乙醇胺： 内源性大麻素系统主要的两种神经递质之一，另一种是 2-AG。这两种分子均为脂类，并且与两种大麻素受体相关：CB1 和 CB2。花生四烯乙醇胺在调节摄食行为和愉悦感上都起着非常重要的作用。

RNA（核糖核酸）： 一种与 DNA 类似的大分子。它是由四个核苷酸缩合而成的长链状分子。RNA 中的每个核苷酸都包含一个五碳糖（核糖），其一端与磷酸分子相连，另一端与碱基相连。碱基有四种：腺嘌呤（A）、胞嘧啶（C）、鸟嘌呤（G）和尿嘧啶（U）。核苷酸通过磷酸基团在核糖之间搭建的桥梁连接起来，构成由几十到几千个核苷酸组成的长链。RNA 的种类很多，其中最有名的当数信使核糖核酸（mRNA），它实际上是一条简易版的 DNA。信使核糖核酸可以使原本处于基因编码序列中的信息被传递到细胞核以外的细胞结构中，在那里"组装"氨基酸，合成蛋白质。储存在 RNA 中的信息其实是合成蛋白质的模板。调控从 DNA 到 RNA 的转录过程的复杂机制同样可以实现依靠一个基因合成多种蛋白质。具体过程是怎样的？其实非常简单，在转录过程中，将构成基因编码序列的 DNA 片段调整顺序，这样一来，同样的 DNA 就转录成了不同的 RNA，因此，就可以借助一个基因的编码序列合成不同的蛋白质。

ATP（三磷酸腺苷）： 一种有机小分子，由一个腺嘌呤和三个磷酸基团组成。当 ATP 失掉其中一个磷酸基团时会释放能量，该能量不仅可以用于细胞的各项生命活动，同时还可以被用于合成新的蛋白质使细胞再生。

轴突：神经元上的突起部分，可以将信息传递给其他神经细胞。每个神经元都只有一条轴突，借助其末端众多的轴突终末，可以与其他成千上万的神经元建立联系。通常情况下，一个神经元的轴突会在另一个神经元的树突上"着陆"，该着陆区域也是特定的，被称作树突棘。这种"着陆"地即突触，突触是神经细胞间相互交流的地点。轴突的长度各不相同，有的轴突为了连接两个相聚非常远的神经元甚至可以长达数十厘米。

饮水（为什么喝、什么时候喝、怎样喝）：调控水的摄入的行为。水是人类存活不可或缺的三大要素之一。水的分配不像空气一样平均，水的存储在时间和空间上都相对稳定。我们无法储存水，但人体本身就由大量的水构成，即使没有水，人类仍可以继续存活几天。因此，我们只需在对水有需求时（体内水含量下降时）饮水即可。

人体内有两种主要机制可以检测到水含量降低，继而触发对水的渴望。第一个机制在于监控细胞外液中盐的浓度，当盐浓度上升时，该机制会促使我们寻找水源；第二个机制在于测量血容量，当血容量下降时，该机制会刺激我们饮水。在这两种机制中，人体内水的减少都会产生一种令人不快的感觉——口渴，随着缺水量的增加，这种感觉会变得越来越难熬。我们喝水的最主要动力就是消除口渴带来的消极感受。因此，喝水的体验对我们而言一直是积极的。当我们口渴时去喝水的确会带来一种置身天堂般的幸福感。然而，一旦口渴的感觉消失，喝水这件事会立刻变得令人厌恶。

一、调节盐浓度

人体内的水不只含有水分子,还有盐。为保证机体正常运转,盐浓度理应恒定,这对于保证细胞内外水的分布十分重要(细胞内部的水约占人体内总水量的70%)。出汗是水分流失的最主要机制,当人出汗的时候,体内液体的排出量并不平衡。首先流失掉的是细胞外液中的水,且排出的水分子要多于盐分子,因此导致细胞外液盐浓度上升。对于人类机体来说这是一个非常危险的情况,因为为了稀释过多的盐,原本在细胞内液中的水会析出,这有可能导致细胞活动全面停止。这就是为什么大脑中的下丘脑前部有一组神经元被我们称作"口渴神经元"。当口渴神经元监测到细胞外液盐浓度上升时就会活化,并引发寻找水和喝水的行为。其他外围信号,如口腔黏膜干燥、咽部干燥等也会活化口渴神经元。但当黏膜补水、胃部被水填充、盐浓度恢复平衡状态时,寻找水源的需求会立刻终止。

二、调节血容量

在其他情况下,如出血时,人体会同时失掉同样多的水分子和盐分子。人体中拥有一类神经元,它们可以通过监测血压探测人体内的水量变化。类似的神经元中有一部分存在于大脑的下丘脑,在口渴神经元的旁边,另一些在心脏。当血容量下降时,相关神经细胞会激活口渴神经元,之后我们会喝水。血容量下降还会激活另一种代偿机制——减少肾脏排泄的水量。减少排尿的行为是由"抗利尿激素"完成的,该激素可以由大脑合成,也可以由肾脏合成。肾脏也有一套监控血容量的系统。另外,抗利尿激素也会加大外围血管的收缩。这样做并不能解决水分流失的问题，但可以在最长时间内保证大脑供血充足，这为我们找到水、喝水、重建体内平衡创造了条件。一旦体内水平衡重新建立，下丘脑会抑制渴感中心。其他外围器官也会发出抑制信号。比如，心脏会合成一种被称作"心钠素（ANF）"的激素，以应对由血容量上升导致的血管过度舒张。这种激素也可以在肾脏上起作用，增加排尿量；也可以抑制下丘脑上的渴感中心。

细胞通讯： 多细胞有机体，如哺乳动物的运作基础。我们的身体由大量的器官构成，这些器官又由不计其数的细胞构成。位于同一器官内的细胞需要相互沟通以便同步工作，同时器官之间也需要相互沟通以便协调各自的活动、应对机体的需求。这些信息的传递通过一个由配体和受体构成的通用系统实现。配体是细胞释放的化学分子，可以传递信息；受体是一种位于细胞上的蛋白质，用以接收信息。配体和受体的连接方式类似于"一把钥匙开一把锁"。依据其特有形状，配体可以和特定的受体相连（类似钥匙插入锁中），之后它会改变受体的形状（锁芯在锁头里旋转），从而引起包含该受体的细胞活动的变化（门被打开）。

突触通讯： 两个神经元间的信息交流，也被称作突触传递。这种信息交流在突触上进行，表现为神经递质（由信息发送方的细胞轴突释放）与受体（位于信息接收方的细胞树突表面）相连。在"结合"的过程中，信息被破译，受体形态发生改变。突触传递中的受体通常有两类：第一类被称作"离子通道型受体"，用于将信息快速传递至下一个神经元；第二类被称作"传导型受体"，它更为广泛流传的名称是"代谢型受体",其主要功能是储存信息。代谢型受体与神经递质的联系一旦建立,就会在细胞内部触发一系列蛋白质的连锁反应,最终导致转录因子的活化。转录因子进入细胞核,通过和 DNA 的调控序列结合,活化或抑制相关基因和蛋白质。

氢化可的松: 人体内最主要的糖皮质激素,在老鼠身上则是皮质酮。糖皮质激素由肾上腺合成后传送到机体的各个部分。它通过和 GR 受体(糖皮质激素受体)连接实现了很多功能,GR 受体是一种转录因子。这类激素在调节新陈代谢中起着非常重要的作用。它们为我们的行为提供能量并使之变得更容易,它们也可以调节应对压力的反应。

树突: 神经元上的突起,负责接收其他神经细胞传来的信息。每个神经元上都有大量树突,树突像头发一样分布于神经元周围。树突表面有很多隆起的小点,即树突棘。其他神经元的轴突在树突棘上"落脚",轴突和树突之间的突触就在此处形成,因此这里也是神经细胞相互交流信息的地点。每个神经元的树突数量众多,可以和很多轴突连接,因此它们可以接收来自大量不同神经元传递的信息。

多巴胺: 多巴胺能系统的神经递质。多巴胺能系统是一组位于大脑底部的神经元,其作用是向大脑中的各个结构传递脉冲。从构造上说,多巴胺和肾上腺素、去甲肾上腺素一样,也属于儿茶酚胺。根据释放多巴胺的大脑区域不同,这种神经递质可以调节记忆力、运动及为实现某一目标而产生的动机。另外,毒品和新刺激之所以会对人产生强大的吸引力,主要也是多巴胺作用的结果。

内源性大麻素: 内源性大麻素系统的配体。两种最主要的内源性大麻素是花生四烯乙醇胺和 2- 花生酰基甘油（2-AG）。它们在大脑中的作用和神经递质类似。根据释放这两种大麻素的大脑区域不同，其功能各不相同，但其最主要的作用在于刺激摄食、调整记忆力、痛觉和愉悦感。其他外围器官上也分布有内源性大麻素，如肝脏、胰腺、肌肉和脂肪组织。在这些区域，内源性大麻素可以通过促进脂肪的堆积调节新陈代谢。由于内源性大麻素拥有类似的调节功能，因此，它被认为是最重要的外源稳态配体。

内源稳态： 自稳态中的一种。内源稳态系统通常由体内某种资源的短缺触发，如缺水或葡萄糖。该系统促使人们主动寻找资源，但是一旦匮乏状况被弥补，该系统就会被抑制。触发内源稳态系统的短缺状态通常伴随某种令人不适的感觉，如口渴；资源短缺一旦被满足，惬意感就会随之而来，该状态意味着体内平衡的恢复。内源稳态带来的快乐与幸福感类似，因为这种快乐并非源自刺激本身，而是源自刺激引发的平衡状态。这就是为什么我们在短缺状态被满足后继续摄入被内源稳态支配的资源时，会感到不舒服。比如，在不渴的时候喝水。

脑啡肽： 内源性阿片肽系统中的一种神经递质。内源性阿片肽系统由位于大脑和骨髓不同部位的神经元构成。脑啡肽是一种肽，即一种仅由几个氨基酸构成的小型蛋白质。根据释放脑啡肽的区域不同，它的作用也不尽相同。它的最主要功能为镇痛和带来愉悦感。

熵： 混乱度和能量散逸的测量单位。这两个概念互相关联，因为人们越是使用某种能源，就越会将产能的物质分散成更小的单位，此过程制造的混乱度也在上升。熵增是热力学第二定律的核心。第二定律明确指出熵只增不减。因此，如果我们想降低一处的熵值，就不得不提高另一处的熵值。

酶： 一种起催化作用的蛋白质。酶可以促进其他化学分子或蛋白质的转化，最常见的状况是酶将蛋白质或化学分子的一部分去除或在其结构上添加其他部分。我们可以将酶看作帮助维持人体正常运转的小型分子机器。

表观遗传学： 生物学的一个分支，主要研究生活经历和环境（广义上的）依托何种生物机制改变我们。表观遗传因子是一种蛋白质，它可以改变DNA，使某一基因被激活或被抑制，以此控制蛋白质的合成。通常情况下，这种改变会持续下去；在某些情况下，甚至可以从一代传承到下一代。然而，激活或抑制基因活动的并非表观遗传因子，而是转录因子。假如将基因组比作一个乐器，那么表观遗传因子决定的是乐器类型，如吉他、钢琴、萨克斯等，而转录因子就好比弹奏乐器的音乐家的手指。

树突棘： 树突表面的小突起，其他神经元的轴突终末会在此处"落脚"。这是两个神经元之间进行通讯的地方，即突触的形成部位。

外源稳态： 自稳态调节机制之一。该系统旨在管理在时间和空间上分布均不稳定的稀缺资源。外源稳态通过进行储存应对未来可能发生的资源短缺的状况。因此，一旦相关资源出现，外源稳态系统即被激活，与机体的实际需求无关。因此，该系统让人即使在饱腹状态下也可以继续进食。与外源稳态系统相关的愉悦感即由各种刺激引起的快感，后者使人们可以战胜因远离平衡状态而产生的不适感。当食物资源不稳定或者匮乏时，该系统对于物种存续有很大帮助。人类进化史上最漫长的一段时期就是这样度过的。然而，在大部分现代文明中，食物资源极其丰富，外源稳态系统的活化很可能会导致肥胖。

转录因子： 依托这一机制，生活经历和广义上的环境可以改变人体的生物性状。转录因子是一种蛋白质，可以与基因调控序列相连从而抑制或激活相关蛋白质的合成。然而，转录因子无法确定细胞中什么样的基因可以被激活或不能被激活，因为这是表观遗传因子的工作。假如将基因组比作一个乐器，那么表观遗传因子决定的是乐器类型，如吉他、钢琴、萨克斯管等，而转录因子就好比弹奏乐器的音乐家的手指。

基因： 指导蛋白质合成的 DNA 片段。人类约有 2.5 万个基因，每个基因都由编码序列和调控序列两部分组成。一想到基因，大家通常会想到它的编码序列，因为编码序列中包含着指导特定蛋白质合成的必要信息；而调控序列通常只有专业研究人员才了解。调控序列中包含另一些核苷酸序列，用以连接转录因子，而转录因子是一种可以抑制或激活编码序列调控的蛋白质合成的蛋白质。如果我们将人类基因组比作一个乐器，编码序列是 2.5 万根可以奏出不同音符（蛋白质）的琴弦，调控序列则是乐器的键盘。构成基因的 DNA 片段中，编码序列仅占 3%，剩下的都是调控序列。因此，如果说存放 2.5 万根琴弦需要占用一层楼的空间，那么为了放置键盘和整个乐器，我们还需要额外的 32 层楼。

饥饿素： 一种肽类激素，即一种非常小的蛋白质，通常由胃分泌，用以刺激摄食。当胃部变空时，饥饿素增加；当胃部逐渐被填满后，饥饿素水平降低。饥饿素一经合成就会立即进入血液循环，它可以在下丘脑中刺激进食行为的神经元表面的特定受体上起作用。它也可以通过提升食物的吸引力及摄食带来的愉悦感刺激犒赏回路。当饥饿素在海马结构上起作用时，也会帮助记忆和学习。

肾上腺： 人体内分泌系统最重要的组成部分。它位于肾脏之上，有点像肾脏的帽子。肾上腺由两部分组成：内侧的髓质和外侧的皮质。髓质由自主神经系统调节，主要负责合成肾上腺素；皮质负责分泌某些类固醇激素，其中最有名的是糖皮质激素。肾上腺在应对压力的过程中发挥着极其重要的作用，因为肾上腺素能使人进入惊慌状态或产生预示危险的不适感；而糖皮质激素的作用则更积极，它是一种让机体免受压力折磨的代偿性反应，能够让我们更从容地面对危险。

糖皮质激素： 人类身上的糖皮质激素是氢化可的松，老鼠身上是皮质酮，这些激素均属于肾上腺分泌的类固醇激素。它们对我们的身体有多种作用，其中最著名的就是调节免疫系统、调节葡萄糖的新陈代谢以及应对压力。这类激素的主要功能之一还在于为我们的日常活动提供能量、让我们进入工作或学习状态。因此，糖皮质激素的含量在睡醒前和饭前会上升，夜晚则降到最低值。借助多巴胺能系统的活化，它们对心理多产生积极影响。

海马结构： 大脑皮层的一部分，对于调节记忆有很重要的作用。海马结构可以记录与某个事件相关的空间要素，这使得对该事件的背景分析成为可能。为了对某种经历给出合适的回应，除了要记住事件种类和后果外，记住事件的发生地也至关重要。多亏了背景分析能力，我们才能在卢森堡公园[34]中悠然散步，完全不用担心被狮子袭击；但是如果是在非洲的稀树草原步行的话，我们可能早就吓破了胆。

自稳态：几乎所有生理系统共有的运转方式，是保持机体完美运转的状态。能使机体达到完美运行状态的点被称作自稳态平衡点。自稳态系统也可以根据环境的改变适度增加或减少它的作用，但偏离平衡点的状态永远是暂时的，自稳态生理系统总是会以最快的速度恢复到平衡点。在哺乳动物中，我们至少观察到了三种自稳态机制：预稳态——预防突然出现的资源短缺；内源稳态——纠正体内正在发生的资源短缺的状况；外源稳态——提前为未来可能发生的外部资源缺失做准备。

激素：细胞之间进行交流所需的配体。某些激素由特定器官——腺体——分泌，如胰岛素由胰腺分泌，氢化可的松由肾上腺分泌，促肾上腺皮质激素（ACTH）由垂体分泌。另一些激素由其他器官内的特定细胞合成，如胃合成饥饿素，脂肪组织合成瘦素[35]，卵巢和睾丸分别合成黄体酮和睾酮。激素属性各不相同，肾上腺素为有机小分子，促肾上腺皮质激素和胰岛素为肽，氢化可的松和黄体酮都为类固醇激素。不论其结构如何，通常情况下，这些激素均借助血液循环到达其目标细胞内部，并通过改变该细胞内特定的受体活动起作用。

34　卢森堡公园是巴黎市中心的公共花园，位于巴黎第6区，是拉丁区的中心。公园中有水池、草坪、卢森堡宫和各式雕塑，但无动物展出，更无野兽。

35　瘦素又译为"苗条素""瘦蛋白"等。

垂体： 位于大脑底部的一个小腺体，被位于其上方的下丘脑直接控制。下丘脑的主要作用之一是归纳信息，决定是否激发压力状态。下丘脑产生冲动时，垂体上的某一部分会分泌一种非常小的蛋白质——肽，后者会进入血液循环，导致肾上腺、卵巢或睾丸合成类固醇激素。

下丘脑： 位于大脑底部，由许多独立的子结构构成，这些子结构被称作"核"，其作用各不相同。下丘脑主要的作用之一就是通过与之相连的腺体——垂体——让大脑控制激素的合成。下丘脑同时也可控制自主神经系统和许多行为功能，如作息、摄食和生殖。

瘦素： 由脂肪组织合成的激素，它会将脂肪储存情况通知位于下丘脑的饱食中枢和饥饿中枢。当脂肪存量较大时，脂肪组织会分泌大量瘦素，后者通过抑制饥饿中枢、刺激饱食中枢来减少摄食量。如果脂肪存量较少，脂肪组织分泌的瘦素减少，摄食量增加。因此，瘦素的工作原理有点像变阻器，它根据脂肪堆积量的多少调节摄食量。在长胖的过程中，瘦素功效的改变是耐受性的典型案例。事实上，人体内储存的脂类越多，脂肪组织合成的瘦素越多。于是，下丘脑变得对瘦素越来越不敏感，这种耐受性的结果体现在肥胖者身上，就是饱腹感下降、无法抑制进食。

进食（为什么、什么时候、怎样进食）：调节食物摄入的行为，食物是确保人类生存的三大不可或缺的要素之一。人类从其他生命中获取食物。因此，直到1.5万年前农业和畜牧业发展之前，人类都很难预见食物在时间和空间上的易得程度。这也是为什么我们会发展出储存食物的能力。食物的储存主要以堆积脂类的形式展开，而脂类是从食物中获得的能量资源。储存食物的能力让我们即使不进食也可以继续存活几周的时间。人类拥有两套彼此独立又相互关联的系统来决定进食的时间和原因。第一套系统是内源稳态系统，该系统和控制饮水的系统类似：当体内流动的能量资源减少时，该系统被激活并促使我们进食，用以应对因能量资源缺少导致的不适感——饥饿（与缺水时会口渴同理）；第二套系统是外源稳态系统，主要用来提高体内能量资源的储量，它使我们一看到食物就进食，也就是说，让进食行为不受身体需求的控制。在这种情况下，我们进食的主要动力是菜品的卖相和进食的愉悦感。

内源稳态

调节摄食的内源稳态系统的控制中心位于下丘脑，在一个被称为"弓状核"的结构内，该结构内有可以刺激进食的神经元。这种神经细胞会被下降的血糖和胃饥饿素激活，而胃饥饿素是由空腹导致的。作为对内源系统的回应，我们会进食，这时膨胀的胃部会刺激其周围的迷走神经，为大脑传回第一个饱食信号。该信号的中继站不是下丘脑，而是比下丘脑位置更低的大脑结构——孤束核，它位于延髓，离呼吸中枢很近。孤束核神经元的活化将抑制摄食。食物进入胃肠道同样会活化一些激素，其中一种是非常有名的胆囊收缩素，该激素会传递出第二个饱食信号，该信号要么直接传回大脑，要么通过刺激迷走神经起作用。第三个饱食信号则由胰岛素传出，因为血糖上升会刺激胰岛素的分泌。该激素使得肌肉可以利用糖分，同时可以通知大脑血糖下降的状况已经停止。这些饱食激素信号最终汇集到弓状核中的另一组神经元上，后者可以抑制进食。调节进食的内源系统会被第二种机制辅助，该机制的作用类似于变阻器，它会将脂类储量通知给葡萄糖探测器，如果脂类储量减少，它会提高葡萄糖探测器的活性。这个变阻器就是肌肉组织合成的瘦素。当你体内的脂肪含量较多时，瘦素主要有以下两个作用：一方面，它会减小刺激进食的神经元活性；另一方面，它会增加抑制进食的神经元的活性。因此，从某种意义上说，瘦素将会改变内源稳态系统的平衡点。如果你体内的脂肪储量很低，瘦素也很少，你对食物资源的减少就会更敏感，因此你会更加频繁地寻找食物。同时，你对饱食信号的敏感性也会降低，因此，你的进食量会越来越大。如果你体内的脂肪储量很高，瘦素量也很大，这个机制就会朝反方向运转，你的进食频率会越来越低，并且进食量会减少。

外源稳态

食物带来的快乐是外源稳态系统的主要神经生物学机制，用以促使人进食。大脑中有两种主要结构与快乐有关：产生快乐的结构和记录快乐的结构。第一种结构在大脑底部，被称作皮质下结构，主要包括伏隔核和腹侧苍白球。在伏隔核中有两种神经递质可以引起快乐的感觉——阿片肽系统的脑啡肽和内源性大麻素系统的花生四烯乙醇胺。第二个结构是腹侧苍白球，它可以生成快乐的感觉，这一结构发生病变时快乐随即消失。在所有可以记录快乐的结构中，大脑皮层中被称作"眶额皮层"的部分尤为重要，它位于大脑前区偏下的部位，在眼窝上方。在人体中，几乎所有愉悦感都会激活这一部分皮层，如食物、口渴时饮水、性，甚至是音乐等。然而这一部分皮层并不会产生快乐。事实上，当这部分皮层发生病变时，个体对几乎所有自发的愉悦感依旧敏感。快乐是外源稳态的进食行为的主要动力，这个系统调配一系列的生理活动。在后者的共同作用下，我们在感到饱腹感后仍然会继续进食，以便进行能量存储。外源稳态系统的总指挥之一是内源性大麻素系统，它在人体内几乎无处不在。在大脑和感觉器官中，内源性大麻素会通过放大食物的色香味使其变得更诱人，同时它可以刺激饥饿神经元，抑制饱食神经元，它甚至有止吐的功效。在外围器官中，内源性大麻素可以抑制肌肉对葡萄糖的消耗，促使肝脏将葡萄糖转化为脂类，并将脂类存储在脂肪组织中。有了外源稳态，"过度"便不再是行为上的偏差了，而是一个精心策划的生理功能，有了它的储备，我们才得以在食物匮乏时存活下来。

配体：细胞之间用于传递信息和沟通的化学分子。每种配体都对应一种或几种特定受体，配体通过自身形状识别受体。配体种类很多，其中最有名的是神经元产生的神经递质及腺体分泌的激素。细胞借用多种多样的有机分子合成配体，主要的配体有：一、被称作"肽"的小型蛋白质，如胰岛素、脑啡肽或饥饿素；二、化学小分子，如生物胺，其中最家喻户晓的是多巴胺、五羟色胺、肾上腺素和氨基丁酸（GABA）；三、脂类，内源性大麻素和类固醇激素都是典型的例子。配体从一个细胞到另一个细胞走过的路程长短不一。神经递质为了沟通两个神经元只需要走几十万分之一毫米即可。然而,有些激素从体内一处移动到另一处需要走的距离可能要以"米"来衡量。

中脑: 大脑底部的一个狭长结构。中脑在神经科学领域大名鼎鼎,因为其中包含着多巴胺能神经元。

线粒体: 一种细胞器,在人体内的几乎所有细胞中都能看到它的身影。线粒体是20亿年前原始细菌共生的产物。因此,它的结构和细菌结构类似。线粒体有两层膜、有自己的DNA,并且能通过分裂增殖,而不受它所在的细胞影响。线粒体的主要作用是利用葡萄糖合成ATP——细胞的通用"燃料"。

神经递质: 神经元相互交流所需的配体。在突触上,神经递质由传递信息的神经元释放,这种神经元被称作"突触前神经元"。神经递质会穿过突触间隙与接收信息的神经元表面的受体相连,这种神经元被称作"突触后神经元"。神经递质与受体结合后通过激活或抑制相关神经元改变受体形态。神经递质可以是多种类型的小分子,如小型蛋白质——肽(如脑啡肽)、有机小分子——生物胺(如多巴胺、去甲肾上腺素、五羟色胺、氨基丁酸)或是氨基酸(如谷氨酸)。有些神经递质甚至属于脂类,如内源性大麻素系统的2-花生酰基甘油(2-AG)和花生四烯乙醇胺。

去甲肾上腺素: 一种神经递质,与多巴胺、肾上腺素同属儿茶酚胺。去甲肾上腺素神经元释放去甲肾上腺素,前者位于大脑的底部,与大量其他脑结构相连。该递质对于清醒状态和注意力十分重要。去甲肾上腺素也是交感神经系统中的一种神经递质,它负责调节动脉血压、心率和心脏收缩。肾上腺髓质也可以分泌去甲肾上腺素,但是不如该结构分泌的肾上腺素多,并且它的作用和激素一样。

核苷酸: DNA 的基本组成部分。核苷酸有四种:腺嘌呤(A)、胞嘧啶(C)、鸟嘌呤(G)和胸腺嘧啶(T)。不同的核苷酸可以彼此连接,形成长链,这些长链构成了 DNA 分子。核苷酸的排列顺序决定了控制蛋白质合成的遗传密码。更确切地说,每个核苷酸三联体都与合成蛋白质的 22 个氨基酸之一相对应,如 ATG。"基因突变"就是核苷酸三联体中的某一核苷酸被其他核苷酸顶替了,这会导致三联体密码子改变,继而改变相关蛋白质的氨基酸。该变化有时并无重大影响,而有时蛋白质的功能会被完全改变。另外,有些突变会产生不对应任何氨基酸的三联体,在此基础上合成的截断型蛋白质不具备任何功能。

突触可塑性: 神经元拥有的加强或减弱突触连接的能力。主要有两种形式:第一种被称作"长时程增强"(LTP)[36],用来加强突触传递的信号;第二种被称作"长时程抑制"(LTD)[37],用以减弱突触传递的信号。LTP 和 LTD 之间的交替被认为是保证行为有可塑性和适应性的基础机制之一。当你正在实施一项行为时,神经网络中负责该行为的突触都是增强状态。当你想要改变行为时,抑制这些突触就变得异常重要,因此需要 LTD 介入;而下一个行为又需要 LTP 的介入,以加强与之对应的突触。因此,借助 LTP 和 LTD 的相互交替,我们能够

---

36 长时程增强又译为"长期增益效应",英文为 Long Term Potentiation。

37 长时程抑制,英文为 Long Term Depression。

从一个行为过渡到下一个行为，进而适应周遭环境的限制和制约。

预稳态： 自稳态的调节机制之一，它负责熵值较高的资源的供应，这类资源无处不在、随时可得，如空气中的氧气分子。因此，呼吸是预稳态的典型范例：呼吸会遵循一个提前设定好的频率进行，该频率是无意识、自发设定的。呼吸并非为了应对需求而进行，它是为了预防可能到来的需求而自主进行的行为。

蛋白质： 人体的组成部分，由它决定我们是什么。有些蛋白质决定人体的形态，如结构蛋白。另一些蛋白质决定人体的功能，如酶。所有蛋白质的基础结构都一样，都是彼此相连的氨基酸序列。氨基酸共有 22 种，而各种蛋白质之间的差异由氨基酸的排列顺序决定。该顺序由 DNA 的核苷酸三联体序列构建，每一个三联体密码子都与 22 个氨基酸中的一个相对应。因此，基因密码就等于蛋白质中氨基酸排列的顺序信息。最常见的蛋白质的分类方式是按照其在细胞中所处的位置进行分类。据此，蛋白质可分为四大类：膜蛋白、胞质蛋白、核蛋白、线粒体蛋白。

- 膜蛋白位于将细胞与外界隔离的膜壁上。它的主要作用是在细胞内外环境建立连接或者将细胞与细胞相连。

- 胞质蛋白位于细胞膜和细胞核之间。部分胞质蛋白会充当细胞的"脚手架"，决定细胞的形状，其作用则类似于铁轨，可以将蛋白质从一处输送至另一处；另一些胞质蛋白根据 RNA 内的指令合成新的蛋白质；还有一些胞质蛋白会负责回收，它们将细胞中的老化成分分解成小块，以便对其进行再利用。

· 核蛋白的种类也很多，承担的作用各不相同。有些核蛋白类似卷筒，当 DNA 未活化时，会仅仅缠绕在这些"卷筒"周围，当基因被激活时则会形成松散的环。另一些核蛋白负责调控基因的活性，换句话说，它们通过抑制或激活调控序列决定基因是否转录成 RNA。还有一些核蛋白被用于合成 RNA，一旦 RNA 被传送至细胞质，就可以指导蛋白质的合成。

· 线粒体蛋白位于线粒体中，就像一条生产分子的流水线，这些分子的作用是为细胞提供生存必需的能量。

如今，我们已经知道，同样的蛋白质可以出现在不同的细胞结构当中，根据其所处位置不同，它们发挥的作用也不同。

CB1 受体： 大麻素系统的主要受体，属于代谢型受体，有时也被称作"传导型受体"。CB1 受体应该是大脑中最常见的受体了，但它也会出现在其他器官中，如肝脏、肌肉、胰腺、脂肪组织及胃肠道中。CB1 受体可以被内源性大麻素激活，如大麻素和 2-AG。该受体的激活是外源稳态的主要机制之一，因为当 CB1 被激活时，将促进机体摄入过量的食物，继而进行能量储存。该受体的激活也是吸食大麻的表现，因为大麻中的主要活性物质会代替内源性大麻素，从而过度活化 CB1 受体。

GR 受体： 属于核受体，它是糖皮质激素激活的转录因子。GR 受体无处不在，在几乎所有器官中都能发现它的身影。它的活化使糖皮质激素的各种作用得以实现，如免疫系统调节、葡萄糖新陈代谢调节、应对压力状态及进入工作或学习状态等。GR 受体也是一种我们常吃的强效消炎药可的松的作用目标（请不要和我们常吃的非固醇类消炎药混淆）。当 GR 受体被针对免疫系统细胞的治疗措施激活时，它会通过阻碍另一组蛋白质的合成抑制炎症和免疫反应，这组蛋白质在机体需要面对异物入侵时被激活。然而，GR 也存在于其他组织当中，如大脑、肝脏和脂肪组织中。正因如此，如果我们长时间服用类固醇消炎药，肯定产生一系列的副作用。正常情况下，大脑中 GR 的活化通常会使人兴奋：它会增加我们的活动，同时增加食物的吸引力。然而，如果 GR 被可的松过分活化，该受体就会导致失眠、易怒，在某些情况下甚至会使人进入狂躁状态。在肝脏中，GR 受体的过分活化会增加葡萄糖的合成，并加大患糖尿病的风险。在脂肪组织中，GR 的过分活化会导致脂肪在身体的中段堆积，影响美观。上述人们不愿看见的影响是以下事实的确凿证据：同样的蛋白质——GR 受体——根据其所处的细胞类型不同，其功效也不尽相同。

离子通道型受体： 由被称作"亚基"的不同蛋白质构成。亚基聚在一起形成可以穿过胞膜的通道。当配体缺失时，通道关闭；一旦与配体连接，通道就会开启，连通细胞内外，使得带电荷的分子可以通过。离子通道型受体的开放会产生电流，使得相距较远的各个大脑区域之间可以快速交流。乙酰胆碱、GABA 及谷氨酸等神经递质的部分受体属于离子通道型受体。

细胞受体： 位于细胞表面或细胞内部，其作用是与其他细胞释放的配体相连。配体与受体相连的机制有点像用钥匙开锁。一旦它们相连，就会引起受体形状改变，继而导致细胞活动改变。受体活化后的功能随着其结构的变化而变化。部分受体会形成连接细胞内外的通道，部分受体会激活某些可以改变细胞活动的酶，还有一些受体是转录因子，可以改变基因活动。

传导型受体或代谢型受体：可以穿透细胞膜的蛋白质。它的外层结构用于连接配体，内部则用于连接其他伴侣蛋白（通常是酶）。传导型受体和它的配体相连可以激活一种或几种伴侣蛋白，并引起一连串的酶促反应，由此改变细胞活动，有时也可通过活化转录因子改变蛋白质的合成。肾上腺素、去甲肾上腺素、多巴胺、五羟色胺和内源性大麻素神经递质的受体都是代谢型受体。

核受体：细胞内的蛋白质，通常位于细胞核内，属于被配体活化的转录因子。核受体可以让配体直接改变细胞中蛋白质的合成。类固醇激素受体和某些维生素的受体，如维生素A（维A酸）的受体，都是核受体。

呼吸（为什么、什么时候、怎样呼吸）：调控空气摄入的行为。我们从空气中提取氧气分子（O_2），后者是人类赖以生存的三大要素之一。空气的熵值高，在我们居住的星球上分布均匀。因此，人类无须储存空气，我们只是借助一种自发的行为获得必要的空气供给。呼吸节奏固定，在我们对氧气产生需求之前就为我们提供了足够的量。负责呼吸行为的一组神经元位于大脑最底部——延髓，它在小脑下方，脊髓前。这些神经元的活动遵循某种规律性，丝毫不受外界信号的干扰，它们可以在活动和休息两种状态间自动切换。当处于活动状态时，延髓的呼吸神经元会指挥肋间肌和横膈膜收缩，继而引发吸气动作。

几秒之后，当神经元的活动停止时，肋间肌和横膈膜松弛，呼气动作开始。呼气动作几秒钟后，延髓的神经元会再次进入活动状态，如此循环往复。当胸廓扩张得过大时，某种机械敏感性受体就会介入，并停止吸气动作。这就是为什么即使人们刻意为肺部充气，当到达一定程度后就无法再继续进行了。呼吸神经元的节奏会被多种因素影响，其中最主要的是氧气和二氧化碳。人体内这两种气体的含量被位于大脑延髓和主动脉内的一种特殊受体监测。氧气量的下降（低于75—95毫米汞柱）和二氧化碳量的上升（高于32—42毫米汞柱）将会增加呼吸的频率和吸气量。人们也可以主动调节呼吸行为，但是我们无法做到完全屏息。当体内二氧化碳量超过一定水平或氧气含量下降过多时，不论身处何地，我们都会不受控地呼吸。这也是很多无氧潜水事故发生的原因：潜水者在到达水面之前就不由自主地吸气，最终导致溺水。

负反馈和正反馈： 生理系统的自我调节机制。正反馈在生物学上相当罕见，负反馈则比较常见。负反馈指某一信号的增加会导致其输出或者功效受到抑制。负反馈的典型例子是内源稳态的运转机制：我饿了，我会吃饭，我摄入的食物会抑制我的饥饿感并让进食行为停止。正反馈则与之相反，是一个信号加强的过程。在正反馈中，某一信号的增强会导致活动的增加。对于外源稳态来说，正反馈相当重要，因为食物的出现会激发外源稳态系统起作用：我们吃得越多，外源稳态系统活化程度越高，因此我们可以在较长的时间内维持进食行为，并且可以在最大限度上储存能量。因此，作为外源稳态系统最重要的机制之一，内源性大麻素系统就是由正反馈调节的。

敏感化： 人体或大脑的适应能力，具体表现为在面对某一重复出现的刺激时反应越来越大。敏感化是一种简单的学习行为，它使我们能够更快速、更强烈地回应对生存至关重要的外部刺激。从毒品层面讲，敏感化表现为随着吸毒行为的不断重复，毒品的功效越来越强。

五羟色胺： 一种配体，属于单胺类和生物胺。它在大脑中的功能类似神经递质，在消化道中则像局部激素一样起作用。五羟色胺对行为的影响可以被理解为和多巴胺相反：五羟色胺使机体保持在一种舒适的状态中，而多巴胺则倾向于寻找新的刺激。在外源稳态和内源稳态的天平上，五羟色胺更偏向于内源稳态产生的幸福，而多巴胺会将我们推向外源稳态产生的快乐。

类固醇： 一种脂类，具有共同的内核结构，由4个碳环（3个六碳环和1个五碳环）构成。最有名的类固醇是胆固醇。若胆固醇过多，会引起血管增厚。但是在线粒体中，胆固醇是合成类固醇类激素的基础，而类固醇类激素对于机体正常运转必不可少。这类激素包括：性激素（黄体酮、雌激素、睾酮）、糖皮质激素（氢化可的松、皮质酮）及盐皮质激素。最主要的盐皮质激素是醛固酮，它可以调节肾脏中钾和钠的排泄，因此可以调节血容量。

突触： 两个神经元间进行通讯的细胞结构。通常情况下，突触形成于传递信息的神经元的轴突和接收信息的神经元的树突之间。最常见的突触类型是化学突触，它由突触前膜和突触后膜构成。突触前膜是传递信息的神经元的轴突胞膜，突触后膜是接收信息的神经元的树突胞膜。突触前膜和后膜间隔有一定的空隙,这个空隙被称作突触间隙。突触前膜包含所有可以合成和释放神经递质的细胞结构,这些神经递质可以穿过突触间隙与突触后膜上的受体相连,通过激活受体传递神经元信息。

自主神经系统: 又称"内脏神经系统"或"植物性神经系统",该系统用于调控身体不受意志支配的自主活动。它可以控制如心肌、绝大部分的腺体、平滑肌(决定血管收缩和肠蠕动)等的活动。该系统由两个作用完全相反的系统组成:交感神经系统和副交感神经系统。交感神经系统的神经递质是去甲肾上腺素和肾上腺素;副交感神经系统的神经递质是乙酰胆碱。

拮抗系统: 指为精准调控某一行为或某种生理功能而同时起作用的两个功能相反的生理系统。这是维持人体正常运转的基础原则,人体的各项活动不仅需要激活与之相关的生理系统,同时还要激活相关的拮抗系统。通过同时调动屈肌和伸肌,人才能控制身体的运动;同理,为了调控应对压力的反应,我们的身体会同时释放肾上腺素和糖皮质激素,前者让我们准备逃跑,后者令寻找解决方案的过程变得更容易。

参考文献

下列参考文献并不完整，这只是我随机选择的部分书目，包括科普类书籍、专著、论文、网站及一些科学类文章，当然也包括一些能代表我研究成果的文章，这些文章是本书中部分内容的基础。我希望其作品未出现在本书参考文献中的同僚们能够谅解。

Cazzaniga Michael S., *The mind's past*, University of California Press, 1998.

Darwin Charles, *L'Origine des espèces*, Guillaumin et Victor Masson, 1862.

Diamonds Jared, *De l'inégalité parmi les sociétés*, Gallimard, 2000.

Hofstadter Douglas, *Gödel Escher Bach. Les Brins d'une guirlande éternelle*, Dunod, 2008.

Gould Stephen Jay, *La vie est belle*, Le Seuil, 1998.

Harari Yuval Noah, *Sapiens*, Albin Michel, 2015.

Klein Melanie, *Envie et Gratitude*, Gallimard, 1978.

Moravia Sergio, *The Enigma of mind*, Cambridge University Press, 1995.

Rap David M., *Extinction*, Oxford University Press, 1993.

Rifkin Jeremy, *Entropy. A New World View*, Viking Press, 1980.

Roques Bernard, *La Dangerosité des drogues*, Odile Jacob, 1999.

Seyle Hans, *The Stress of life*, McGraw-Hill, 1978.

学术论文

Bateson P. P. G., Klopfer Peter H., *Perspectives in ethology*, vol. 4, A*dvantages of diversity*, Springer, 1981.

Koob George F., Le Moal Michel, *Neurobiology of addiction*, Academic Press, 2006.

Kandel Eric R., Schwartz James H., Jessel Tomas S., Siegelbaun Steven A., Hudspet A. J., *Principle of neural sciences*, McGraw-Hill, 2013.

Raff Hershel, WidmaierEric P., Strang Kevin T., *Physiologie humaine, Les mécanismes du fonctionnement de l'organisme*, Maloine, 2013.

Alberts Bruce, Johnson Alexander, Lewis Julian, Morgan David, Raff Martin, Roberts Keith, Walter Peter, *Molecular Biology of the cell*, Garland Science, 2014.

Lacour Bernard, Belon Jean-Paul, *Physiologie humaine*, Elsevier Masson, 2016.

网站

前寒武纪生命进化：http://www.cnrs.fr/cw/dossiers/dosevol/decouv/articles/chap2/alvaro.html

法国毒品和毒品成瘾监测中心：https://www.ofdt.fr/

欧洲毒品和毒品成瘾监测中心：http://www.emcdda.europa.eu/

宗教观察中心：http://www.o-re-la.org/index.php?option=com_k2&view=item&layout=item&id=12

人权和公民权利宣言：http://cache.media.eduscol.education.fr/file/droits_homme/94/5/DDHC_brochure_Web_271945.pdf

地球生物量：http://planet-vie.ens.fr/article/2540/repartition-biomasse-terre

太阳能：http://www.akademia.ch/sebes/textes/1995/95BLpotsol.html

巴黎能量白皮书：https://api-site.paris.fr/images/83843

核能：https://energie-nucleaire.net/qu-est-ce-que-l-energie-nucleaire/fusion-nucleaire

可再生能源：http://www.energies-renouvelables.org/

科学类文章

愉悦感神经生物学

Bechara A., Nader K., van der Kooy D., « A two-separate-motivationalsystems hypothesis of opioid addiction », *Pharmacology Biochemistry and Behavior*, janv. 1998.

Berridge K. C., « The debate over dopamine's role in reward, The case for incentive salience », *Psychopharmacology*, avril 2007.

Berridge K. C., Kringelbach M. L., « Neuroscience of affect, Brain mechanisms of pleasure and displeasure », *Current Opinion in neurobiology*, juin 2013.

Berridge K. C., Kringelbach M. L., « Pleasure systems in the brain », *Neuron*, mai 2015.

Kringelbach M. L., Berridge K. C., « Towards a functional neuroanatomy of pleasure and happiness », *Trends in cognitive sciences*, nov. 2009.

Saker P., Farrell M. J., Adib F. R., Egan G. F., McKinley M. J., Denton D. A., « Regional brain responses associated with drinking water during thirst and after its satiation », *PNAS*, avril 2014.

多巴胺

Di Chiara G., « Nucleus accumbens shell and core dopamine, Differential role in behavior and addiction », *Behavior Brain Research Reviews*, déc. 2002.

Di Chiara G., Bassareo V., « Reward system and addiction, What dopamine does and doesn't do », *Current Opinion in pharmacology*, fév. 2007.

Di Chiara G., Bassareo V., Fenu S., De Luca M. A., Spina L., Cadoni C., Acquas E., Carboni E., Valentini V., Lecca D., « Dopamine and drug addiction.

The nucleus accumbens shell connection », *Neuropharmacology*, 2004.

Di Chiara G., Imperato A., « Drugs abused by humans preferentially increase synaptic dopamine concentrations in the mesolimbic system of freely moving rats », *PNAS*, juil. 1988.

Volkow N. D., Wang G. J., Baler R. D., « Reward, dopamine and the control of food intake, Implications for obesity », *Trends in cognitive sciences*, janv. 2011.

Volkow N. D., Wise RA., Baler R., « The dopamine motive system : Implications for drug and food addiction », *Nature Reviews Neuroscience*, nov. 2017.

成瘾

Belcher A. M., Volkow N. D., Moeller FG., Ferré S., « Personality traits and vulnerability or resilience to substance use disorders », *Trends in cognitive sciences*, avril 2014.

Kalivas P. W., Volkow N. D., « The neural basis of addiction, A pathology of motivation and choice », *American Journal of psychiatry*, août 2005.

Koob G. F., Le Moal M., « Drug abuse, Hedonic homeostatic dysregulation », *Science*, oct. 1997.

Koob G. F., Le Moal M., « Review. Neurobiological mechanisms for opponent motivational processes in addiction », *Philosophical Transactions of the Royal Society, Biological Sciences*, oct. 2008.

Koob G.F., Volkow N. D., « Neurocircuitry of addiction », *Neuropsychopharmacology*, janv. 2010.

Koob G. F., Volkow N. D., « Neurobiology of addiction, A neurocircuitry analysis », *Lancet Psychiatry*, août 2016.

Kravitz A. V., Tomasi D., LeBlanc K. H., Baler R., Volkow N. D., Bonci A., Ferré S., « Cortico-striatal circuits : Novel therapeutic targets for substance use disorders », *Brain Research*, déc. 2015.

Mantsch J. R., Baker D. A., Funk D., Lê A. D., Shaham Y., « Stress-induced reinstatement of drug seeking, 20 years of progress », *Neuropsychopharmacology*, janv. 2016.

Pickens C.L., Airavaara M., Theberge F., Fanous S., Hope B.T., Shaham Y., « Neurobiology of the incubation of drug craving », *Trends in neurosciences*, août 2011.

Robinson T. E., Berridge K. C., « The neural basis of drug craving : An incentive- sensitization theory of addiction », *Brain Research Reviews*, sept.-déc.1993.

Volkow N. D., Baler R. D., « NOW vs LATER brain circuits, Implications for obesity and addiction », *Trends in neurosciences*, juin 2015.

Volkow N. D., Morales M., « The brain on drugs, From reward to addiction », *Cell*, août 2015.

饮食和肥胖

Berthoud H. R., « Metabolic and hedonic drives in the neural control of appetite : Who is the boss ? », *Current Opinion in neurobiology*, déc. 2011.

Berthoud H. R., « Neural systems controlling food intake and energy balance in the modern world », *Current Opinion in clinical nutrition and metabolic care*, nov. 2003.

Berthoud H.R., «The neurobiology of food intake in an obesogenic environment», *Proceedings of the Nutrition Society*, nov. 2012.

Berthoud H. R., Münzberg H., « The lateral hypothalamus as integrator of metabolic and environmental needs, From electrical self-stimulation to optogenetics », *Physiology and Behavior*, juil. 2011.

Berthoud H. R., Münzberg H., Morrison CD., « Blaming the brain for obesity, Integration of hedonic and homeostatic mechanisms », *Gastroenterology*, mai 2017.

Cota D., Proulx K., Seeley R. J., « The role of CNS fuel sensing in energy and glucose regulation », *Gastroenterology*, mai 2007.

De Castro J.-M., « Genes, the environment and the control of food intake », *British Journal of nutrition*, août 2004.

De Castro J.-M., « The control of food intake of free-living humans, Putting the pieces back together », *Physiology and Behavior*, juil. 2010.

De Castro J.-M., Plunkett S., « A general model of intake regulation », *Neuroscience Biobehavior Review*, août 2002.

De Castro J.-M., Stroebele N., « Food intake in the real world, Implications for nutrition and aging », *Clinics in geriatric medicine*, nov. 2002.

Lindgren E., Gray K., Miller G., Tyler R., Wiers C. E., Volkow N. D., Wang G. J., « Food addiction : A common neurobiological mechanism with drug abuse », *Frontiers in biosciences*, janv. 2018.

Sandoval D., Cota D., Seeley R. J., « The integrative role of CNS fuel-sensing mechanisms in energy balance and glucose regulation », *Annual Review of physiology*, 2008.

Schwartz M. W., Woods S. C., Seeley R. J., Barsh G. S., Baskin D. G., Leibel R. L., « Is the energy homeostasis system inherently biased toward weight gain ? », *Diabetes*, fév. 2003.

Shin A. C., Zheng H., Berthoud H. R., « An expanded view of energy homeostasis, Neural Integration of metabolic, cognitive, and emotional drives to eat », *Physiology and Behavior*, juil. 2009.

Sørensen LB., Møller P., Flint A., Martens M., Raben A., « Effect of sensory perception of foods on appetite and food intake, A review of studies on humans », *International journal of obesity and related metabolic disorders*, oct. 2003.

Stroebele N., De Castro J.-M., « Influence of physiological and subjective arousal on food intake in humans », *Nutrition*, oct. 2006.

Stroebele N., De Castro J.-M., « Effect of ambience on food intake and food choice », *Nutrition*, sept. 2004.

Stroebele N., De Castro J.-M., « Listening to music while eating is related to increases in people's food intake and meal duration », *Appetite*, nov. 2006.

Stroebele N., De Castro J.-M., « Television viewing is associated with an increase in meal frequency in humans », *Appetite*, fév. 2004.

Zheng H., Lenard N. R., Shin A. C., Berthoud H. R., « Appetite control and energy balance regulation in the modern world, Reward-driven brain overrides repletion signals », *International Journal of obesity*, juin 2009.

突触可塑性

Citri A., Malenka R. C., « Synaptic plasticity, Multiple forms, functions, and mechanisms », *Neuropsychopharmacology*, janv. 2008.

Grueter B. A., Rothwell P. E., Malenka R. C., « Integrating synaptic plasticity and striatal circuit function in addiction », *Current Opinion in neurobiology*, juin 2012.

Lammel S., Lim B. K., Malenka R. C., « Reward and aversion in a heterogeneous midbrain dopamine system », *Neuropharmacology*, janv. 2014.

Lüscher C., Malenka R. C., « Drug-evoked synaptic plasticity in addiction, From molecular changes to circuit remodeling », *Neuron*, fév. 2011.

Malenka R. C., Bear M. F., « LTP and LTD : An embarrassment of riches », *Neuron*, sept. 2004.

生活经历如何改变大脑

Anacker C., O'Donnell K. J., Meaney M. J., « Early life adversity and the epigenetic programming of hypothalamic-pituitary-adrenal function », *Dialogues in clinical neurosciences*, sept. 2014.

Buschdorf J.-P., Meaney M. J., « Epigenetics/Programming in the HPA Axis », *Comprehensive Physiology*, déc. 2015.

Champagne F., Meaney M. J., « Like mother, like daughter, Evidence for non-genomic transmission of parental behavior and stress responsivity », *Progress in brain research*, 2001.

Crews D., Gillette R., Miller-Crews I., Gore A. C., Skinner M. K., « Nature, nurture and epigenetics », *Molecular and Cellular Endocrinology*, déc. 2014.

Cruz F. C., Koya E., Guez-Barber D. H., Bossert J.-M., Lupica C. R., Shaham Y., Hope B. T., « New technologies for examining the role of neuronal ensembles in drug addiction and fear », *Nature Reviews Neuroscience*, nov. 2013.

Finnie P. S., Nader K., « The role of metaplasticity mechanisms in regulating memory destabilization and reconsolidation », *Neurosciences Biobehavior Reviews*, août 2012.

Gartstein M. A., Skinner M. K., « Prenatal influences on temperament development, The role of environmental epigenetics », *Development and Psychopathology*, oct. 2018.

Greer E. L., Maures T. J., Ucar D., Hauswirth A. G., Mancini E., Lim J.-P., Benayoun B. A., Shi Y., Brunet A., « Transgenerational epigenetic inheritance of longevity in Caenorhabditis elegans », *Nature*, oct. 2011.

Grossniklaus U., Kelly W. G., Kelly B., Ferguson-Smith A. C., Pembrey M.,

Lindquist S., « Transgenerational epigenetic inheritance, How important is it ? », *Nature Reviews Genetics*, mars 2013.

Hackman D. A., Farah M. J., Meaney M. J., « Socioeconomic status and the brain, Mechanistic insights from human and animal research », *Nature Reviews Neuroscience*, sept. 2010.

Haubrich J., Nader K., « Memory Reconsolidation », *Current topics in behavioral neurosciences*, 2018.

Jeon D., Kim S., Chetana M., Jo D., Ruley H. E., Lin S. Y., Rabah D., Kinet J.-P., Shin H. S., « Observational fear learning involves affective pain system and Cav1.2 Ca2+ channels in ACC », *Nature Neuroscience*, avril 2010.

Kappeler L., Meaney M. J., « Epigenetics and parental effects », *Bioessays*, sept. 2010.

Lim J.-P., Brunet A., « Bridging the transgenerational gap with epigenetic memory », *Trends in genetic*, mars 2013.

Meaney M.J., «Maternal care, gene expression, and the transmission of individual differences in stress reactivity across generations », *Annual Review of neurosciences*, 2001.

Meaney M. J., Szyf M., « Maternal care as a model for experience-dependent chromatin plasticity ? », *Trends in neurosciences*, sept. 2005.

Nader K., « Emotional memory », *Handbook of experimental pharmacology*, 2015.

Nader K., « Reconsolidation and the dynamic nature of memory », *Cold*

Spring Harbor Perspectives in biology, sept. 2015.

Nader K., Hardt O., « A single standard for memory, The case for reconsolidation », *Nature Reviews Neuroscience*, mars 2009.

Nader K., Schafe G. E., LeDoux J. E., « The labile nature of consolidation theory », N*ature Reviews Neuroscience*, déc. 2000.

Nilsson E. E., Sadler-Riggleman I., Skinner M. K., « Environmentally induced epigenetic transgenerational inheritance of disease », *Environmental Epigenetics*, juil. 2018.

Panksepp J. B., Lahvis G. P., « Differential influence of social versus isolate housing on vicarious fear learning in adolescent mice », *Behavior Neurosciences*, avril 2016.

Seckl J. R., Meaney M. J., « Glucocorticoid programming and PTSD risk », *Annals of the New York Academy of sciences*, juil. 2006.

Skinner M. K., « Endocrine disruptors in 2015, Epigenetic transgenerational inheritance », *Nature Reviews Endocrinology*, fév. 2016.

Suto N., Laque A., De Ness G. L., Wagner G. E., Watry D., Kerr T., Koya E., Mayford M. R., Hope B. T., Weiss F., « Distinct memory engrams in the infralimbic cortex of rats control opposing environmental actions on a learned behavior », *Elife*, déc. 2016.

Ward I. D., Zucchi F. C., Robbins J. C., Falkenberg E. A., Olson D. M., Benzies K., Metz G. A., « Transgenerational programming of maternal behaviour by prenatal stress », *BMC Pregnancy Childbirth*, 2013.

Warren B. L., Mendoza M. P., Cruz F. C., Leao R. M., Caprioli D., Rubio F. J., Whitaker L. R., McPherson K. B., Bossert J. M., Shaham Y., Hope B. T., « Distinct fos-expressing neuronal ensembles in the ventromedial prefrontal cortex mediate food reward and extinction memories », *The Journal of neuroscience*, juin 2016.

Warren B. L., Suto N., Hope B. T., « Mechanistic resolution required to mediate operant learned behaviors, Insights from neuronal ensemble-specific inactivation », *Front Neural Circuits*, avril 2017.

Zhang T. Y., Bagot R., Parent C., Nesbitt C., Bredy T. W., Caldji C., Fish E., Anisman H., Szyf M., Meaney M. J., « Maternal programming of defensive responses through sustained effects on gene expression », *Biological Psychology*, juil. 2006.

作者的学术论文

外源稳态、内源稳态及导致肥胖的生物机制

Bellocchio L., Lafenêtre P., Cannich A., Cota D., Puente N., Grandes P., Chaouloff F., Piazza P. V., Marsicano G., « Bimodal control of stimulated food intake by the endocannabinoid system », *Nature Neuroscience*, mars 2010.

Piazza P. V., Cota D., Marsicano G., « The CB1 receptor as the cornerstone of exostasis », *Neuron*, mars 2017.

Piazza P. V., Lafontan M., Girard J., « Integrated physiology and pathophysiology of CB1- mediated effects of the endocannabinoid system », *Diabetes Metabolism*, avril 2007.

毒品成瘾的脆弱性

Deroche-Gamonet V., Belin D., Piazza P. V., « Evidence for addiction-like behavior in the rat », *Science*, août 2004.

Kasanetz F., Deroche-Gamonet V., Berson N., Balado E., Lafourcade M., Manzoni O., Piazza P. V., « Transition to addiction is associated with a persistent impairment in synaptic plasticity », *Science*, juin 2010.

Kasanetz F., Lafourcade M., Deroche-Gamonet V., Revest J.-M., Berson N., Balado E., Fiancette J. F., Renault P., Piazza P. V., Manzoni O. J., « Prefrontal synaptic markers of cocaine addiction-like behavior in rats », *Journal of molecular psychiatry*, juin 2013.

Piazza P. V., Deminière J.-M., Le Moal M., Simon H., « Factors that predict individual vulnerability to amphetamine self-administration », *Science*, sept. 1989.

Piazza P. V., Deroche-Gamonet V., Rouge-Pont F., Le Moal M., « Vertical shifts in self- administration dose-response functions predict a drug-vulnerable phenotype predisposed to addiction », *The Journal of neuroscience*, juin 2000.

Piazza P. V., Deroche-Gamonet V., « A multistep general theory of transition to addiction », *Psychopharmacology*, oct. 2013.

Piazza P. V., Le Moal M., « Pathophysiological basis of vulnerability to drug abuse, Role of an interaction between stress, glucocorticoids, and dopaminergic neurons », *Annual Review of pharmacology and toxicology*, 1996.

Piazza P.V., Maccari S., Deminière J.-M., Le Moal M., Mormède P., Simon H., « Corticosterone levels determine individual vulnerability to amphetamine self-administration », *PNAS*, mars 1991.

Piazza P. V., Rougé-Pont F., Deminière J.-M., Kharoubi M., Le Moal M., Simon H., «Dopaminergic activity is reduced in the prefrontal cortex and increased in the nucleus accumbens of rats predisposed to develop amphetamine self-administration », *Brain Research*, déc. 1991.

Rougé-Pont F., Piazza P. V., Kharouby M., Le Moal M., Simon H., « Higher and longer stress-induced increase in dopamine concentrations in the nucleus accumbens of animals predisposed to amphetamine self-administration. A microdialysis study », *Brain Research*, janv. 1993.

生活经历是如何改变行为和成瘾脆弱性的

Barbazanges A., Piazza P. V., Le Moal M., Maccari S., « Maternal glucocorticoid secretion mediates long-term effects of prenatal stress », *The Journal of neuroscience*, juin 1996.

Deminière J.-M., Piazza P. V., Guegan G., Abrous N., Maccari S., Le Moal M., Simon H., « Increased locomotor response to novelty and propensity to intravenous amphetamine self- administration in adult offspring of stressed mothers », *Brain Research*, juil. 1992.

Deroche V., Marinelli M., Maccari S., Le Moal M., Simon H., Piazza P. V., « Stress- induced sensitization and glucocorticoids, I., Sensitization of dopamine-dependent locomotor effects of amphetamine and morphine depends on stress-induced corticosterone secretion », *The Journal of neuroscience*, nov. 1995.

Deroche V., Piazza P. V., Le Moal M., Simon H., « Social isolation-induced enhancement of the psychomotor effects of morphine depends on corticosterone secretion », *Brain Research*, mars 1994.

Deroche V., Piazza P. V., Maccari S., Le Moal M., Simon H., « Repeated corticosterone administration sensitizes the locomotor response to amphetamine », *Brain Research*, juil. 1992.

Haney M., Maccari S., Le Moal M., Simon H., Piazza P. V., « Social stress increases the acquisition of cocaine self-administration in male and female rats », *Brain Research*, nov. 1995.

Lemaire V., Billard J.-M., Dutar P., George O., Piazza P. V., Epelbaum J., Le Moal M., Mayo W., « Motherhood-induced memory improvement persists across lifespan in rats but is abolished by a gestational stress », *European Journal of neuroscience*, juin 2006.

Lemaire V., Lamarque S., Le Moal M., Piazza P. V., Abrous D. N., « Postnatal stimulation of the pups counteracts prenatal stress-induced deficits in hippocampal neurogenesis », *Biological Psychiatry*, mai 2006.

Maccari S., Piazza P. V., Kabbaj M., Barbazanges A., Simon H., Le Moal

M., « Adoption reverses the long-term impairment in glucocorticoid feedback induced by prenatal stress », *The Journal of neuroscience*, janv. 1995.

Marinelli M., Piazza P. V., « Interaction between glucocorticoid hormones, stress and psychostimulant drugs », *European Journal of neuroscience*, août 2002.

Montaron M.-F., Piazza P.V., Aurousseau C., Urani A., Le Moal M., Abrous D.N., « Implication of corticosteroid receptors in the regulation of hippocampal structural plasticity », *European Journal of neuroscience*, déc. 2003.

Piazza P. V., Le Moal M., « The role of stress in drug self-administration », *Trends in pharmacology sciences*, fév. 1998.

Piazza P.V., Mittleman G., Deminière J.-M., Le Moal M., Simon H., «Relationship between schedule-induced polydipsia and amphetamine intravenous self-administration. Individual differences and role of experience », *Behavior Brain Research*, juin 1993.

Rougé-Pont F., Marinelli M., Le Moal M., Simon H., Piazza P.V., «Stress-induced sensitization and glucocorticoids, II Sensitization of the increase in extracellular dopamine induced by cocaine depends on stress-induced corticosterone secretion », *The Journal of neuroscience*, nov. 1995.

Sarrazin N., Di Blasi F., Roullot-Lacarrière V., Rougé-Pont F., Le Roux A., Costet P., Revest J.-M., Piazza P. V., « Transcriptional effects of glucocorticoid receptors in the dentate gyrus increase anxiety-related behaviors », *Plos One*, nov. 2009.

糖皮质激素和多巴胺能神经元之间的关系

Ambroggi F., Turiault M., Milet A., Deroche-Gamonet V., Parnaudeau S., Balado E., Barik J., Van der Veen R., Maroteaux G., Lemberger T, Schütz G., Lazar M., Marinelli M., Piazza P. V., Tronche F., « Stress and addiction, Glucocorticoidreceptor in dopaminoceptiveneuronsfacilitatescocaineseeking », *Nature Neuroscience*, mars 2009.

Casolini P., Kabbaj M., Leprat F., Piazza P. V., Rougé-Pont F., Angelucci L., Simon H., Le Moal M., Maccari S., « Basal and stress-induced corticosterone secretion is decreased by lesion of mesencephalic dopaminergic neurons », *Brain Research*, sept. 1993.

Deroche V., Marinelli M., Le Moal M., Piazza P. V., « Glucocorticoids and behavioral effects of psychostimulants, II, Cocaine intravenous self-administration and reinstatement depend on glucocorticoid levels », *Journal of pharmacology and experimental therapeutics*, juin 1997.

Deroche-Gamonet V., Sillaber I., Aouizerate B., Izawa R., Jaber M., Ghozland S., Kellendonk C., Le Moal M., Spanagel R., Schütz G., Tronche F., Piazza P.V., «The glucocorticoid receptor as a potential target to reduce cocaine abuse», *The Journal of neuroscience*, juin, 2003.

Marinelli M., Barrot M., Simon H., Oberlander C., Dekeyne A., Le Moal M., Piazza P. V., « Pharmacological stimuli decreasing nucleus accumbens dopamine can act as positive reinforcers but have a low addictive potential », *European Journal of neuroscience*, 1998.

Marinelli M., Rougé-Pont F., Deroche V., Barrot M., De Jésus-Oliveira C., Le Moal M., Piazza P. V., « Glucocorticoids and behavioral effects of psychostimulants, I, locomotor response to cocaine depends on basal levels of glucocorticoids», *Journal of pharmacology and experimental therapeutics*, juin 1997.

Piazza P. V., Barrot M., Rougé-Pont F., Marinelli M., Maccari S., Abrous D. N., Simon H., Le Moal M., « Suppression of glucocorticoid secretion and antipsychotic drugs have similar effects on the mesolimbic dopaminergic transmission », *PNAS*, déc. 1996.

Piazza P.V., Rougé-Pont F., Deroche V., Maccari S., Simon H., Le Moal M., « Glucocorticoids have state-dependent stimulant effects on the mesencephalic dopaminergic transmission », *PNAS*, août 1996.

拮抗机制在应对压力中起的重要作用

Piazza P .V ., Deroche V ., Deminière J.-M., Maccari S., Le Moal M., Simon H., «Corticosterone in the range of stress-induced levels possesses reinforcing properties, Implications for sensation-seeking behaviors », *PNAS*, déc. 1993.

Piazza P.V., Le Moal M., «Glucocorticoids as a biological substrate of reward, Physiological and pathophysiological implications », *Brain Research Reviews*, déc. 1997.

压力记忆的分子机制

Kaouane N., Porte Y., Vallée M., Brayda-Bruno L., Mons N., Calandreau L., Marighetto A., Piazza P. V., Desmedt A., « Glucocorticoidscaninduce PTSD-like memory impairments in mice », *Science*, mars 2012.

Revest J.-M., Di Blasi F., Kitchener P., Rougé-Pont F., Desmedt A., Turiault M., Tronche F., Piazza P. V., « The MAPK pathway and Egr-1 mediate stress-related behavioral effects of glucocorticoids », *Nature Neuroscience*, mai 2005.

Revest J.-M., Kaouane N., Mondin M., Le Roux A., Rougé-Pont F., Vallée M., Barik J., Tronche F., Desmedt A., Piazza P.V., «The enhancement of stress-related memory by glucocorticoids depends on synapsin-Ia/Ib », *Journal of molecular psychiatry*, déc. 2010.

Revest J.-M., Le Roux A., Roullot-Lacarrière V., Kaouane N., Vallée M., Kasanetz F., Rougé-Pont F., Tronche F., Desmedt A., Piazza P. V., « BDNF-TrkB signaling through Erk1/2 MAPK phosphorylation mediates the enhancement of fear memory induced by glucocorticoids », *Journal of molecular psychiatry*, sept. 2014.

记忆是如何通过改变大脑结构被储存的

Döbrössy M. D., Drapeau E., Aurousseau C., Le Moal M., Piazza P. V., Abrous D. N., « Differential effects of learning on neurogenesis, Learning increases or decreases the number of newly born cells depending on their birth date », *Journal of molecular psychiatry*, nov. 2003.

Dupret D., Fabre A., Döbrössy M. D., Panatier A., Rodríguez J. J., Lamarque S., Lemaire V., Oliet S. H., Piazza P. V., Abrous D. N., « Spatial learning depends on both the addition and removal of new hippocampal neurons », *Plos Biology*, août 2007.

Dupret D., Revest J.-M., Koehl M., Ichas F., De Giorgi F., Costet P., Abrous D. N., Piazza P. V., « Spatial relational memory requires hippocampal adult neurogenesis », *Plos One*, avril 2008.

Tronel S., Belnoue L., Grosjean N., Revest J.-M., Piazza P. V., Koehl M., Abrous D. N., « Adult-born neurons are necessary for extended contextual discrimination », *Hippocampus*, fév. 2012.

基因遗产和生活经历的相互作用

Cabib S., Orsini C., Le Moal M., Piazza P. V., « Abolition and reversal of strain differences in behavioral responses to drugs of abuse after a brief experience », *Science*, juil. 2000.

Koehl M., Van der Veen R., Gonzales D., Piazza P. V., Abrous D. N., « Interplay of maternal care and genetic influences in programming adult hippocampal neurogenesis», *Biological Psychiatry*, août 2012.

Van der Veen R., Piazza P. V., Deroche-Gamonet V., « Gene-environment interactions in vulnerability to cocaine intravenous self-administration, A brief social experience affects intake in DBA/2J but not in C57BL/6J mice », *Psychopharmacology*, août 2007.

Van der Veen R., Abrous D. N., de Kloet E. R., Piazza P. V., Koehl M., « Impact of intra- and interstrain cross-fostering on mouse maternal care », *Genes, Brain and Behavior*, mars 2008.

探索捍卫机体健康的新药物

Busquets-Garcia A., Soria-Gómez E., Redon B., Mackenbach Y., Vallée M., Chaouloff F., Varilh M., Ferreira G., Piazza P. V., Marsicano G., « Pregnenolone blocks cannabinoid-induced acute psychotic-like states in mice », *Journal of molecular psychiatry*, nov. 2017.

Vallée M., Vitiello S., Bellocchio L., Hébert-Chatelain E., Monlezun S., Martin-Garcia E., Kasanetz F., Baillie G. L., Panin F., Cathala A., Roullot-Lacarrière V., Fabre S., Hurst D. P., Lynch D. L., Shore D. M., Deroche-Gamonet V., Spampinato U, Revest J.-M., Maldonado R., Reggio P. H., Ross R. A., Marsicano G., Piazza P. V., « Pregnenolone can protect the brain from cannabis intoxication », *Science*, janv. 2014.

致 谢

我首先要感谢安娜·让布朗。著书的计划在我的脑海中盘旋了很久,和很多其他想法一样,它原本很有可能无法付诸实践。多亏了与安娜的会面,这本书才得以从想法变成了现实。从酝酿创作到最终实现,安娜一直是一味强力催化剂,她自始至终都是这个项目的参与者。她像魔法师一般为我的文章润色、调整和删减内容,让高光片段更加光彩熠熠,将无关紧要的细枝末节搁置起来。感谢你,安娜,能够和你一起工作是一种莫大的快乐。

我也要衷心地感谢我的编辑玛蒂尔德·诺贝古。首先,要感谢她毫不犹豫地接受了这个项目,个中原因至今连我也说不清。她帮助安娜和我梳理了整本书的结构,并使其内容变得越来越丰富。玛蒂尔德像神庙的守卫者,她低调而坚定,让写作的烈焰始终跟得上时间之神柯罗诺斯的脚步。她凭借其专业与严谨,做了很多令人叹服的文字工作。这是我的第一本书,玛蒂尔德也是我的第一位编辑,因此我无法将她与其他编辑比较。但是我相信,如果所有编辑都如她一样,那将是所有作者之大幸。

多亏了安娜和玛蒂尔德的努力，这本书才得以付梓。当然，我也不会忘记其他帮助我完成创作的人。

首先，我要感谢我亲爱的妻子尚塔尔。她是一位自由、真实、无所畏惧的女人。她拥有我所欠缺的智慧——现代智慧，生活的智慧。我的人生走到今天多亏有她相伴，我所有的成就都要归功于她。若没有她，我什么都不是，这是我经常对她讲的话。这话现在被白纸黑字地写在这里，我想她总算可以相信了吧。我对妻子的评价也许不够客观，毕竟我真的非常爱她。

同时，我想向我的导师——米歇尔·勒·莫阿尔——致以谢意，他是心理生物学的创始人之一。我有幸与他共事了二十年，他好比我在科学世界里的父亲，是他塑造了我。这本书尚未交由他过目，我不确定他会喜欢。但无论他喜欢与否，这本书都与他脱不了干系。

本书中的大部分内容是我多年研究工作的成果。说到研究，获得的成就当然与个人的努力分不开，但我更要感谢在科学道路上与我相互扶持的同事们。如果没有他们，这场奇妙的探险就无法完成。当然，研究团队就如同一个摩登家庭，有结婚、有离婚，甚至会有再婚和重组家庭。因此，我要特别感谢我的两个研究团队的中流砥柱们。第一个研究团队是 Inserm（法国国家健康和医学研究院），是由让－米歇尔·勒韦、莫尼克·瓦莱、翁贝托·斯潘皮纳托、塞尔吉奥·维蒂耶洛、薇洛妮克·德洛奇、弗朗索瓦兹·鲁热－朋特、米奇·马里内里、让－玛丽·德米尼尔、埃尔韦·西蒙以及弗兰克·布尔根组成的大家庭。

当然，不能忘了我的好搭档乔瓦尼·马尔西卡诺。第二个研究团队是Aelis Farma生物科技公司，其中包括瓦莱丽·斯卡帕迪奇、斯蒂芬妮·蒙勒尊、桑迪·法布勒、夏洛特·布拉岱及玛蒂尔德·迈特纳，他们都是从不向困难低头的人，与我一同完成了最艰难的科学冒险。

最后，我想对帕特里克·桑斯表示感谢。在我们无数次共进午餐的过程中，他已经详细地听过这本书的全部内容了，书中有好几个故事就是在我跟他分享内容的过程中构思出来的。多亏了他的评价和鼓励，让我最终有勇气将某些内容放进书中。他聪明绝顶，并且他的智慧中带着优雅、博爱和敏锐。他聪明到表示不需要再读一遍纸质书了，毕竟该听的他都听完了。早知如此……